Michele Y. Parsons

LEDER BRENNEN

Dekorative Lederbrandmalereien für Einsteiger und Profis

Land & WERKEN

HEEL

HEEL Verlag GmbH
Gut Pottscheidt
53639 Königswinter
Tel.: 02223 9230-0
Fax: 02223 9230-13
E-Mail: info@heel-verlag.de
www.heel-verlag.de

Deutsche Ausgabe:
Übersetzung aus dem Englischen: Claudia Buchholtz, Rackwitz
Satz: gb-s Mediendesign, Königswinter
Covergestaltung: Axel Mertens, Heel Verlag GmbH
Lektorat: Helge Wittkopp
Fotos: © 2019 by Michele Y. Parsons and Fox Chapel Publishing Company, Inc.
Mit Ausnahme von:
© Fotolia.de: Wogi (U1 o. Lederhintergrund), Eky Chan (U1 M. Lederhintergrund)

Warnhinweis:
Das Werken mit Brennstäben, Messern und anderen Werkzeugen zur Lederbearbeitung birgt gewisse Risiken. Etliche Ratschläge und Anleitungen können bei fehlerhafter Ausführung unter bestimmten Umständen zu Folgeschäden führen. Autor und Verlag lehnen daher ausdrücklich jede Haftung für die veröffentlichten Arbeitsanweisungen und daraus gefolgerte Schlüsse ab. Der Herausgeber und der Autor fordern alle Leser auf, jedes Projekt gründlich zu lesen und den korrekten Gebrauch aller Werkzeuge zu verstehen, bevor ein Projekt begonnen wird. Bei allen anhand dieses Buches ausgeführten Arbeiten trägt der Durchführende das alleinige und uneingeschränkte Risiko. Ebenso ist die Haftung des Autors und Verlags für Druckfehler, Schreibfehler und sachliche Fehler jeder Art ausdrücklich ausgeschlossen.

Printed in Slovenia
ISBN 978-3-96664-010-7

Land & WERKEN

Michele Y. Parsons

Leder brennen

Dekorative Lederbrandmalerei für Einsteiger und Profis

HEEL

INHALT

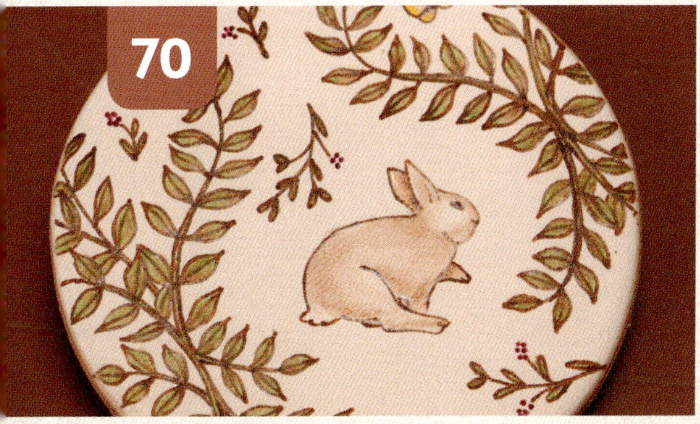
70

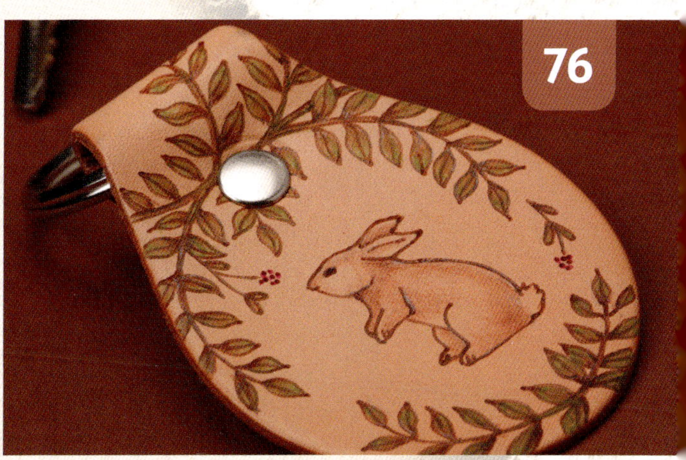
76

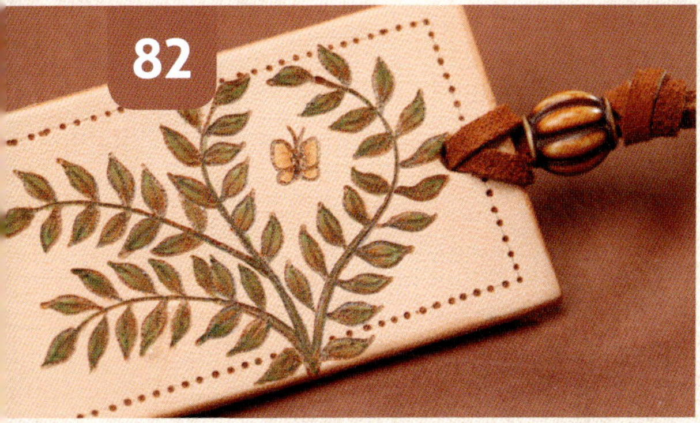
82

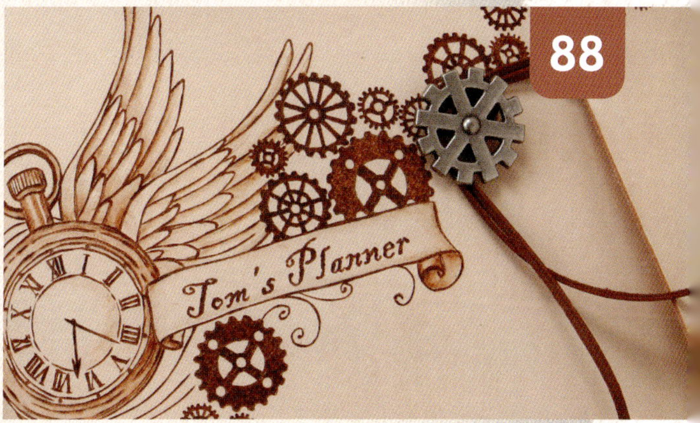

88

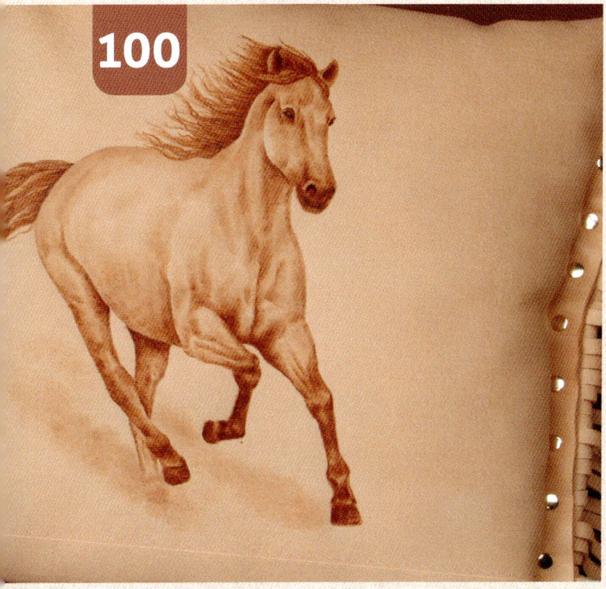
100

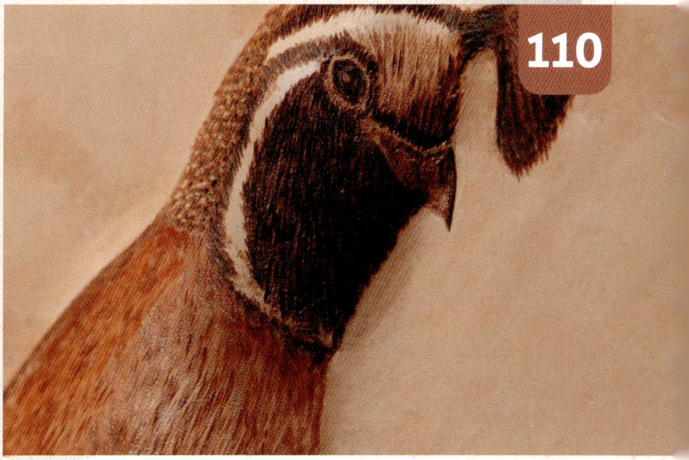
110

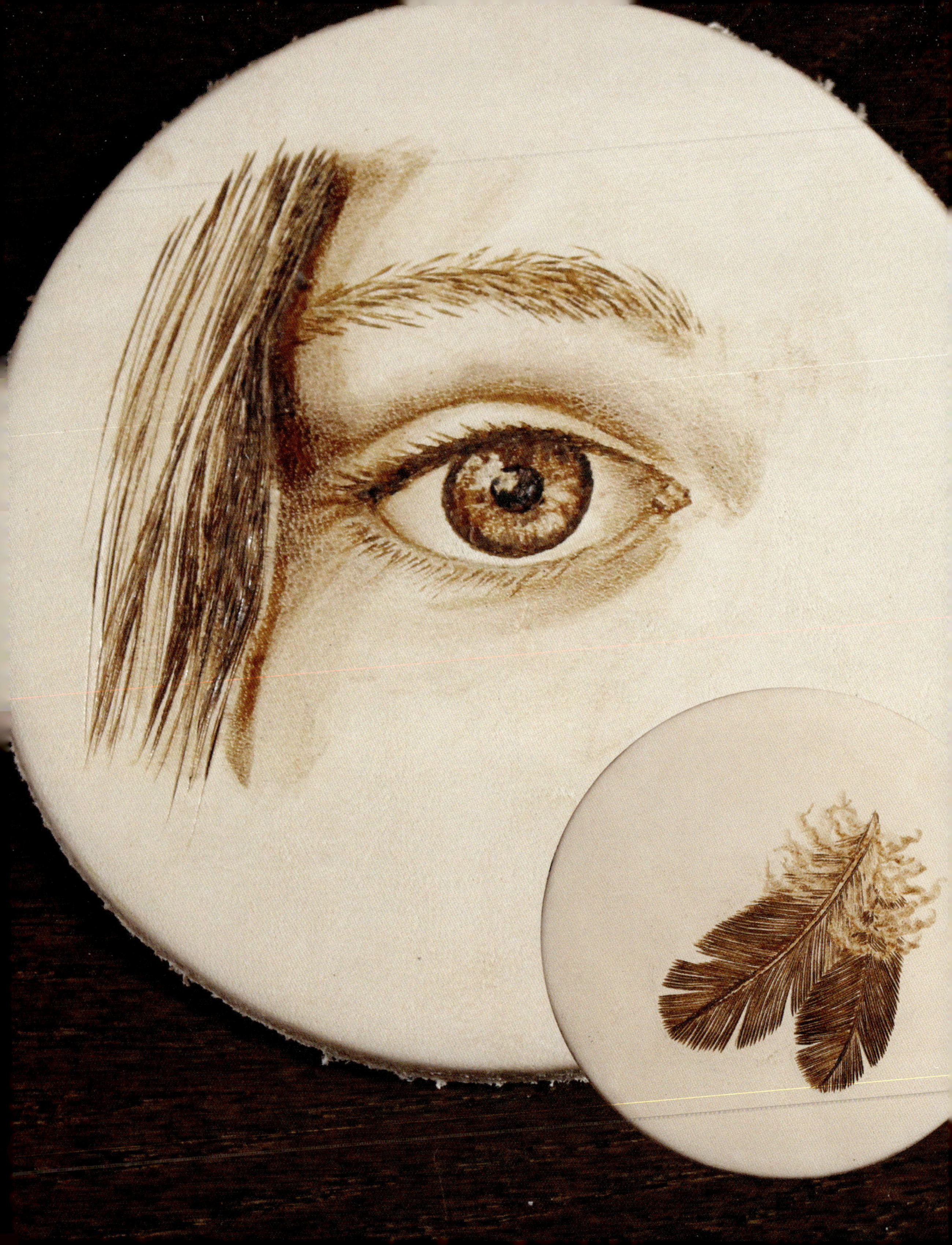

EINFÜHRUNG

Nachdem ich viele Jahre lang die Kunst der Brandmalerei, auch Pyrographie genannt, ausgeübt und gelehrt hatte, machte ich mich eines Tages daran, mit Leder zu experimentieren – und komme seitdem nicht mehr davon los. Mit dem Brenner auf Leder zu zeichnen fühlt sich, verglichen mit dem doch recht raufaserigen Werkstoff Holz, viel glatter an. Es schmeichelt nicht nur der Hand, sondern wirkt auch äußerst entspannend. Völlig frei malen zu können, ohne sich mit Maserung und Faserrichtung von Holz auseinandersetzen zu müssen, das gefiel. Also blieb ich dabei und begann, neben meinen Holzbrandmalereikursen auch welche in Lederbrennen zu leiten. Zusätzlich bot ich meinen Kursteilnehmern geeignete Lederprodukte in meinem Onlineshop an. Daraufhin erreichten mich Anfragen zur Lederbrandmalerei von Kunden, die nicht in meinen Kursen saßen, und mir wurde bewusst, dass ich denen das nötige Handwerkszeug schlecht per Telefon oder E-Mail vermitteln konnte – zumal viele von ihnen noch keinerlei Erfahrung mit Brandmalerei hatten. Und so begann ich, nach Informationen zur Lederbrandmalerei zu suchen, nach Büchern oder Videos, die ich in meinem Shop anbieten oder meinen Kunden empfehlen könnte. Doch ein Angebot diesbezüglich ist nahezu nicht vorhanden. So beschloss ich, dieses Buch zu schreiben.

Während ich über den Inhalt des Buches nachdachte, fragte ich mich, warum jemand, der Leder bearbeitet, ausgerechnet zur Brandmalerei greifen sollte, anstatt zu traditionellen Techniken wie dem Prägen, Punzieren, Nassformen oder dem Lederschnitt. Was die moderne Pyrographie auszeichnet, ist die Möglichkeit, Details und Schattierungen auf dem Leder extrem fein herauszuarbeiten. Angenommen, man will eine Feder darstellen. Bei den herkömmlichen Methoden würden die Linien gestanzt. Wenn ich dieselbe Feder jedoch mit dem Brandmalgerät gestalte, kann ich mit einer schmalen Schrägspitze extrem feine Linien so nahe nebeneinandersetzen, dass die Feder in hohem Maße realistisch wirkt. Ebenso kann ich mit einer Schattierspitze die feinen Abstufungen auf der Iris eines Auges realistisch darstellen. Die Pyrographie eröffnet uns Möglichkeiten zur Darstellung von Feinheiten, die andere Ledergestaltungsmethoden nicht bieten.

Das vorliegende Buch soll in erster Linie die Grundlagen der Brandmalerei vermitteln, die für die Bearbeitung von Leder wichtig sind. Ich lasse Sie an den Techniken teilhaben, die ich persönlich anwende. Ich bin mir aber durchaus bewusst, dass man diese Kunstform auch mit anderen Methoden zur Meisterschaft bringen kann. Ich hoffe, Sie haben bei der Lektüre des Buches und dem Ausprobieren verschiedener Techniken und Projekte genauso viel Spaß wie ich.

Michele

Michele Parsons

WAS IST PYROGRAPHIE?

Der auf den ersten Blick ein wenig hochgestochen, wenn nicht gar wissenschaftlich anmutende Fachbegriff für die Brandmalerei setzt sich aus zwei Wortelementen zusammen, die aus dem Griechischen stammen: pyro mit der Bedeutung Feuer und -graphie mit der Bedeutung schreiben bzw. zeichnen. Die deutsche Entsprechung ist Brandmalerei – auch wenn es sich hier nicht um Malerei im engeren Sinne handelt, sondern eher um das Zeichnen, also um monochrome grafische Darstellungen. Wichtiger aber ist, dass es ums Brennen geht, denn bei der Pyrographie bzw. Brandmalerei werden Muster, Schriftzüge oder Bilder auf ein beliebiges Trägermaterial gebrannt. In erster Linie natürlich auf Holz, aber eben nicht ausschließlich, sondern auch auf Kork, Leinwand, Kürbisse, Leder, Knochen und Papier.

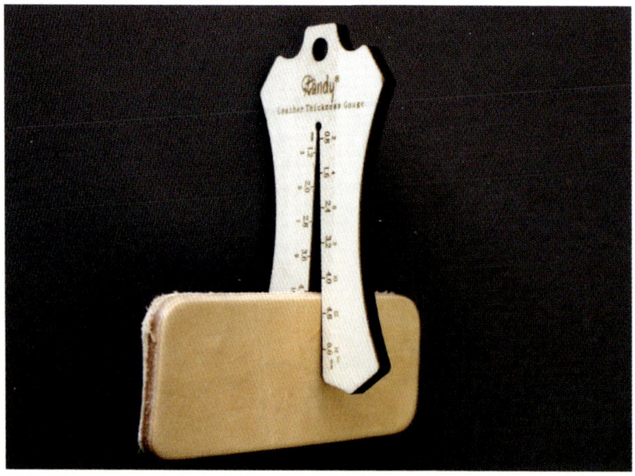

Eine einfache Messlehre hilft, die Lederstärke schnell und einfach zu bestimmen

Leder-stärke	Lederstärke in Millimetern	Eigenschaften	Bearbeitungsmöglichkeiten und Anwendungsbeispiele
	0,8–1,2 mm	sehr dünn und geschmeidig	Umformen, Prägen, Quilten, Steppen, Patchwork, Applikationen, als Futterleder und für die Schmuckherstellung
	1,2–1,6 mm	dünn und geschmeidig	Umformen, Prägen, Treibarbeiten, Applikationen, als Futterleder, für feine Damenhandtaschen (Clutches), feine Brieftaschen und Geldbörsen
	1,6–2,0 mm	dünn und geschmeidig	Durch Umformen gefertigte Ledermasken, Applikationen, für Damenhandtaschen (Clutches), Brieftaschen, Geldbörsen, Armbänder und Geldgürtel
	2,0–2,4 mm	robust und geschmeidig	Stempelprägung und Punzierung, für kleine Etuis und Futterale, Laptop- und Buchhüllen
	2,4–2,8 mm	robust und flexibel	Stempelprägung und Punzierung, für Handtaschen, mittelgroße Etuis und Futterale, Buchhüllen und Riemen
	2,8–3,2 mm	robust	Stempelprägung und Punzierung, für Messerscheiden, schmale Gürtel, Riemen, Griffe und kleine Holster
	3,2–3,6 mm	sehr robust	Stempelprägung und Punzierung, für Gürtel, Holster und Satteltaschen
	3,6–4,0 mm	extrem robust	Stempelprägung und Punzierung, für breitere Gürtel (ab ca. 4 cm) und größere Holster

EINFÜHRUNG

Nachdem ich viele Jahre lang die Kunst der Brandmalerei, auch Pyrographie genannt, ausgeübt und gelehrt hatte, machte ich mich eines Tages daran, mit Leder zu experimentieren – und komme seitdem nicht mehr davon los. Mit dem Brenner auf Leder zu zeichnen fühlt sich, verglichen mit dem doch recht raufaserigen Werkstoff Holz, viel glatter an. Es schmeichelt nicht nur der Hand, sondern wirkt auch äußerst entspannend. Völlig frei malen zu können, ohne sich mit Maserung und Faserrichtung von Holz auseinandersetzen zu müssen, das gefiel. Also blieb ich dabei und begann, neben meinen Holzbrandmalereikursen auch welche in Lederbrennen zu leiten. Zusätzlich bot ich meinen Kursteilnehmern geeignete Lederprodukte in meinem Onlineshop an. Daraufhin erreichten mich Anfragen zur Lederbrandmalerei von Kunden, die nicht in meinen Kursen saßen, und mir wurde bewusst, dass ich denen das nötige Handwerkszeug schlecht per Telefon oder E-Mail vermitteln konnte – zumal viele von ihnen noch keinerlei Erfahrung mit Brandmalerei hatten. Und so begann ich, nach Informationen zur Lederbrandmalerei zu suchen, nach Büchern oder Videos, die ich in meinem Shop anbieten oder meinen Kunden empfehlen könnte. Doch ein Angebot diesbezüglich ist nahezu nicht vorhanden. So beschloss ich, dieses Buch zu schreiben.

Während ich über den Inhalt des Buches nachdachte, fragte ich mich, warum jemand, der Leder bearbeitet, ausgerechnet zur Brandmalerei greifen sollte, anstatt zu traditionellen Techniken wie dem Prägen, Punzieren, Nassformen oder dem Lederschnitt. Was die moderne Pyrographie auszeichnet, ist die Möglichkeit, Details und Schattierungen auf dem Leder extrem fein herauszuarbeiten. Angenommen, man will eine Feder darstellen. Bei den herkömmlichen Methoden würden die Linien gestanzt. Wenn ich dieselbe Feder jedoch mit dem Brandmalgerät gestalte, kann ich mit einer schmalen Schrägspitze extrem feine Linien so nahe nebeneinandersetzen, dass die Feder in hohem Maße realistisch wirkt. Ebenso kann ich mit einer Schattierspitze die feinen Abstufungen auf der Iris eines Auges realistisch darstellen. Die Pyrographie eröffnet uns Möglichkeiten zur Darstellung von Feinheiten, die andere Ledergestaltungsmethoden nicht bieten.

Das vorliegende Buch soll in erster Linie die Grundlagen der Brandmalerei vermitteln, die für die Bearbeitung von Leder wichtig sind. Ich lasse Sie an den Techniken teilhaben, die ich persönlich anwende. Ich bin mir aber durchaus bewusst, dass man diese Kunstform auch mit anderen Methoden zur Meisterschaft bringen kann. Ich hoffe, Sie haben bei der Lektüre des Buches und dem Ausprobieren verschiedener Techniken und Projekte genauso viel Spaß wie ich.

Michele

Michele Parsons

WAS IST PYROGRAPHIE?

Der auf den ersten Blick ein wenig hochgestochen, wenn nicht gar wissenschaftlich anmutende Fachbegriff für die Brandmalerei setzt sich aus zwei Wortelementen zusammen, die aus dem Griechischen stammen: pyro mit der Bedeutung Feuer und -graphie mit der Bedeutung schreiben bzw. zeichnen. Die deutsche Entsprechung ist Brandmalerei – auch wenn es sich hier nicht um Malerei im engeren Sinne handelt, sondern eher um das Zeichnen, also um monochrome grafische Darstellungen. Wichtiger aber ist, dass es ums Brennen geht, denn bei der Pyrographie bzw. Brandmalerei werden Muster, Schriftzüge oder Bilder auf ein beliebiges Trägermaterial gebrannt. In erster Linie natürlich auf Holz, aber eben nicht ausschließlich, sondern auch auf Kork, Leinwand, Kürbisse, Leder, Knochen und Papier.

Lederarten und Fachbegriffe

Leder ist nichts anderes als die Haut eines Tieres, das in der Gerberei zu Leder aufbereitet und damit überhaupt erst nutzbar gemacht wurde. Dieser chemische Prozess kann nur unter Einsatz allerlei Hilfsstoffe und Substanzen erfolgen, das können mineralische (z. B. bei der Chromgerbung) und synthetische Gerbmittel sowie Farbstoffe sein, aber auch natürliche Stoffe auf pflanzlicher oder tierischer Basis. Oft führt eine Kombination aus mehreren zum gewünschten Ergebnis. Werden die Gerbstoffe vorwiegend aus Pflanzen gewonnen – meist aus deren Rinde –, spricht man von pflanzlicher bzw. vegetabiler Gerbung oder von Lohgerbung. Wenn man Leder mit einem Brandmalgerät bearbeitet, werden durch die Hitze Dämpfe freigesetzt, die bei nicht pflanzlich gegerbtem Leder durchaus Giftstoffe enthalten und damit beim Einatmen schädlich sein können. **Verwenden Sie für die Brandmalerei nur vegetabil gegerbtes, ungefärbtes Leder.** Leider ist Leder, das im Laden oder online angeboten wird, diesbezüglich nicht immer klar deklariert, im Fachhandel kann man eine entsprechende Kennzeichnung aber schon erwarten. Vegetabil gegerbtes Leder, oft auch als Blankleder gelistet, lässt sich meist auch anhand der natürlich-beigebraunen Durchfärbung erkennen. In unseren Breiten handelt es sich dabei meist um Rindsleder und ist problemlos erhältlich. Die Lederseite mit der glatten Oberfläche wird als **Narbenseite** bezeichnet. Es ist die Seite der Haut, auf der sich das Fell befand. Die raue Seite wird hingegen **Fleischseite** genannt, weil sie nach innen zum Fleisch zeigte. Es ist sozusagen die Rückseite des Leders.

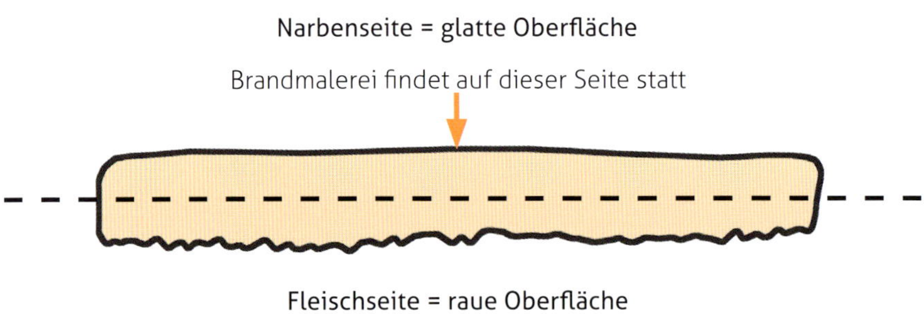

Leder kaufen und Lederstärke

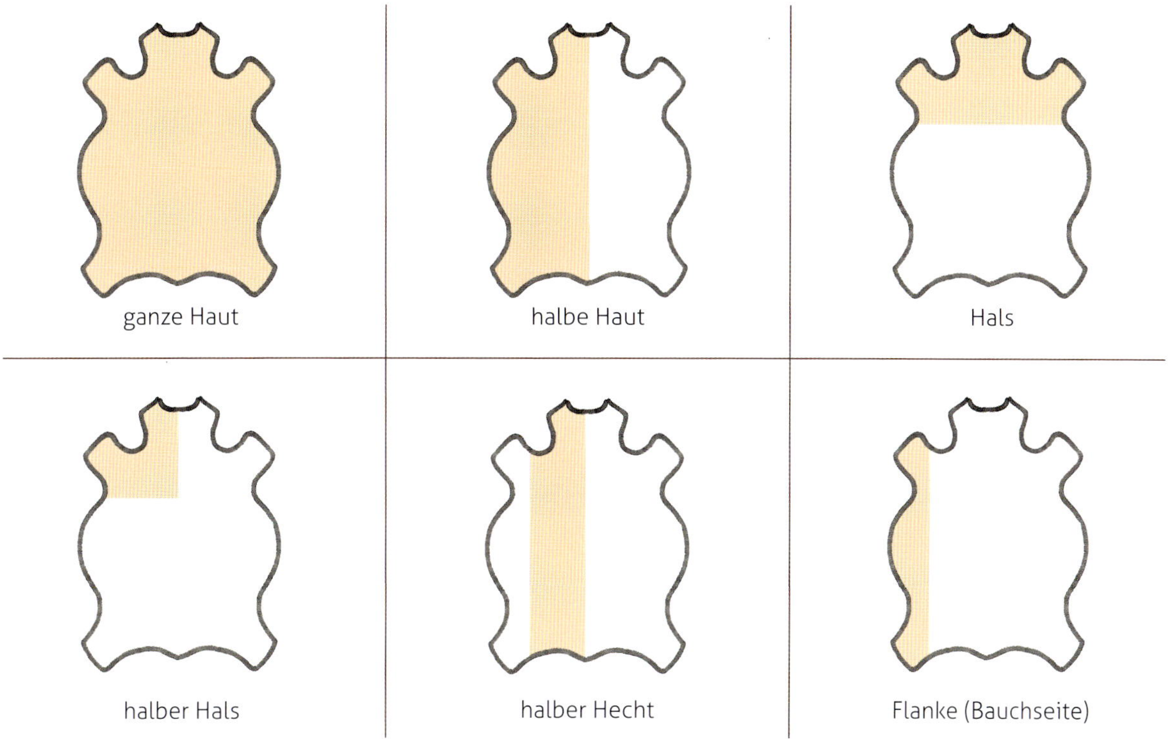

Gerber geben die Größe des Lederstücks in Quadratmetern an. Meist werden die Häute im Ganzen oder in klar definierten Abschnitten angeboten:

- ganze Haut: die komplette gegerbte Haut des Tieres
- halbe Haut: die entlang der Rückenlinie vom Hals bis zur Schwanzwurzel geteilte gegerbte Haut des Tieres
- Hals: der komplette Schulterbereich der ganzen Haut
- halber Hals: der Schulterbereich einer halben Haut
- halber Hecht: halbe Haut, von der die Flanke abgetrennt wurde
- Flanke: der Bauchbereich einer halben Haut

Der Preis hängt von der Qualität der Narbenseite ab. Weist die Haut viele Fehler wie Kratzer, Löcher oder Spuren von Brandzeichen auf, wird sie preisgünstig als zweite oder dritte Wahl angeboten. Ist sie hingegen ohne Makel, wird sie als Premiumqualität verkauft.

Der Lederpreis wird mitunter auch nach dem Gewicht pro Quadratfuß oder Quadratmeter berechnet. Beim Gerben werden dicke Häute gespalten, sodass das Leder eine gleichmäßigere Stärke erhält. Aber Leder ist ein Naturprodukt, deshalb variiert die Stärke auch nach dem Spalten noch. Aus diesem Grund wird bei Lederstärke und Gewicht immer ein Bereich angegeben, wobei Gewicht und Stärke einander bedingen. Einteilungen wie in der Tabelle auf S. 10 können als Richtlinien hilfreich sein. Für die Brandmalerei ist die Lederstärke jedoch relativ unerheblich, lediglich bei sehr dünnem Leder sollte man mit Schrägspitzen vorsichtig sein, denn sie haben eine Schneide und wenn diese heiß ist, genügt ein Quäntchen Druck zu viel und schon hat man das Leder durchschnitten.

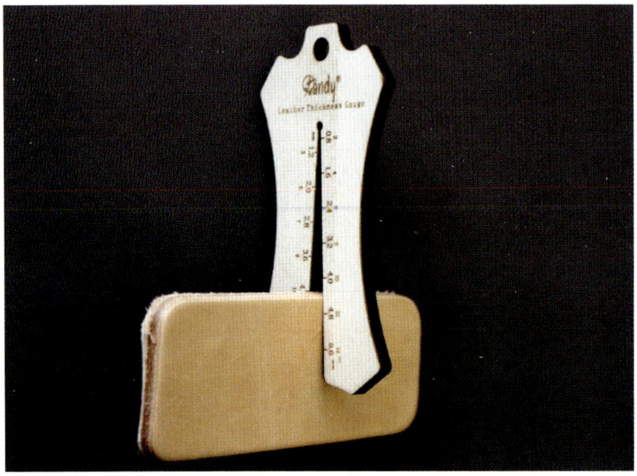

Eine einfache Messlehre hilft, die Lederstärke schnell und einfach zu bestimmen

Lederstärke	Lederstärke in Millimetern	Eigenschaften	Bearbeitungsmöglichkeiten und Anwendungsbeispiele
	0,8–1,2 mm	sehr dünn und geschmeidig	Umformen, Prägen, Quilten, Steppen, Patchwork, Applikationen, als Futterleder und für die Schmuckherstellung
	1,2–1,6 mm	dünn und geschmeidig	Umformen, Prägen, Treibarbeiten, Applikationen, als Futterleder, für feine Damenhandtaschen (Clutches), feine Brieftaschen und Geldbörsen
	1,6–2,0 mm	dünn und geschmeidig	Durch Umformen gefertigte Ledermasken, Applikationen, für Damenhandtaschen (Clutches), Brieftaschen, Geldbörsen, Armbänder und Geldgürtel
	2,0–2,4 mm	robust und geschmeidig	Stempelprägung und Punzierung, für kleine Etuis und Futterale, Laptop- und Buchhüllen
	2,4–2,8 mm	robust und flexibel	Stempelprägung und Punzierung, für Handtaschen, mittelgroße Etuis und Futterale, Buchhüllen und Riemen
	2,8–3,2 mm	robust	Stempelprägung und Punzierung, für Messerscheiden, schmale Gürtel, Riemen, Griffe und kleine Holster
	3,2–3,6 mm	sehr robust	Stempelprägung und Punzierung, für Gürtel, Holster und Satteltaschen
	3,6–4,0 mm	extrem robust	Stempelprägung und Punzierung, für breitere Gürtel (ab ca. 4 cm) und größere Holster

KAPITEL 2: AUSRÜSTUNG, WERKZEUG UND ZUBEHÖR

Einen einfachen Arbeitsplatz für Leder-Pyrographie einzurichten ist kein Hexenwerk und benötigt wenig Platz. Im Folgenden wird beschrieben, was Sie brauchen.

Ausstattung des Arbeitsplatzes

Tisch und Stuhl

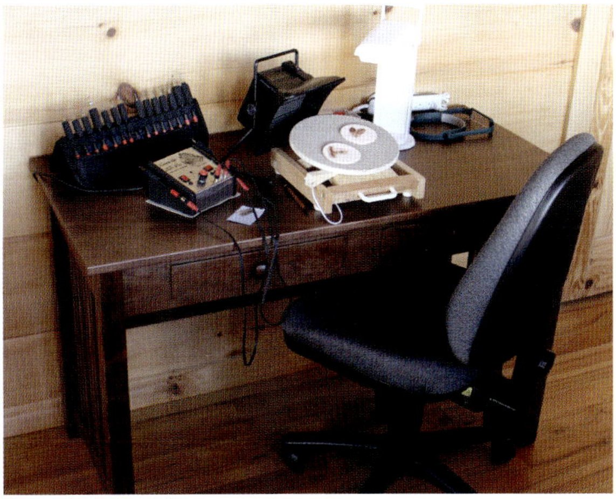

Bei der Brandmalerei sollte man sitzen – ob auf einem Stuhl, auf dem Sofa oder am Tisch ist letztendlich egal. Wichtig ist, dass sich Arm und Schulter in bequemer Höhe befinden. Liegt die Arbeitsfläche zu weit oben, zieht man die Schultern hoch, was nach längerem Arbeiten zu Verspannungen an Schulter und Hals führt. Außerdem verringert es die Kontrolle über das Brenngerät. Am Tisch arbeitet es sich am besten, er bietet Platz für Ausrüstung und Werkzeuge, und bei richtiger Stuhl- und damit Schulterhöhe lässt sich bei voller Kontrolle ermüdungsfrei arbeiten. Wenn man allerdings an einem größeren Objekt, beispielsweise einer Box oder einer Schale arbeitet, kann ein Tisch schon zu hoch sein und man sitzt besser auf einem Stuhl oder auf dem Sofa mit dem Werkstück auf dem Schoß. Dann braucht man aber eine stabile Fläche, auf der das Brenngerät sicher abgelegt werden kann und von der die heißen Brennstifte und Brennspitzen nicht herunterrollen können.

Lüftung

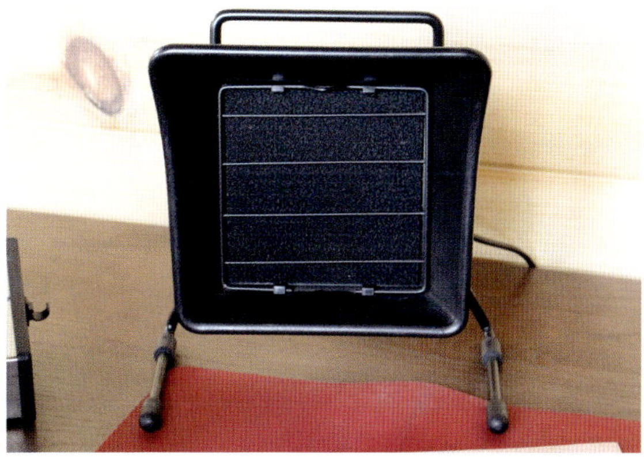

Ein Lötdampfabsorber mit Aktivkohlefilter

Mit der richtigen Lüftung vermeidet man das Einatmen von aufsteigenden Dämpfen und Rauch, außerdem mindert man den Geruch des verbrennenden Leders. Es gibt mehrere Möglichkeiten:

Mit einem kleinen Ventilator lassen sich die Dämpfe vom Arbeitsplatz wegblasen. Richten Sie den Luftstrom nicht direkt auf den Arbeitsplatz, da er die Temperatur der Brennspitzen negativ beeinflusst, während Sie damit arbeiten. Der Raum sollte zuzätzlich gut belüftet sein, beispielsweise durch offene Türen oder Fenster, da der Ventilator ansonsten die Dämpfe nur im Raum verteilt und Sie sie trotzdem einatmen.

Eine weitere Möglichkeit ist ein **Dampf- bzw. Rauchabsorber mit Aktivkohlefilter**. Die Aktivkohle bindet die schädlichen Partikel, dabei wird die Luft zwar nicht zu hundert Prozent gereinigt, aber der Unterschied ist deutlich spürbar. In einem Zimmer mit Aktivkohlefilter-Absorber ist der Geruch kaum wahrnehmbar. Ein Lötdampfabsorber funktioniert allerdings nur, wenn er direkt neben dem Arbeitsbereich steht und die Dämpfe sofort einsaugen kann, ansonsten entweichen sie und zirkulieren im Raum. Bei mir steht der Absorber ein bisschen erhöht auf ein paar Holzblöcken und ist direkt auf meine Arbeitsunterlage gerichtet. Ich empfehle Absorber mit Aktivkohlefilter und einem Luftdurchsatz von mindestens 2,5 Kubikmetern pro Minute. Besonders bei Modellen im Niedrigpreisbereich ist die nötige Saugleistung oft nicht gegeben.

Eine weitere Möglichkeit besteht darin, ein **Lüftungssystem** zu installieren, das direkt nach draußen führt – eine Abzugshaube für die Werkstatt sozusagen. Das ist allerdings eine Dauerlösung und erlaubt es nicht, die Arbeit an einen anderen Platz zu verlagern oder zum Brandmalereikurs mitzunehmen, wie es mit einem transportablen Ventilator oder Absorber möglich wäre.

Arbeitsfläche, Arbeitsplatte, Drehteller

Eine dreh- und kippbar gelagerte Arbeitsfläche ist für die Brandmalerei nicht unbedingt notwendig, aber wir werden alle älter und unsere Augen lassen nach. Man neigt oft dazu, sich über die Arbeit zu beugen und besonders nah heranzugehen, um besser sehen zu können. Bei der Brandmalerei würde das aber bedeuten, dass uns

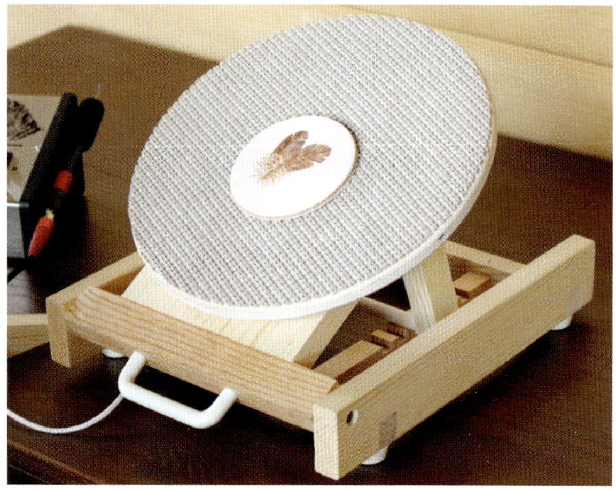

Eine Arbeitsplatte, die sich kippen und drehen lässt

die Dämpfe direkt in Nase und Augen steigen. Vor einer **angekippten Arbeitsplatte** hingegen sitzt man, wie der Maler an seiner Staffelei, aufrecht auf dem Stuhl und die Arbeit ist dennoch nah genug vor den Augen. Die Dämpfe steigen senkrecht nach oben, wo sich aber nun unser Gesicht nicht mehr befindet. Auch reflektiert eine gekippte Arbeitsfläche das Licht von oben nicht so stark, dass es blendet. Außerdem kann man auf einer schräggestellten Arbeitsplatte die Oberseite eines großen Werkstücks im Sitzen bearbeiten. Hätte man nur einen waagerechten Tisch, müsste man sich zum Brennen im Stehen über ein großes Lederstück beugen, mitunter stundenlang, was dem Rücken alles andere als zuträglich ist. Eine angekippte Arbeitsfläche sollte man unbedingt mit einer Antirutschmatte belegen, damit das Werkstück nicht heruntergleitet.

Ein **Drehteller** ist gerade bei wechselnden Strichrichtungen und rund um ein Werkstück verlaufenden (Rand-) Mustern sehr nützlich. Denn sonst müsste man Malhand und Arm immer wieder in eine unbequeme Position zwingen, wenn man beispielsweise mit der Schrägspitze Kurven in einer einzigen fließenden Bewegung zeichnen will oder bei Schattierungen mit der Änderung der Strichrichtung arbeitet.

Arbeitsplatzbeleuchtung

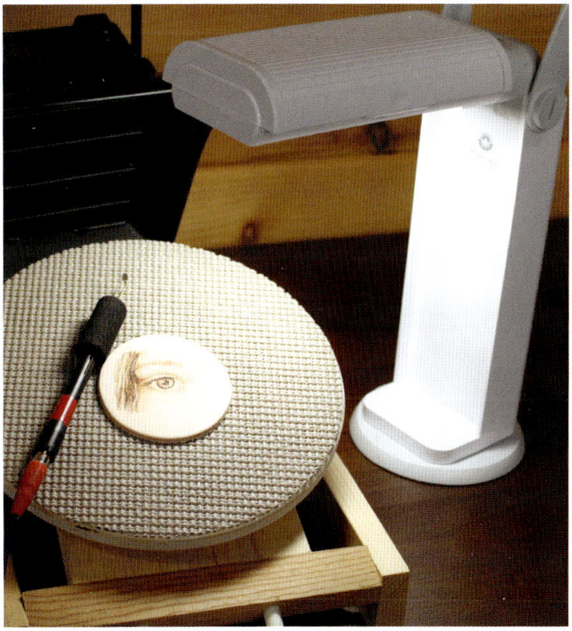

Unterschätzen Sie niemals die Bedeutung von Licht am Arbeitsplatz. Ein Arbeitsplatz, der nicht hell genug ist, und sei es nur abends oder an wolkenverhangenen Tagen, sollte unbedingt mit einer zusätzlichen (mobilen) Lampe ausgestattet werden.

Brandmalgeräte

Es gibt zwei Arten von elektrischen Brenngeräten für die Pyrographie, nämlich Brandmalkolben mit massiven Messingspitzen und Brennstationen mit Brennschleifen aus Nickel-Chrom-Draht. Beide haben ihre Berechtigung und beide bieten Vor- und Nachteile.

Brandmalkolben mit massiver Brennspitze

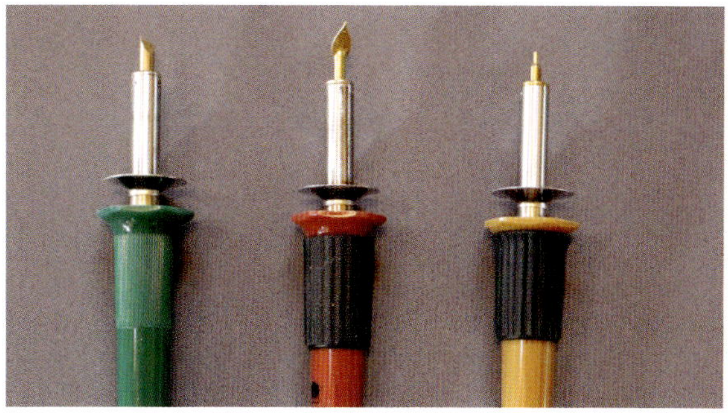

Brandmalkolben mit massiver Spitze ähneln herkömmlichen Lötkolben, die man einfach in die Steckdose steckt. Die massive Spitze wird in verschiedenen Formen angeboten, sie ist austauschbar und wird meist in den Kolbenschaft eingeschraubt. Bei den meisten dieser Art von Brandmalkolben lässt sich die Temperatur nicht verändern.

Vorteile von Brandmalkolben mit massiver Spitze:

- Die Kolben und Ersatzspitzen sind sehr preiswert.
- Kolben und Spitzen lassen sich problemlos transportieren.
- Die Messingspitzen halten die Wärme sehr gut, aufgrund dessen lassen sich dunkle Schwarztöne bestens realisieren.

Nachteile von Brandmalkolben mit massiver Spitze:

- Messing wird, sobald es erhitzt wird, formbar. Das heißt, die Spitze wird weich und kann sich leicht verbiegen, wenn man zu viel Druck ausübt.

- Der Griff wird sehr heiß, besonders bei Modellen, bei denen auf einen Gummiüberzug über dem Kunststoffgriff verzichtet wurde.
- Der Griff ist meist relativ dick und die ihn greifende Malhand befindet sich sehr weit von der Malspitze entfernt. Beides verringert die Kontrolle über die Striche, die man zeichnet.
- Messingspitzen brauchen lange, um heiß zu werden oder abzukühlen, je nach Spitze können fünf Minuten vergehen. Das macht den Wechsel der Malspitze zu einem zeitaufwendigen Unterfangen.
- Die Auswahl an Messingspitzen ist begrenzt, auch lässt sich mit ihnen bei Weitem nicht so extrem detailreich zeichnen wie mit Brennschleifen aus Nickel-Chrom-Draht.
- Brandmalkolben ohne Temperaturregelung arbeiten mit einer einzigen fixen Temperatur und die ist meist sehr heiß. Will man helle, zarte oder leichte Striche erzeugen, muss man sehr schnell sein oder brennen, solange sich der Kolben aufheizt bzw. abkühlt.

Die Brandmalerei auf Leder erfolgt bei geringerer Temperatur als auf Holz, deshalb haben Firmen wie *Tandy Leather* Brandmalkolben mit massiver Spitze speziell für die Ledergestaltung auf den Markt gebracht, die bei niedrigeren Temperaturen um die 350 °C arbeiten. Die Probleme mit dem großen Schaftdurchmesser, dem Abstand zwischen Malhand und Malspitze und der fehlenden Möglichkeit, Stärke und Helligkeit bzw. Dunkelheit der Striche leicht zu beeinflussen, bleiben aber auch bei diesen Kolben weiterhin bestehen.

Brennstationen mit Brennschleifen aus Draht

Brenngeräte mit Drahtspitzen bzw. Brennschleifen aus Nickel-Chrom-Draht verfügen über einen Trafo, der die Temperatur regelt und via Kabel an den Brenngriffel angeschlossen ist. Die Brennstationen sind entweder mit einem oder zwei Brenngriffeln ausgestattet, wobei Letztere bei vielen Geräten nicht gleichzeitig betrieben werden können. Mit Hilfe eines Schalters lässt sich zwischen beiden hin- und herschalten, damit stehen jederzeit zwei verschiedene Brennstifte bereit. Das verringert den Verschleiß durch ständiges Umstecken der Drahtspitzen. Eine duale Brennstation lädt auch dazu ein, zwei Brennstifte mit unterschiedlichen Temperaturbereichen zu betreiben. Brennstifte mit starken Kabeln (für hohe Stromstärken) nimmt man für das Brennen bei hohen Temperaturen, was beispielsweise nötig ist, um besonders dunkle Schattierungen zu schaffen oder Materialien zu brennen, die einfach eine höhere Temperatur erfordern (wie Knochen). An einer dualen Brennstation lassen sich über entsprechende Adapter auch Griffel und Brennspitzen unterschiedlicher Hersteller betreiben.

Nachteile von Brennstationen mit Brennschleifen aus Draht:

- Nickel-Chrom-Drahtbrennschleifen und das Zubehör kosten erheblich mehr als Brandmalkolben mit massiver Spitze.
- Schattierspitzen aus Nickel-Chrom-Draht kühlen sehr schnell ab, sobald sie mit dem zu brennenden Material in Berührung kommen. Dieser Wärmeverlust lässt sich nur durch kürzere Strichlängen beim Schattieren kompensieren.

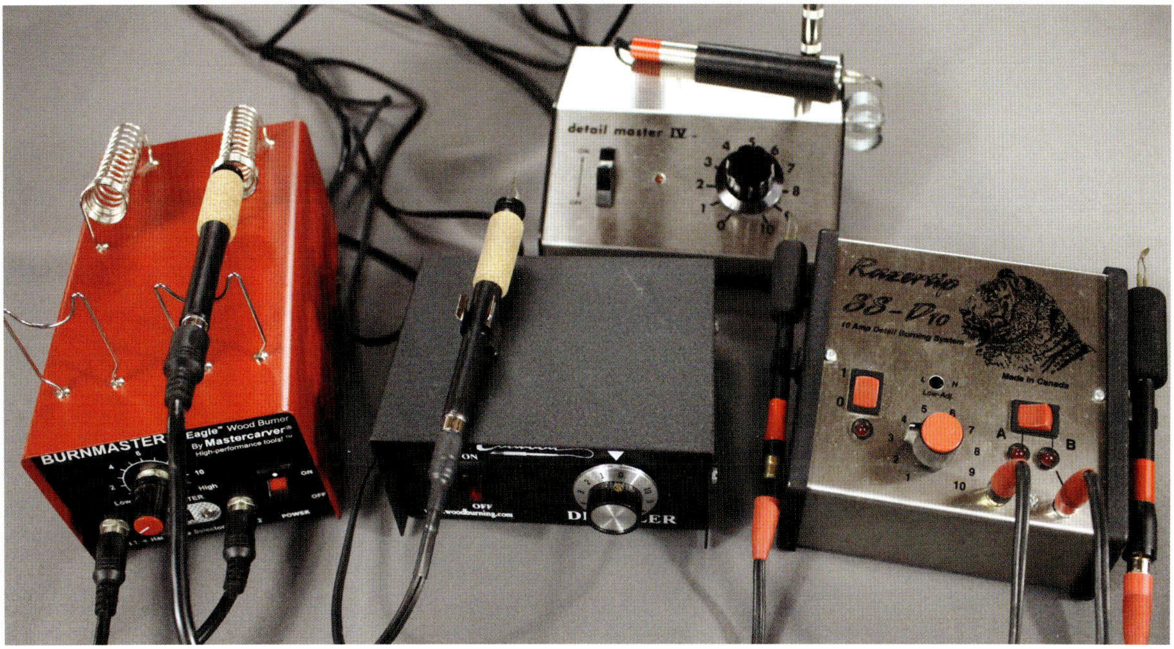

Vorteile von Brennstationen mit Brennschleifen aus Draht:

- Der Griffel mit Spitze fühlt sich beinahe wie ein klassisches Schreibgerät an, da der Griff einen entsprechend geringen Durchmesser aufweist und dafür konstruiert wurde, nahe der Spitze gehalten zu werden. Damit ist die Hand nicht weit von der zu „bemalenden" Oberfläche entfernt und der Handballen kann darauf ruhen, was zu mehr Stütze und Kontrolle beim Zeichnen führt.

- Nickel-Chrom-Drahtbrennschleifen können äußerst klein und dünn sein, was eine ausgesprochen feine Detailarbeit ermöglicht.

- Die Drahtspitzen aus Nickel-Chrom-Draht reagieren unheimlich schnell, heizen sich innerhalb weniger Sekunden auf und kühlen ebenso schnell wieder ab. Damit erhält man die Möglichkeit, einerseits sehr schnell zwischen dunklen und hellen Brennmarken hin- und herzuwechseln und andererseits die Drahtspitzen selbst sehr schnell auszutauschen.

- Die Griffel werden bei weitem nicht so heiß wie der Schaft eines Brandmalkolbens mit massiver Spitze.

- Nickel-Chrom-Drahtbrennschleifen werden in einer großen Bandbreite an Formen und Größen angeboten.

Brennstifte und Brennspitzen

Es gibt zwei Arten von Pyrographiestiften bzw. -kolben: solche mit fest verbauter Brennspitze und solche, bei denen diese ausgetauscht werden kann. Unabhängig davon lassen sich die Brennspitzen nach Form und Einsatzbereich in verschiedene Kategorien einteilen: Rund- bzw. Schreibspitzen, Schrägspitzen, Schattierspitzen und Brennstempel, Ornament- und Effektbrennschleifen.

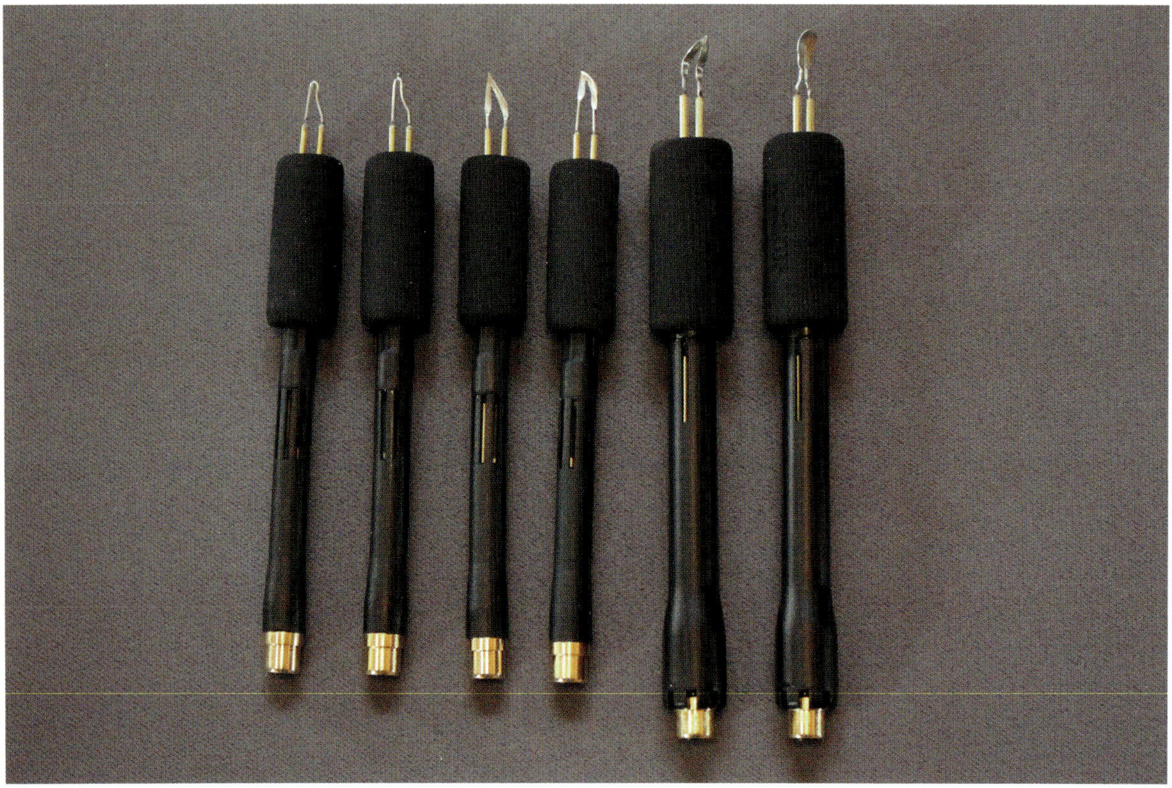

Brennstifte mit fest verbauter Brennspitze

Bei diesen Modellen wurde die Spitze fest mit dem Schaft verlötet, was in den Augen vieler Brandmaler aufgrund der hohen Festigkeit und Robustheit der Verbindung geschätzt wird. Das Anschlusskabel, das den Brennstift mit dem Trafo der Brennstation verbindet, ist nicht wie beim Lötkolben fest mit dem Griff verbunden, sondern liegt separat vor.

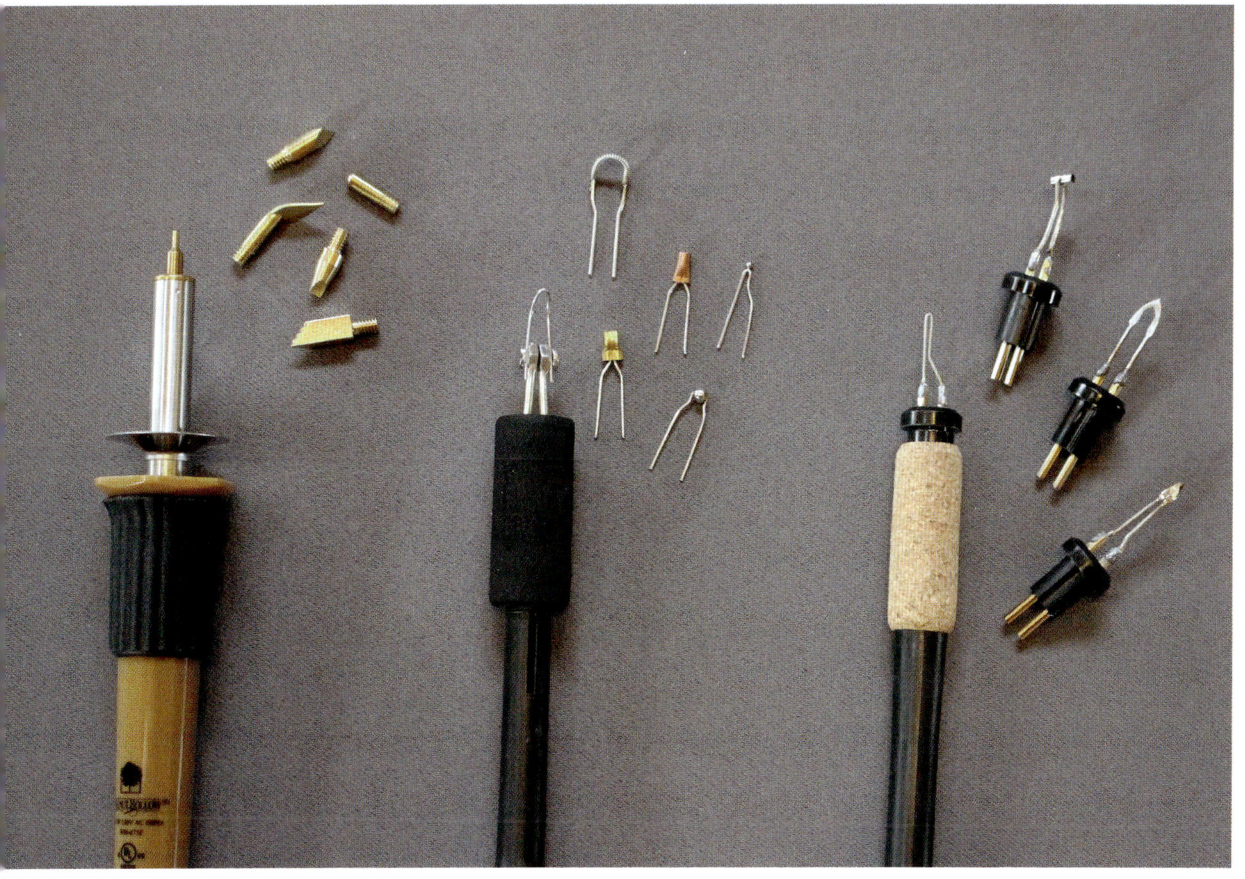

Malkolben und Brennstifte mit austauschbarer Brennspitze

Malkolben und Brennstifte mit austauschbarer Spitze bestehen naturgemäß aus zwei Teilen, dem Griff und der Spitze.

Die Befestigung der austauschbaren Spitze am Griff erfolgt auf verschiedene Weise. Bei Malkolben mit massiver Spitze wird diese in den Kolbenschaft eingeschraubt. Bei Brandmalgeräten mit Brennschleifen aus Draht gibt es je nach Hersteller unterschiedliche Herangehensweisen. Bei manchen ist die Drahtschleife mit einer Art Hülsensockel verbunden, was das Auswechseln erleichtern soll. Im Griff befindet sich die passende Fassung, in die der Sockel gesteckt wird. Um ihn wieder zu lösen, braucht man einen speziellen Sockelzieher, eine Art Zange oder Pinzette, mit der sich der Sockel greifen lässt ohne Schaden zu nehmen. Bei anderen Herstellern werden die Drahtenden mit Schrauben am Griff befestigt. Mitunter sind die Brenndrähte an den Enden verdickt. Die Verdickungen werden in die entsprechenden Röhrchen im Griff eingeführt und festgeschraubt. Bei anderen wiederum sind die Brenndrähte überall gleich dick, die Schrauben jedoch anders gelagert. Bei einer Version mit gleich dicken Drähten, die mit Hilfe von Schrauben gehalten werden, kann man einfach Nickel-Chrom-Draht von der Rolle kaufen und seine Brennschleifen selbst fertigen.

Brennspitzenkategorien

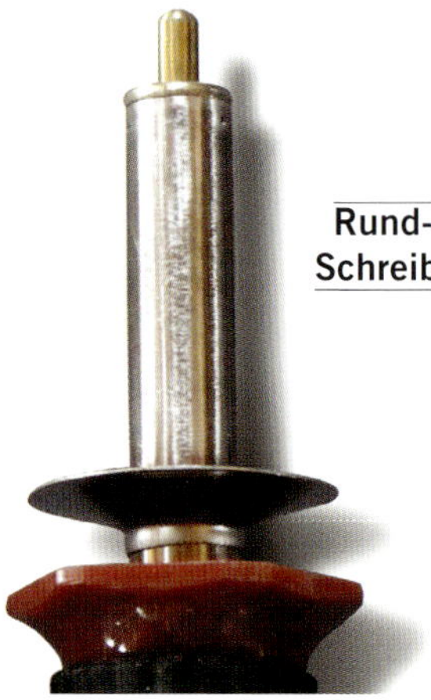

Rund- bzw. Schreibspitze

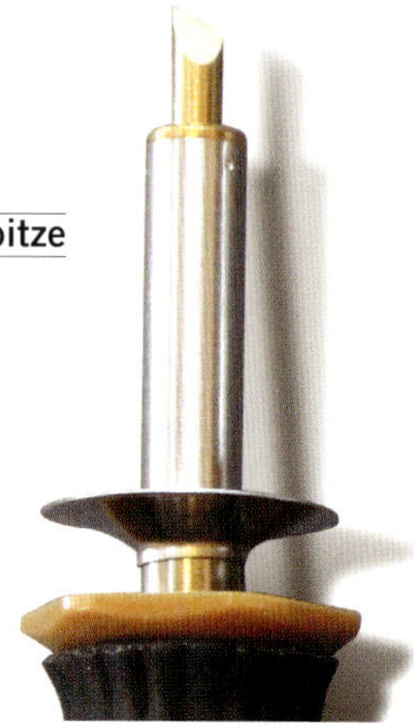

Schrägspitze

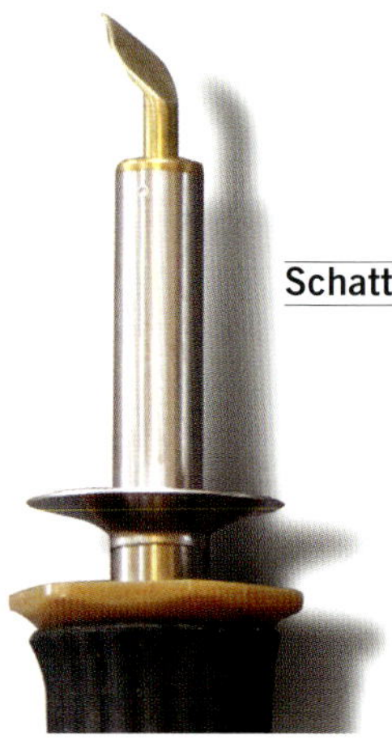

Schattierspitze

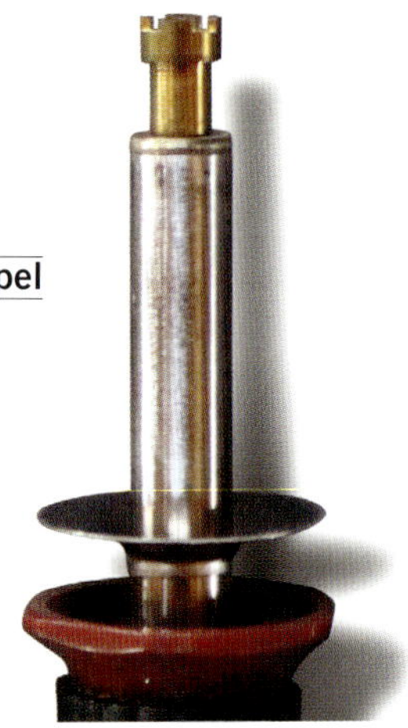

Brennstempel

Wenn Hersteller die Anzahl ihrer verfügbaren Brennspitzen angeben, zählen sie meist beides zusammen, Brennstifte mit fest verbauter Spitze sowie Brennstifte mit austauschbaren Spitzen. So kommen manche Hersteller auf bis zu 900 Varianten. Das kann einen Einsteiger in die Brandmalerei schon mal überfordern. Um das Ganze zu vereinfachen, teilt man alle Brennspitzen je nach Verwendungszweck und Form in vier Kategorien ein: **Rund- bzw. Schreibspitzen, Schrägspitzen, Schattierspitzen** sowie **Brennstempel/Ornament- und Effektbrennschleifen**. Zwar kann man jede Spitze auf vielfältige Weise einsetzen, aber die Zuordnung zu einer dieser Kategorien beruht darauf, welche Form sich für welchen Einsatzbereich am besten eignet.

Rund- bzw. Schreibspitzen

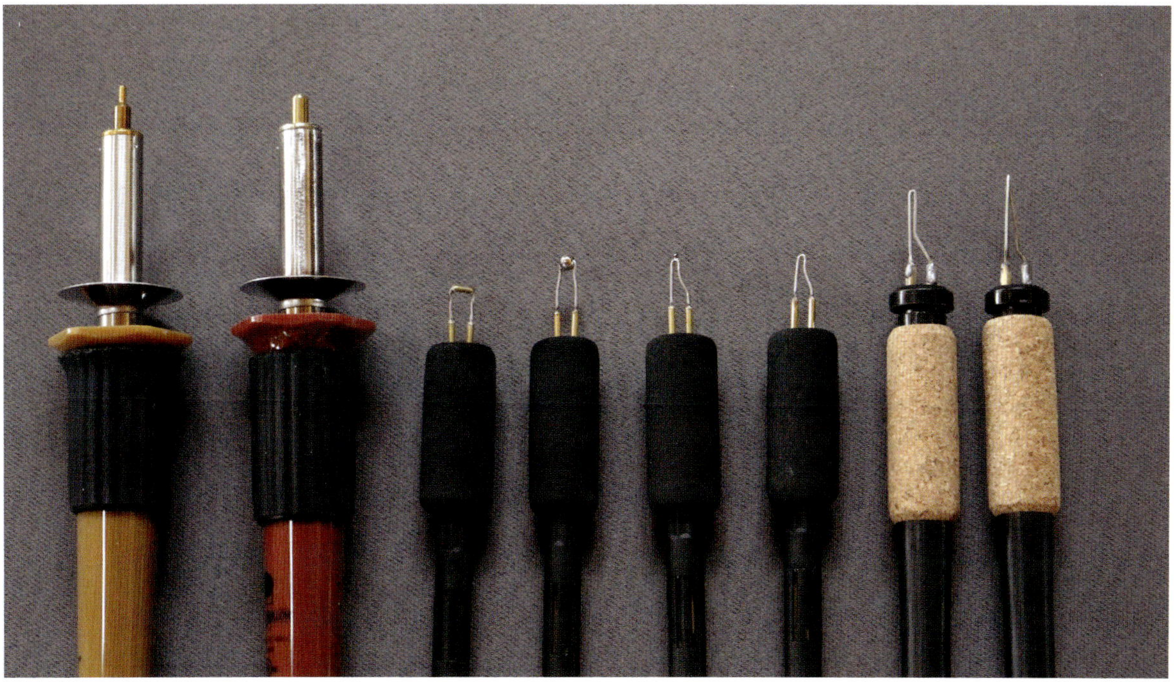

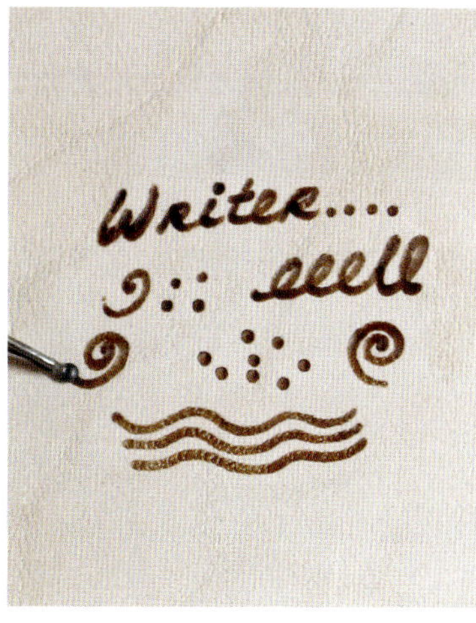

Alle Brennstifte und Brennspitzen in dieser Kategorie haben eines gemeinsam: Das Ende der Spitze ist rund. Entweder in Form eines rundgebogenen Drahtes, einer abgerundeten massiven Spitze oder einer kleinen Kugel. Ein derartiges rundes Ende ermöglicht es der Spitze, über die Werkstückoberfläche zu gleiten, ohne an Faserung, Maserung, Körnung oder sonstigen Uneben- und Rauheiten hängenzubleiben. Damit lässt sich nicht nur besonders gut schreiben (daher der Name), auch Kreise und enge Bögen lassen sich damit wunderbar frei zeichnen.

Typische Merkmale einer Schreibspitze:

- Das Ende der Spitze ist rund (rundgebogener Draht, rundes Metallende oder Kugel), wodurch die Spitze über die Materialoberfläche gleitet und mühelos Kreise und Bögen beschreibt.
- Die Brennmarken einer Schreibspitze haben einen weichen Rand.
- Die Schreibspitze dringt nicht tief ins Material ein, sondern gleitet über die Oberfläche. Auf Leder erreicht man einen Farbton von hell- bis dunkelbraun.

Schrägspitzen für feinste Linien und Details

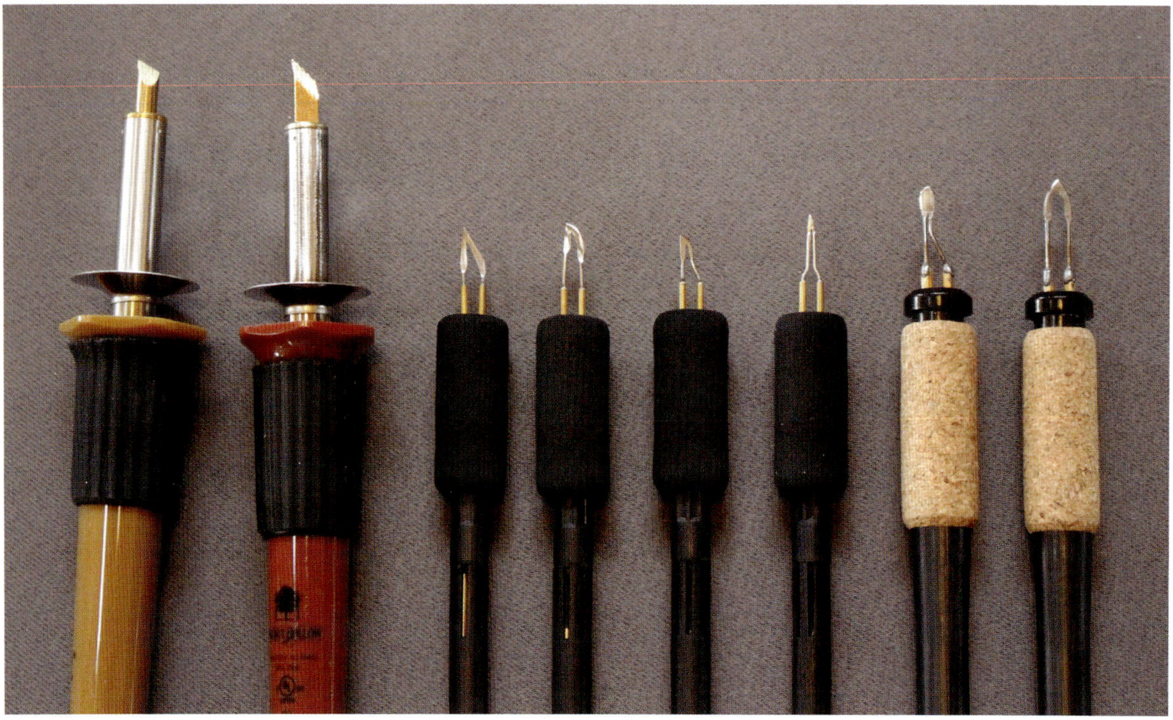

Diese Kategorie umfasst Brennstifte und Brennspitzen mit einer schräg gesetzten scharfen Kante bzw. Schneide, deren Form an eine Schreibfeder mit Winkelspitze oder auch an eine schräge Bandzugfeder erinnert. Eine Schrägspitze schneidet beim Brennen in die Materialoberfläche, dringt also ein, läuft dadurch wie in einem Kanal und kann seitlich nicht ausbrechen. Deshalb kann man mit einer Schrägspitze lediglich gerade oder leicht geschwungene Linien zeichnen. Setzt man einen Kreis an, obwohl sich die Spitze schon ins Material gegraben hat, wird sie entweder herausspringen oder brechen, sobald man sie seitlich verkantet. Die einzige Möglichkeit, mit einer Schrägspitze einen Kreis hinzubekommen, sind lauter winzige Einzelsegmente, die sich letztlich zu einem Kreis verbinden.

Der Name Schrägspitze resultiert aus der schräg verlaufenden Schneide. Nimmt man das Bild eines Fußes zu Hilfe, kann man diese Brennspitze unterteilen in Zehenspitze, der vordere Teil, der in einem spitzen Winkel ausläuft, und Ferse, das hintere, stumpfwinklige Ende. Die Zehenspitze kann spitz oder leicht abgerundet, der stumpfe Winkel der Ferse eckig bzw. kantig abgesetzt oder leicht abgerundet sein. Mit einer eckigen Ferse lassen sich sehr gerade Linien ziehen, indem man auch die Ferse in die Materialoberfläche versenkt und mit der Zehenspitze sozusagen wie auf Schienen deren Spur folgt. Hebt man die Ferse an, sodass sie aus dem Material auftaucht, kann man durchaus auch Kurven zeichnen. Eine abgerundete Ferse ist in erster Linie dafür gedacht, Kurven- und Wellenlinien zu erzeugen.

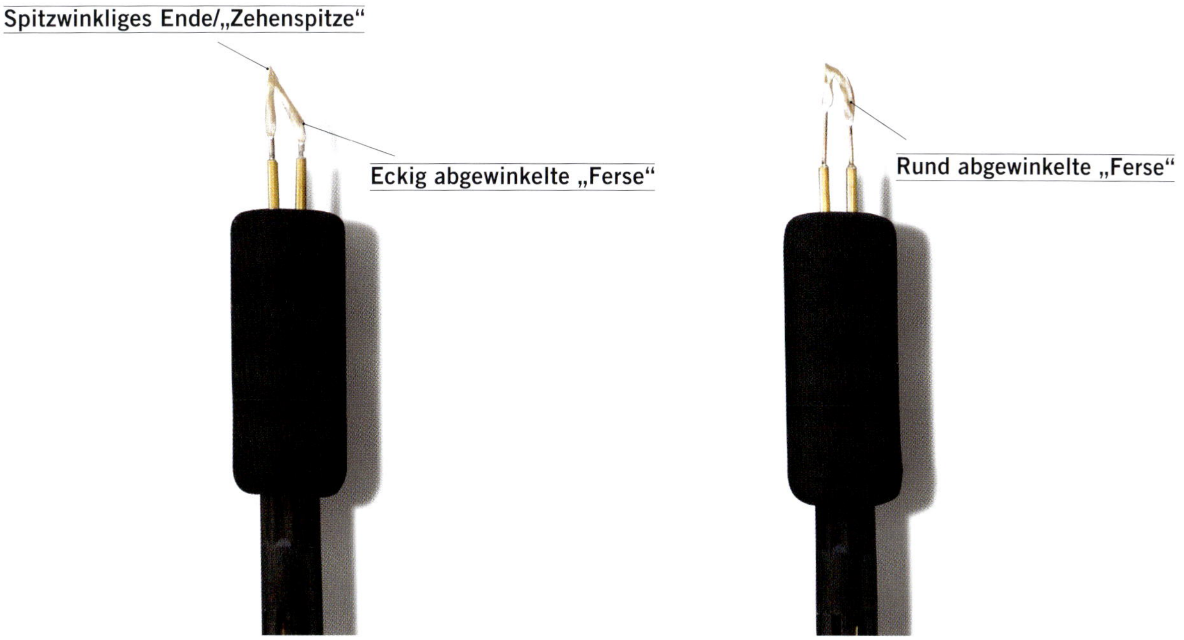

Typische Merkmale einer Schrägspitze:

- Die schräge Kante ist scharf wie eine Schneide und schneidet beim Brennen ins Material.
- Die Spitze dringt ins Material ein und läuft unterhalb der Oberfläche wie in einem Kanal, wodurch sich ein Kreis oder eine enge Kurve nicht in einem Schwung zeichnen lässt.
- Mit einer Schrägspitze gezeichnete Linien sind fein und sehr scharf.
- Auf Leder hinterlässt eine Schrägspitze sehr dunkle, beinahe schwarze Linien.

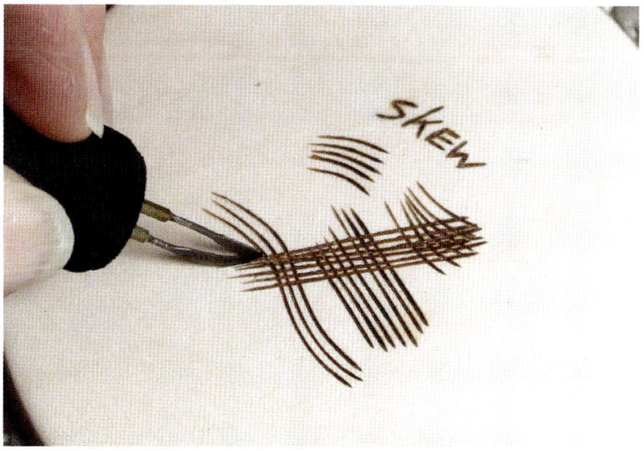

Schattierspitzen

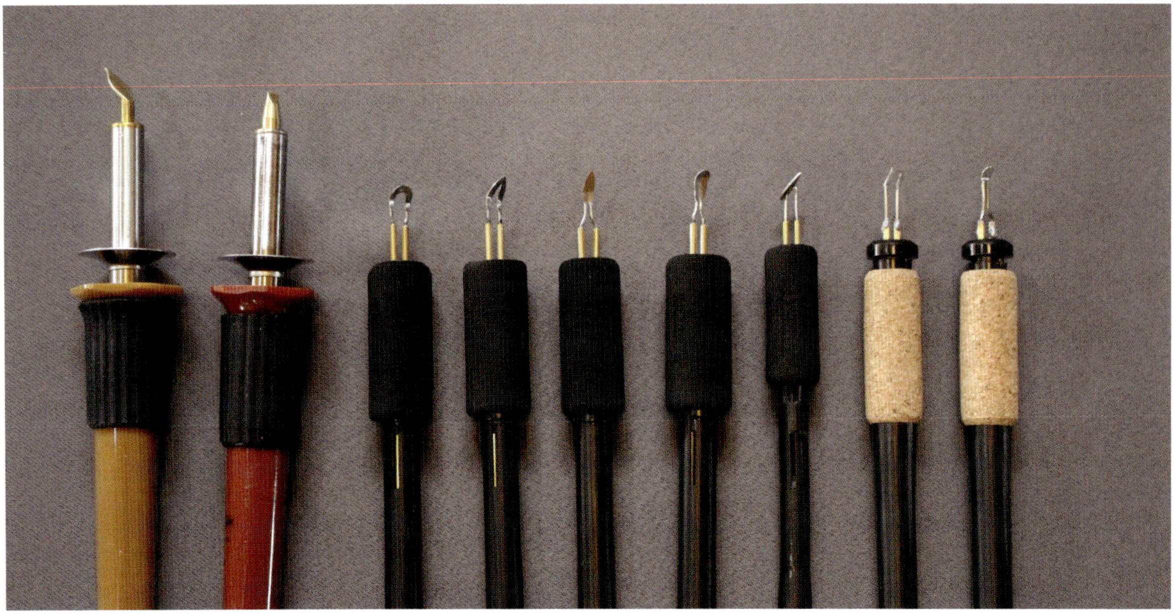

Auch Schattierspitzen weisen wie Schrägspitzen eine scharfe Kante auf. Der Unterschied besteht darin, dass die meisten Schattierspitzen um ca. 45° abgewinkelt sind. Diese Platte wird komplett auf die zu brennende Oberfläche aufgesetzt, wie bei einem Bügeleisen brennt man also mit einer größeren Fläche. Schattierspitzen sind in einer großen Bandbreite erhältlich, von winzig klein bis sehr groß, spitz zulaufend oder vorne abgerundet, in Löffelform mit nach oben gewölbten Rändern, als geschlossene Fläche in Rauten- oder Bügeleisenform oder als Umriss. Die Aufgabe einer Schattierspitze ist es, verschiedene Tönungen zu erzeugen, ähnlich wie bei der Malerei mit einem Pinsel.

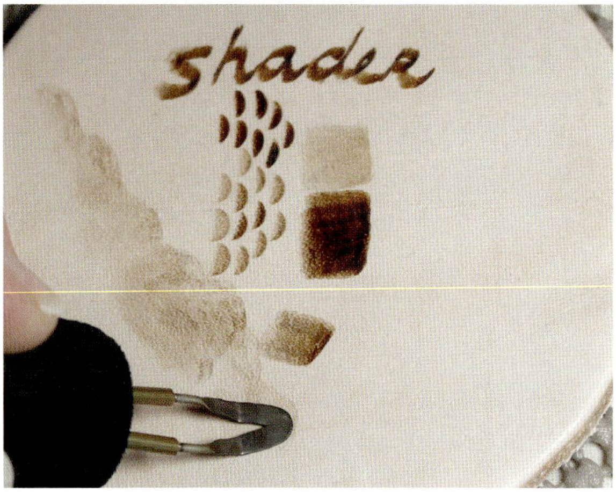

Typische Merkmale einer Schattierspitze:

- Ähnlich einer Schrägspitze hat eine Schattierspitze eine scharfe Kante. Die Schattierspitze ist jedoch in den allermeisten Fällen abgewinkelt, sodass sich der vordere Teil, meist eine Art Platte, mühelos flächig aufsetzen lässt.
- Eine Schattierspitze erzeugt oberflächliche Brennmarken von hell bis dunkel.

Brennstempel/Ornament- und Effektbrennschleifen

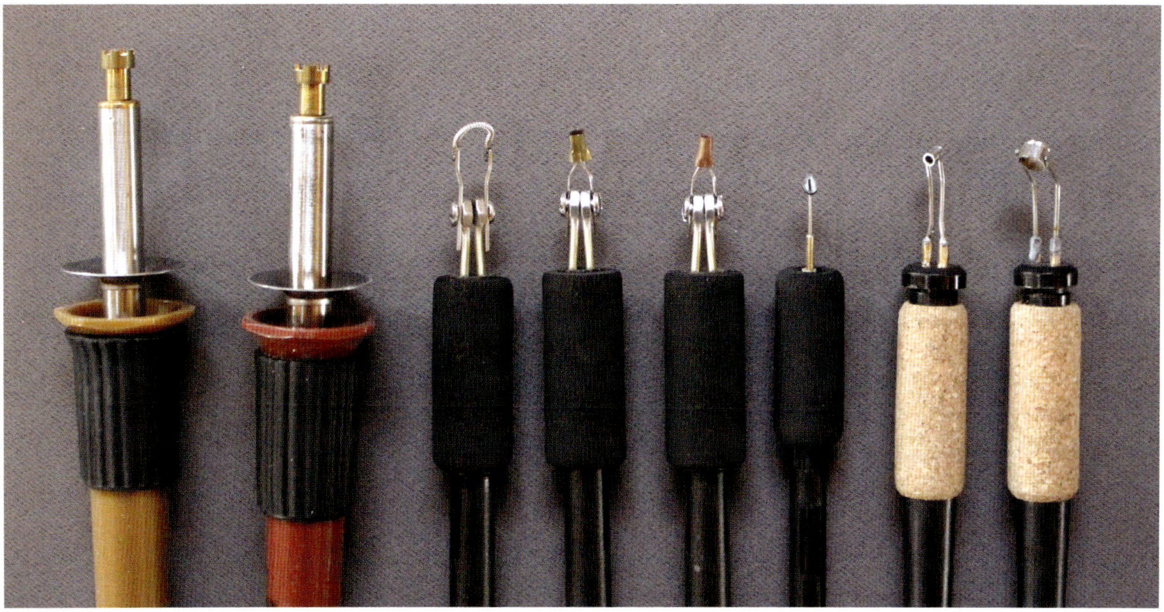

Alle anderen Aufsätze, die sich weder in Rund- bzw. Schreib-, Schräg- oder Schattierspitze einordnen lassen, werden in dieser Kategorie zusammengefasst. Beispiele sind Kreise, Vierecke und alle möglichen anderen Formen, die wie Stempel auf die zu brennende Oberfläche gepresst werden und so lange dort verbleiben, bis sich die Form eingebrannt hat. Für mich als Amerikanerin ist das vergleichbar mit dem Brenneisen, mit dem Rinder gekennzeichnet wurden. Darüber hinaus fallen auch die speziell zum Gestalten von Vogelfedern entwickelten Effektspitzen in diese Kategorie. Sie werden nicht nur auf die Oberfläche gepresst, sondern danach in einer bestimmten Richtung über die Fläche gezogen, um die Illusion von Federfahnen zu erzeugen. Der Vollständigkeit halber sei erwähnt, dass es noch weitere Spezialaufsätze gibt, so zum Beispiel für Techniken wie Wachsbatik und Enkaustik, also das Malen mit heißem Wachs.

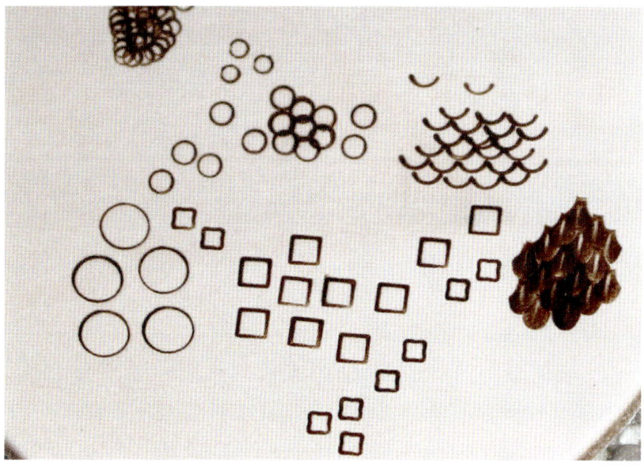

Typische Merkmale eines Brennstempels bzw. einer Ornament- oder Effektbrennschleife:

- Die Spitzen werden wie Stempel oder Brenneisen so lange auf das Material gepresst, bis sich die Form eingebrannt hat.
- Spezialbrennspitzen zum Gestalten von Federn werden auf die Oberfläche gepresst und dann weggezogen, um die Textur von Federfahnen zu erzeugen.

Kabel und Adapter

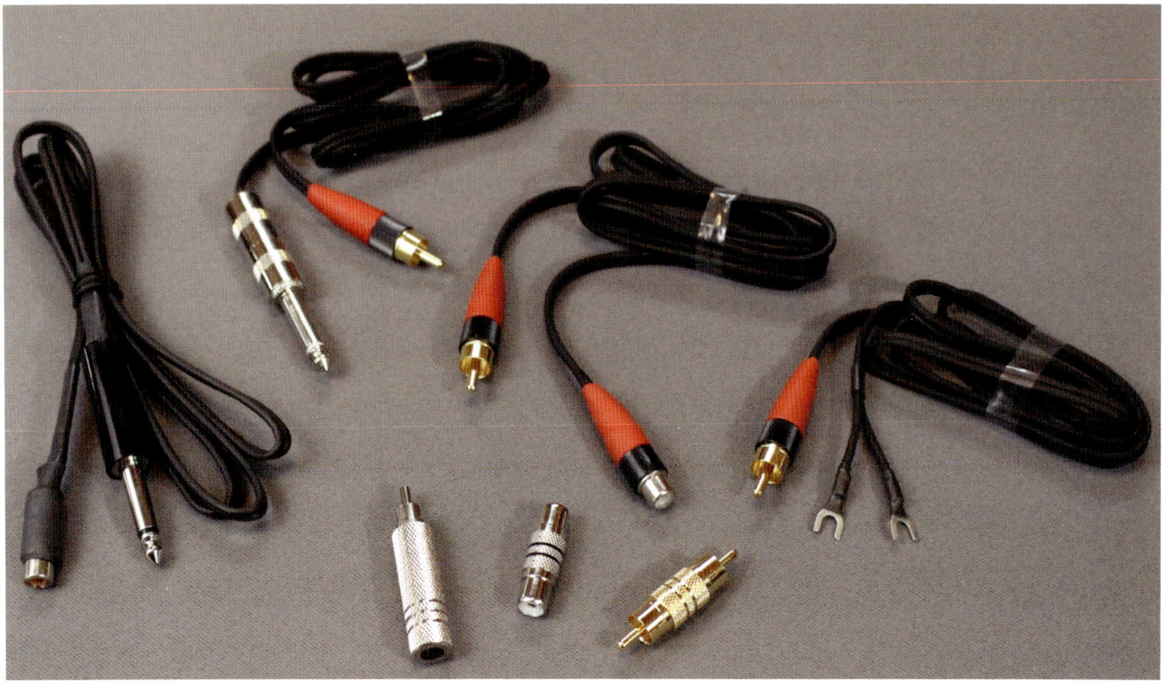

Kabel sind meist im Lieferumfang der Brennstation enthalten, aber manchmal erfordert das Brennprojekt ein weiteres Kabel anzuschaffen. Denn diese Verbindungskabel gibt es in verschiedenen Stärken. Die Standardausführung ist meist sehr flexibel und hat einen kleinen Durchmesser. Es gibt aber auch Kabel mit einem größeren Querschnitt, die für höhere Stromstärken ausgelegt und weniger flexibel sind. Aufgrund des höheren Stromflusses erlauben sie höhere Brenntemperaturen, was beim Schattieren und bei der Arbeit mit Brennstempeln von Vorteil ist.

An der Brennstation kann das Kabel je nach Hersteller fest verbaut sein oder es wird über eine lösbare Steckverbindung wie Kabelschuhe, die angeschraubt werden müssen, Klinkenstecker oder Cinchstecker angeschlossen. Am Kabelende, das an den Griffel angeschlossen wird, kann entweder ein Cinchstecker („männlich") oder eine Cinchkupplung („weiblich") sitzen. Möchte man Brennstifte anderer Hersteller an der Brennstation nutzen, dann kann ein Adapter vonnöten sein: Beispielsweise besitzt der Brennstift von Razertip eine „weibliche" Cinchbuchse und verlangt somit nach einem Cinchstecker („männlich").

Adapterstecker sind eine preiswerte Lösung, sie sehen ähnlich aus wie die, die man von Audiogeräten kennt. Allerdings darf man keine Audioadapter verwenden, denn diese sind wirklich nur für Audiogeräte im Hausgebrauch ausgelegt, nicht aber für die hohen Stromstärken, die bei der Brandmalerei fließen. Adapterstecker machen das hintere Teil des Brenngriffels jedoch schwerer, weswegen gerne auch zum Adapterkabel gegriffen wird, um Brennstifte eines anderen Herstellers an die vorhandene Brennstation anzuschließen.

Hinweis: Einige Brenner ziehen mehr Strom als andere, deshalb lassen sich manche Modelle nur schlecht mit denen von anderen Herstellern kombinieren.

Lötlampen und Gasbrenner

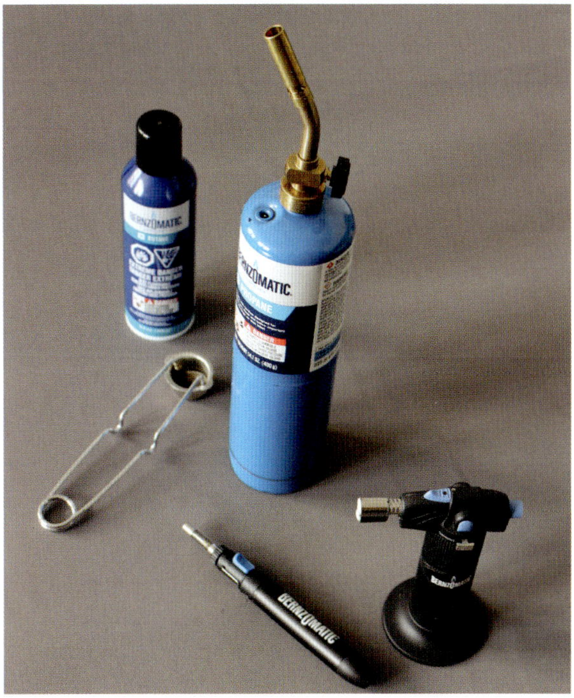

Ein propan- oder butanbetriebener Lötbrenner bzw. eine Lötlampe kann in der Pyrographie zum Einsatz kommen, um Flächen schnell abzudunkeln oder um airbrushartige Effekte zu erzielen und ein Werkstück wie angesengt wirken zu lassen. Die kleineren Lötpistolen, oft auch als Flambierbrenner angeboten, und die noch kompakteren Gasbrenner in Stiftform, arbeiten nicht wie die großen Lötbrenner mit einer Gaskartusche, sondern werden mit Feuerzeuggas befüllt. Sie lassen sich recht gut handhaben und eignen sich für kleinere Flächen. Verwenden Sie solche Brenner nur in gut belüfteten Räumen und mit reichlich Abstand zu brennbaren Materialien. Ein Feuerlöscher sollte dennoch immer griffbereit sein.

Weiteres Zubehör

Es gibt jede Menge Zubehör für die Brandmalerei und vieles davon erweist sich tatsächlich oft als äußerst nützlich. Im Folgenden stelle ich einige dieser Werkzeuge und Hilfsmittel vor. Keins davon ist zwingend erforderlich, probieren Sie einfach aus, was Sie interessant finden und entscheiden Sie selbst, womit Sie gut zurechtkommen.

Lupe und Lupenbrille

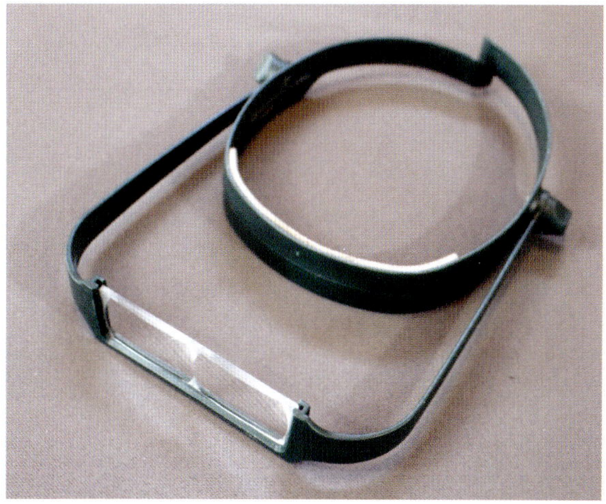

Natürlich sieht man durch eine Lupe alles besser, besonders bei sehr feinen und detailreichen Arbeiten. Es gibt verschiedene Formen und Ausführungen: reguläre Lupen (mit oder ohne Beleuchtung), die sich an den Arbeitstisch schrauben oder klemmen lassen, Lupenbrillenaufsätze, die man auf die evtl. vorhandene eigene Brille klemmt, oder Lupenbrillen und Kopfbandlupen, die wie eine richtige Brille auf dem Kopf getragen werden.

Schlag-, Stanz-, Schneid- und Antirutschunterlagen

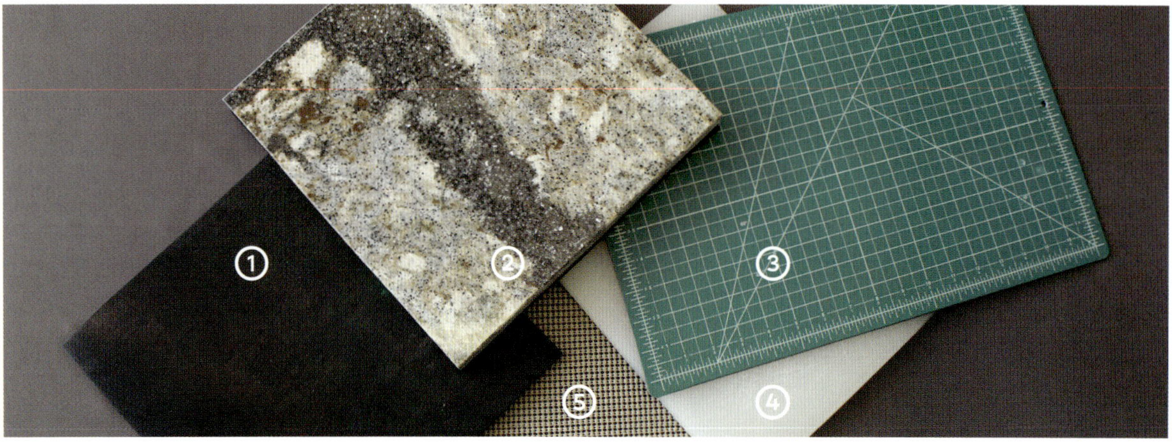

1) Schlag- und Stanzunterlage, 2) Granitplatte, 3) „selbstheilende" Schneidematte, 4) einfache Schneidematte, 5) Antirutschmatte

Arbeitsunterlagen sollen die Oberfläche des Arbeitsplatzes beim Schneiden, Stanzen und Punzieren schützen, aber auch Schlaggeräusche dämpfen. Es gibt spezielle Schneidematten mit „selbstheilender" Oberfläche, die auch nach vielen Schnitten glatt bleibt und keine Verwerfungen aufweist. Schlag- und Stanzunterlagen sind dafür gedacht, die heftigen Schläge beim Lochen, Stanzen und Nieten auszuhalten. Schlag- und Stanzunterlagen sind meist zwischen 0,5 und 1,5 cm dick (es gibt auch dickere) und dämpfen nebenbei auch die Schlaggeräusche beim Punzieren, wenn man sie unter den Punzierstein legt. Ein Punzierstein ist ebenfalls eine Unterlage, nämlich eine Steinplatte aus Marmor, Granit oder Quarz. Er fängt den Schlag des Punzierhammers ab und sorgt für ein sauberes, gleichmäßiges Prägebild. Um den Schlägen standzuhalten, sollten die Steinplatten zwischen 2,5 und 6,5 cm dick sein. Antirutschmatten sind oft als Rollenware erhältlich, zum Beispiel als Einlegematte für Schubladen oder als Teppichstopper, man schneidet sie sich dann einfach selbst zurecht.

Transferpapier (ungewachst)

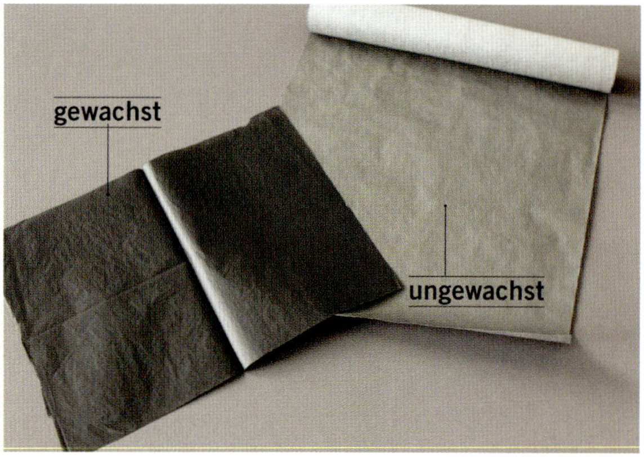

Graphit-Kopierpapier wird verwendet, um im Trockenverfahren Muster und Vorlagen auf die zu bemalende Oberfläche zu übertragen. Verwenden Sie ungewachstes Graphitpapier, denn die damit auf dem Leder erzeugten Linien verschwinden beim Brennen bzw. lassen sich wie Bleistiftlinien mit einem Radiergummi wegradieren. Bei gewachstem Transferpapier wäre das nicht der Fall. **Verwenden Sie auf keinen Fall Kohlepapier oder Blaupapier,** das früher bei Schreibmaschinen zum Einsatz kam, denn die Kohleschicht verbindet sich im Gegensatz zum Graphit des Graphitpapiers beim Erwärmen untrennbar mit dem Leder und lässt sich nicht entfernen.

Büromaterialien

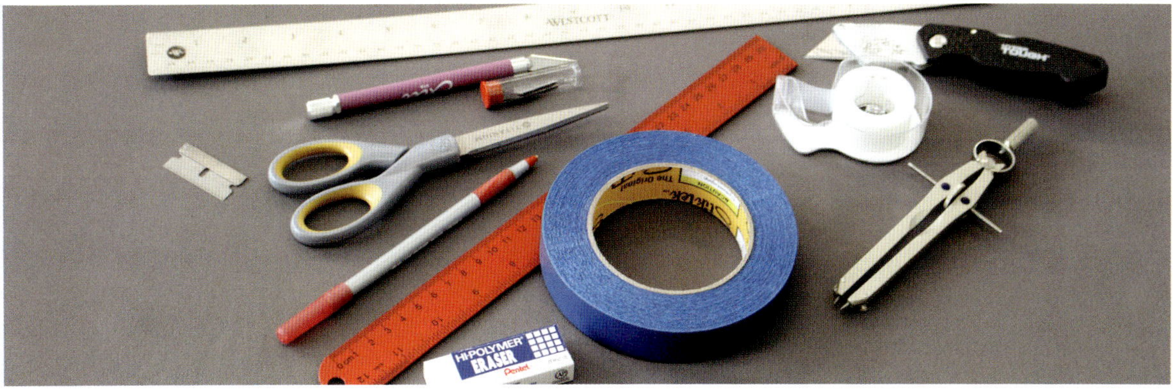

Ganz normale Büroutensilien wie Lineal und Klebeband sollten bereitliegen, sie werden häufig gebraucht. Ein Stift mit roter Mine erleichtert das Übertragen des Musters oder der Vorlage, da man auf diese Weise sieht, welche Linien man bereits durchgepaust hat. Mit einem weißen Radiergummi oder einem Knetgummi aus dem Künstlerbedarf lässt sich Graphit, das beispielsweise beim Übertragen der Vorlage auf das Leder geriet, sehr gut entfernen. Rasierklingen dienen zum Entfernen größerer Rußansammlungen auf flachen Brennspitzen und können auch beim Retuschieren kleinerer Brennfehler auf dem Leder hilfreich sein.

Spezialwerkzeuge zur Lederbearbeitung

Je nach Projekt und je nach Lederbearbeitungstechnik, die zum Einsatz kommen soll, werden Lederprägestempel, Punzen, Locheisen oder -zange, Kantenglätter und -polierer, Modelliereisen, Schneidwerkzeuge, Nähwerkzeuge, Nieten und Ösen, Nietensetzer, Druckknöpfe, Conchos und sonstige Metallbeschläge und Hilfswerkzeuge benötigt.

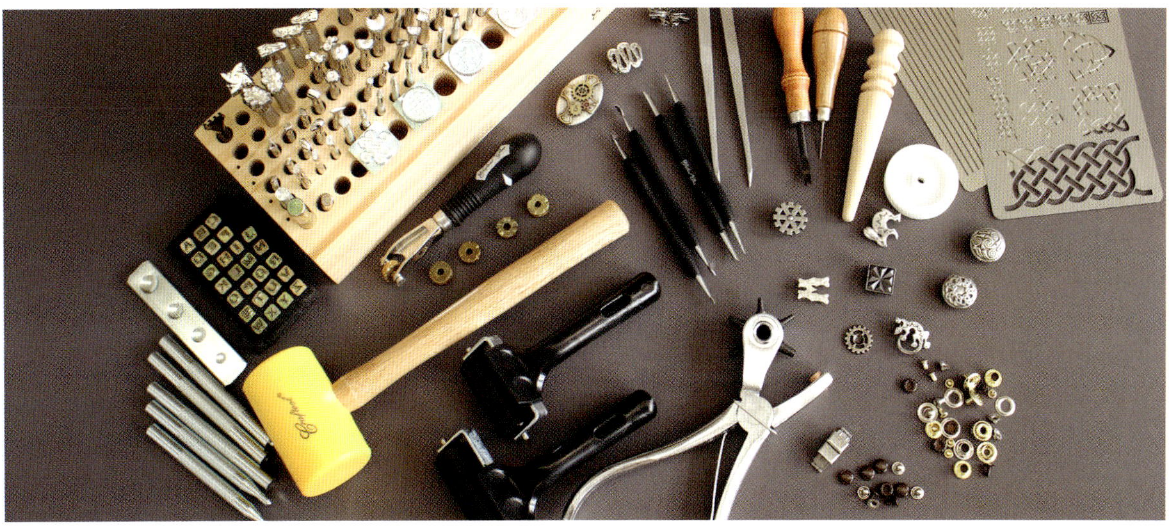

Lederteile

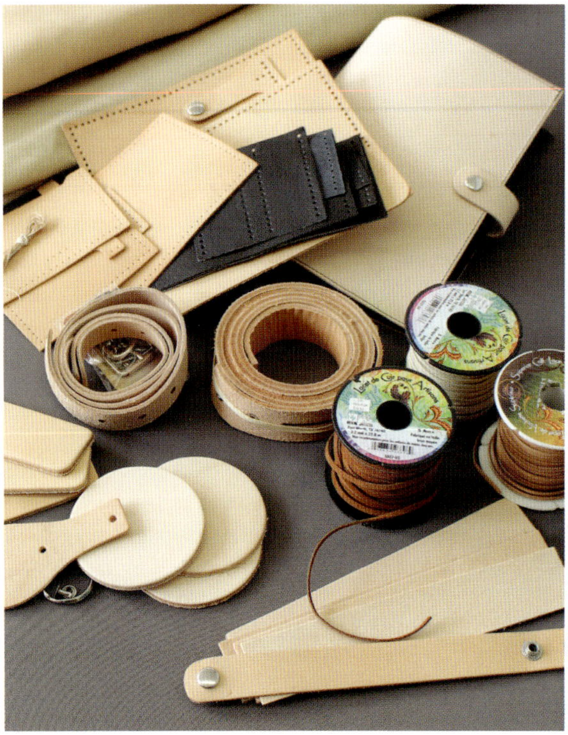

Je nach Projekt benötigen Sie noch weitere Lederstücke, Häute oder Teile von Häuten, Stanzteile, Rohlinge, aber auch Riemen und Lederschnüre. Eine bequeme Lösung bieten Bau- und Bastelsätze mit vorbereitetem Halbzeug, die alles umfassen, was man für ein bestimmtes Projekt an einzelnen Lederteilen braucht.

Oberflächenbehandlung

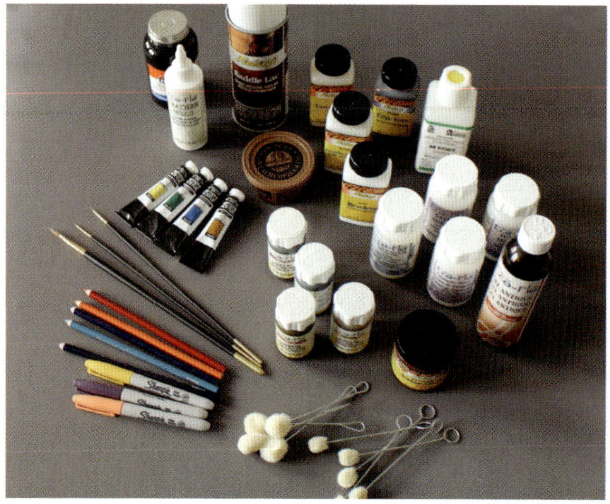

Je nachdem, ob und wie Sie ihre Objekte nachbehandeln möchten, benötigen Sie Lederkleber, Lederfarben, -lasuren und -beizen, geeignete Fasermaler und Buntstifte, spezielle Schwämme („Daubers“), Pinsel, Lederschutz- und -pflegemittel.

Hitze- und Rußschutz (Handschuhe und Fingerschützer)

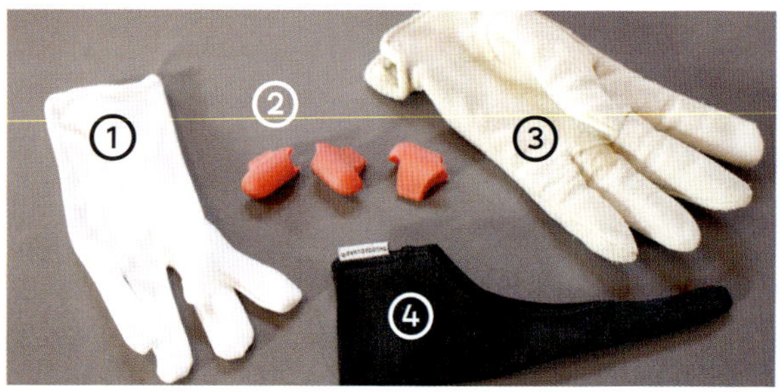

1) Baumwollhandschuh,
2) Fingerschützer aus Silikon,
3) Lederhandschuh,
4) Zeichenhandschuh

Bei den meisten Brandmalstiften sind die Griffe gut gegen die Hitze beim Brennen isoliert. Sollte der Griff dennoch zu heiß werden, kann man sich mit einem Lederhandschuh, selbsthaftendem Fingerpflaster von der Rolle oder Fingerschützern aus Silikon behelfen. Ein spezieller Zeichenhandschuh oder ein Baumwollhandschuh schützt das Leder vor Hautfett und Schweiß.

Reinigungs- und Polierhilfen

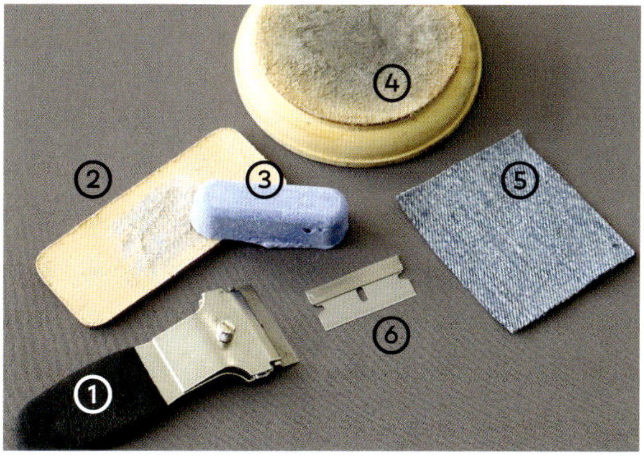

1) Rasierklingenschaber, 2) Streichriemen eckig (Polierleder), 3) Polierkreide, 4) Polierbrett rund (Polierleder), 5) Läppchen aus Denimstoff, 6) Rasierklinge

Um möglichst sauber brennen und malen zu können, sind die Brandmalspitzen regelmäßig zu säubern und zu polieren. Dazu benötigt man entsprechende Hilfsmittel. Näheres zum Reinigen und Polieren von Brennspitzen siehe ab Seite 30.

Aufbewahrung, Transport und Schutz der Brennstifte

Wer seine Pyrographie-Utensilien zu Kursen oder Treffen transportieren möchte, braucht entsprechende Transportbehältnisse. Sei es ein spezielles Etui, ein Kasten, eine Werkzeugtasche oder -kiste – auf jeden Fall muss man darauf achten, dass die Kabel nicht beschädigt oder gar zerschnitten werden können. Die Brennschleifen verdienen besonderen Schutz und sollten nicht lose in die Transportbox gelegt werden. Viele Hersteller verkaufen sie einzeln in Röhrchen, die auch zur schützenden Aufbewahrung dienen.

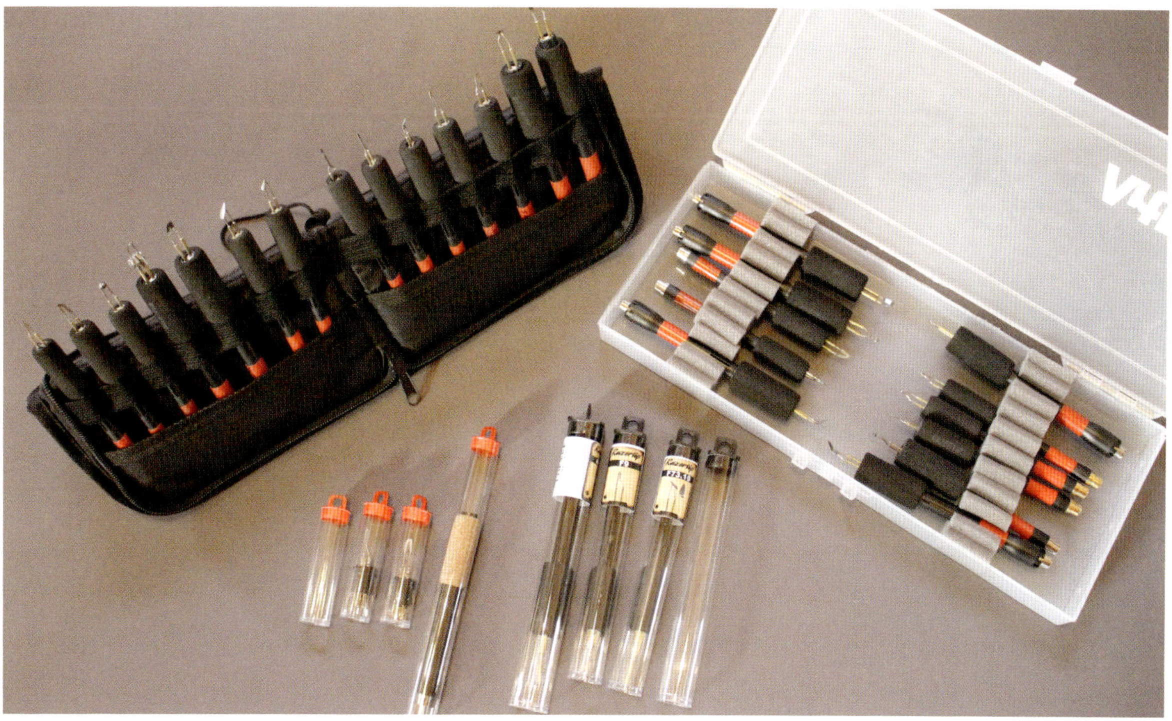

KAPITEL 3:
VERFAHREN UND METHODEN

Vorbereiten der Brennwerkzeuge

Ausrüstung bereitstellen

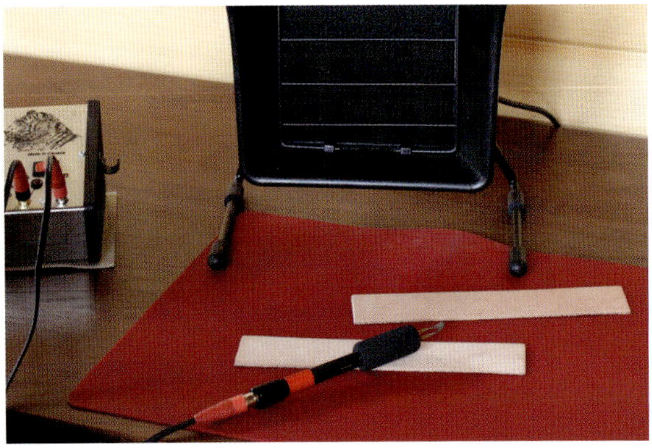

Nachdem Sie entschieden haben, wo Sie arbeiten werden, stellen bzw. legen Sie auf einer stabilen Unterlage Brennstation und Brenngriffel bereit, ebenso Arbeitsunterlage, Zubehör und Werkzeuge – sorgen Sie für gute Beleuchtung und Belüftung. Platzieren Sie Brennstation und Kabel auf der Seite ihrer Arbeitshand – Linkshänder also zur Linken, Rechtshänder zur Rechten. Das verhindert, dass Ihnen die Stromkabel bei der Arbeit in die Quere kommen. Überprüfen Sie, ob die Brennspitzen gereinigt und poliert bereitliegen.

Brennspitzen reinigen und polieren

Beim Brennen sammeln sich feinste Rußpartikel auf dem Brenndraht, die wiederum bewirken, dass das Brennbild unsauber wird. Oder sie verschmieren unschön und lassen sich nicht wegradieren. Wer gute Brennergebnisse erwartet, wird nicht umhinkommen, die Brennspitzen immer wieder zu reinigen und auch ab und an zu polieren.

Das Sauberhalten ist ein kontinuierlicher Prozess, da sich Ruß- und Kohleablagerungen immer wieder auf den Brennspitzen ansammeln und entfernt werden müssen. Ich empfehle, während der Arbeit immer wieder mit den Spitzen über ein Stück Baumwollstoff (ohne Synthetikanteil!) zu wischen, besonders, wenn sich beim Brennen schwarze Pünktchen bilden (Kohlestaub). Wenn das Läppchen aus reiner Baumwolle ist, kann es zwar nicht schmelzen, allerdings dringt die Wärme durch den Stoff auf den Tisch. Deshalb lege ich mein Denimläppchen immer auf ein Stück Holz oder eine hitzebeständige Silikonunterlage.

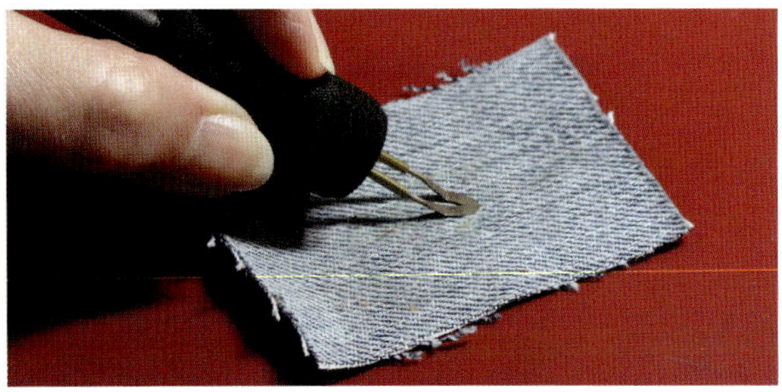

Reinigen auf einem Läppchen aus Denimstoff

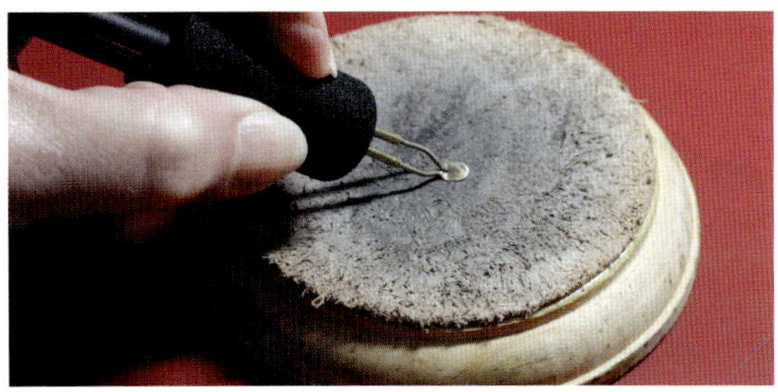

Polieren auf einem ledernen Polierbrett

Polieren sollte man die Brennspitzen nicht zu oft, um die scharfen Kanten nicht mit der Zeit rundzuschleifen. Ich poliere meine Spitzen immer dann, wenn das Reinigen auf dem Läppchen kaum mehr Wirkung zeigt und sich Kohlestaub schon kurz nach Abwischen der Brennspitze wieder ansammelt oder wenn ich das Gefühl habe, die Spitze hakt und schleift anstatt zu gleiten. Poliert wird auf einem Polierleder, also einem dicken Stück Leder mit der Fleischseite nach oben, oder einem dünneren Leder, das auf einem Stück Holz befestigt ist. Ein wenig Poliermittel wie Aluminiumoxid oder Juwelier-Polierkreide (auch als Polierblau bzw. Polierrot bekannt) wird auf das Polierleder gegeben und die kalte Brennspitze solange darübergerieben, bis sie wieder glänzt. Ehe die Spitze erneut erhitzt wird, ist das Poliermittel mit einem Läppchen zu entfernen. Bei den Schnittkanten der Schrägspitzen kippt man beim Polieren die Brennspitze leicht zu einer Seite, fährt ein paar Mal über das Poliermittel, kippt sie dann zur anderen Seite und poliert diese. Die runden Schreibspitzen kippt man beim Polieren rundherum in alle Richtungen.

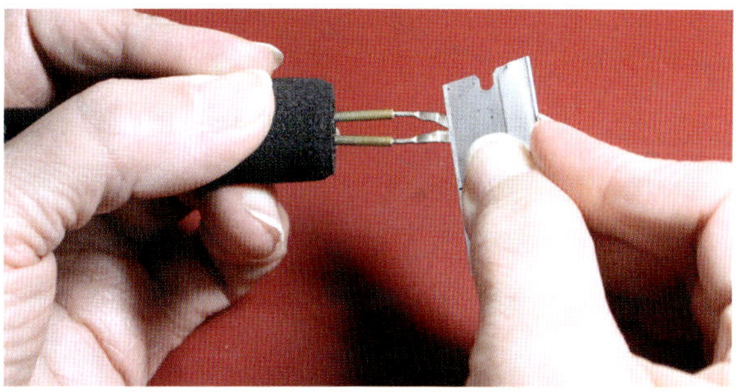

Entfernen größerer Ablagerungen mit einer Rasierklinge

Sollten sich auf der Brennspitze **größere Ablagerungen** angesammelt haben, kann man sie mit einer Rasierklinge abkratzen. Bei Schattierspitzen sind übermäßige Ablagerungen die Regel, da die Metallfläche, die brennend auf dem Leder aufliegt, recht groß ist. Halten Sie die Rasierklinge nur ganz leicht gekippt, fast parallel zur Schattierfläche, und schaben Sie sacht über die kalte Spitze, ohne sie, beispielsweise mit den Ecken der Rasierklinge, zu zerkratzen.

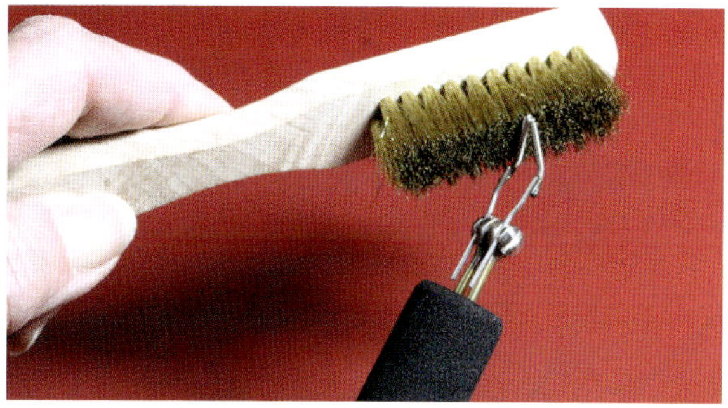

Reinigen mit einer Drahtbürste aus Messing

Ungewöhnlich geformte Effektbrennspitzen wie die, die zum Gestalten von Vogelfedern oder gekielten Schlangen- und Krokodilsschuppen gedacht sind, lassen sich gut mit einer **weichen Drahtbürste aus Messing** reinigen. Sie muss aber sehr weich sein, um die Brennspitze nicht zu zerkratzen.

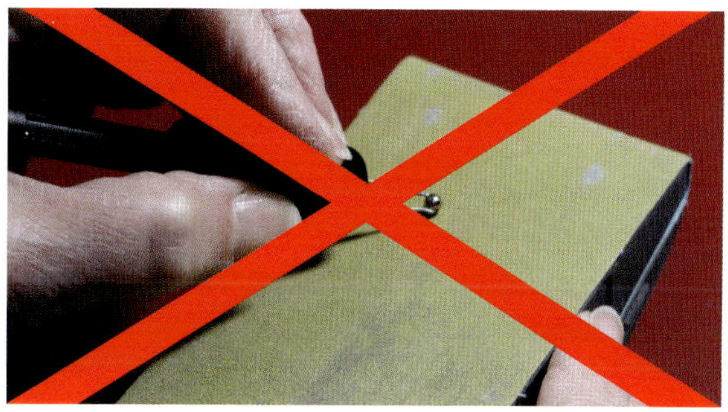

Niemals Sandpapier zum Reinigen verwenden!

Auch wenn sich die Methode weit verbreitet hat, ist nach meinem Dafürhalten das **Reinigen der Brennspitzen mit Sandpapier NICHT zu empfehlen** – auch nicht mit Sandpapier-Schleifschwämmen. Bei einer beispielsweise runden „Spitze", die vollkommen rund und glatt ist, nimmt das Sandpapier, egal wie fein es ist, jedes Mal ein Stückchen Metall weg. Aus der perfekten Kugel mit absolut glatter Oberfläche wird so mit der Zeit ein Vieleck mit Facettenschliff – oder etwas in der Art. Deshalb verwende ich Sandpapier ausschließlich dann, wenn ich die Form der Brennspitze tatsächlich verändern will.

Vorbereiten des Leders

Umsicht beim Umgang mit Leder

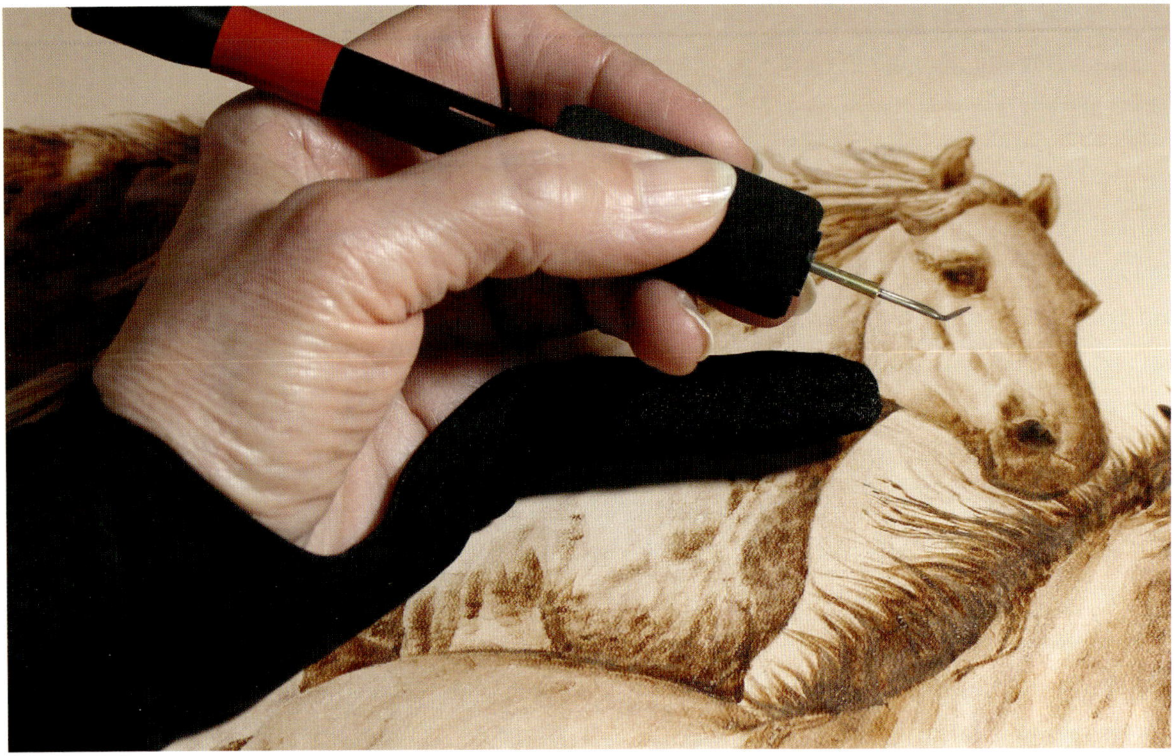

Ein Zeichenhandschuh schützt das Leder vor Hautfett, Schweiß und Handcreme

Wenn das Leder noch nicht mit einer abschließenden Versiegelung oder Imprägnierung behandelt ist, reagiert es auf Wassertropfen, Hautfett, Schweiß, Cremes und Sonneneinstrahlung empfindlich. Zwar wird Leder bei der Bearbeitung in Sattlerei und Lederhandwerk sehr wohl angefeuchtet, um es prägen oder formen zu können, aber immer das gesamte Lederstück, das dann auch wieder gleichmäßig trocknen kann. Geraten einzelne Wassertropfen aufs Leder, wird man immer einen Rand sehen, es sei denn, man benetzt das gesamte Leder und wartet, bis es gleichmäßig getrocknet ist. Um zu verhindern, dass Hautfett, Schweiß und Cremereste aufs Leder gelangen, sollte man einen Baumwollhandschuh oder einen Zeichenhandschuh tragen. Damit das natürliche Empfinden nicht allzu sehr beeinträchtigt wird, bleiben bei Letzterem zumindest Daumen, Zeige- und Mittelfinger frei. Alternativ kann man auch ein sauberes und trockenes Stück Stoff verwenden, auf dem beim Brennen Handballen und kleiner Finger ruhen.

Sonne lässt vegetabil gegerbtes Leder dunkler werden. Setzt man nur einen Teil des Leders dem Sonnenlicht aus, erhält man zwei unterschiedlich getönte Bereiche. Deshalb ist Leder bis zur Bearbeitung lichtgeschützt aufzubewahren, große Stücke am besten mit der Narbenseite nach innen zusammengerollt. Mit einer Schnur zusammengebunden, lagert man die Rolle in einem dunklen Raum oder schlägt sie zum Schutz vor der Sonne in Papier ein.

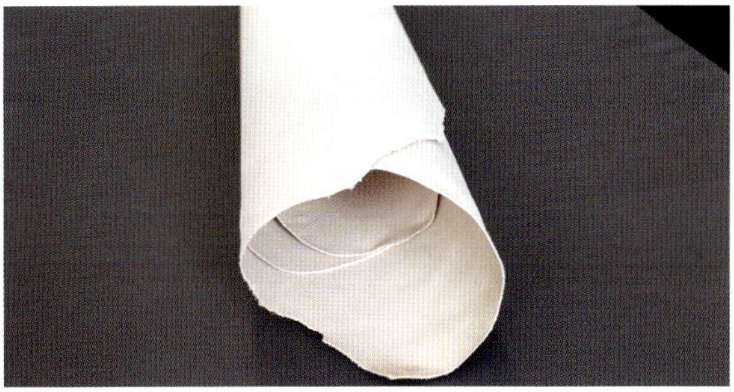

Zum Aufbewahren Leder mit der Narbenseite nach innen aufrollen

Leder verstärken

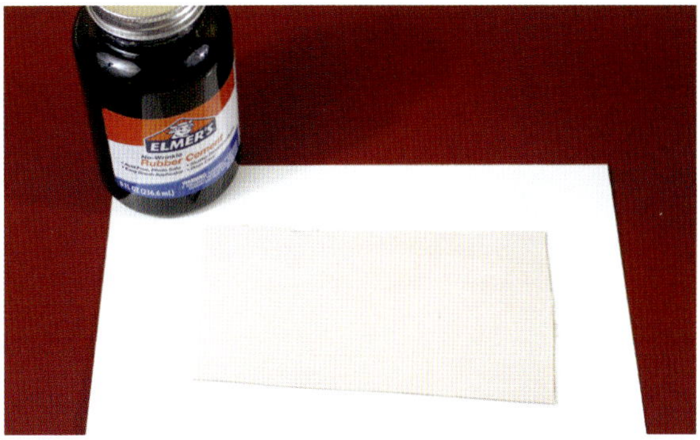

Dünnes Leder ist meist dehnbar und beweglich, beim Punzieren und Texturieren würde es sich verziehen, wellen oder Falten schlagen. Damit das nicht passiert, kann man dünneres Leder (bis 2 mm stark) zur Stabilisierung vorübergehend auf einen verstärkenden Untergrund aufziehen, der steif genug ist, dass er sich weder wellt noch verzieht. Schwere Vollpappe, schwerer Kraft- oder Fotokarton sind hier eine gute Wahl. Als Kleber eignet sich beispielsweise Fixogum von Marabu, oder ein anderer ablösbarer Kleber aus dieser Kategorie. Damit sich das Leder später tatsächlich wieder ablösen lässt, darf er nur einseitig aufgetragen werden. Also, Untergrund einseitig mit Gummilösung bestreichen, Leder darüberlegen und andrücken.

Übertragen von Mustervorlagen

Mit einem weichen Bleistift mit Graphitmine (2B bis 9B) kann man das Motiv direkt auf das Leder vorzeichnen. Oder man überträgt die Vorlage vom Papier aufs Leder mit einer der folgenden Transfertechniken.

Nasstransfer

Bei der Nasstransfertechnik wird die Narbenseite des Leders per Schwamm oder Sprühflasche mit Wasser durchfeuchtet. Das macht das Leder sehr geschmeidig und formbar und das Muster wird dann mit einem stiftartigen Modelliereisen mit schmaler kugelförmiger Spitze von der Vorlage aufs Leder gedrückt. Es gibt aber auch wiederverwendbare Punzierschablonen aus Kunststoff, die einfach auf das feuchte Leder gelegt werden. Rollt man nun mit einer kleinen Reibwalze darüber, drückt sich das Motiv ein. Verwendet man die Nasstransfermethode, muss das Leder wieder vollständig durchtrocknen, ehe man mit dem Brennen beginnen kann.

Trockentransfer

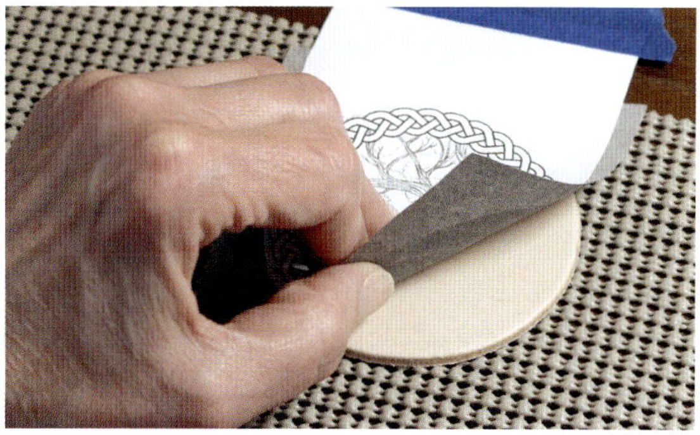

Zum Übertragen einer Vorlage auf Leder verwende ich dieselbe Methode, die ich auch bei Holz verwende. Trockentransfer hat den Vorteil, dass man nicht warten muss, bis das Leder getrocknet ist, sondern gleich loslegen kann.

1. Legen Sie das trockene Leder auf eine harte, ebene Oberfläche. Bei kleineren Arbeiten lege ich gern ein

Stück Antirutschmatte darunter und befestige diese mit Klebeband am Tisch, damit das Werkstück beim Durchpausen nicht wegrutscht.

2. Legen Sie die Vorlage über das Leder und befestigen Sie auch diese mit einem Streifen Klebeband am Tisch. Möchten Sie lieber die Vorlage am Leder befestigen, prüfen Sie vorab anhand eines kleinen Lederrests derselben Sorte, wie sich das Klebeband am Leder verhält. Nach meiner Erfahrung hinterlassen die meisten nach dem Abziehen helle Male auf dem Leder.

3. Kleben Sie das Blatt mit der Vorlage an nur einer Seite fest – dabei sind zwei kürzere Klebestreifen mit einer Lücke dazwischen leichter zu handhaben als ein einziger langer. So kann sie leicht hochgeklappt werden ohne dabei zu verrutschen.

4. Schieben Sie ein Stück ungewachstes Transferpapier mit der graphitbeschichteten Seite nach unten unter die mit Klebeband befestigte Vorlage, sodass die Graphitseite unmittelbar auf dem Leder zum Liegen kommt.

5. Zeichnen Sie ein paar Linien der Vorlage mit Kugelschreiber oder Bleistift nach, dann heben Sie Vorlage und Transferpapier an, um nachzuschauen, ob sich die Linien gut auf das Leder übertragen haben. Allzu dunkel sollten sie allerdings nicht sein, sonst lassen sie sich nach dem Brennen nur mit Mühe wegradieren.

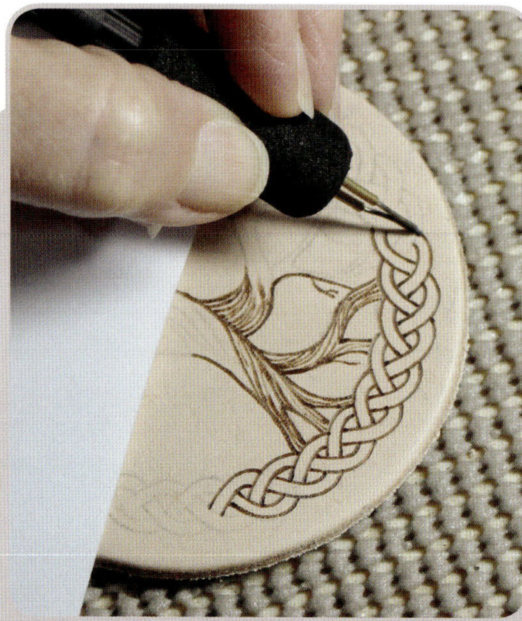

TIPP

Nachdem das Motiv mit Hilfe von Graphitpapier auf das Leder übertragen wurde, muss man darauf achten, die Graphitlinien beim Brennen nicht zu verschmieren oder wegzuwischen. Das gelingt, wenn man auf der Seite mit dem Brennen beginnt, die der Arbeitshand näher liegt und sich langsam über das Bild arbeitet. So liegt die Hand nur auf Bereichen auf, die bereits gebrannt wurden. Alternativ kann man ein Stück Papier auf die Graphitlinien legen.

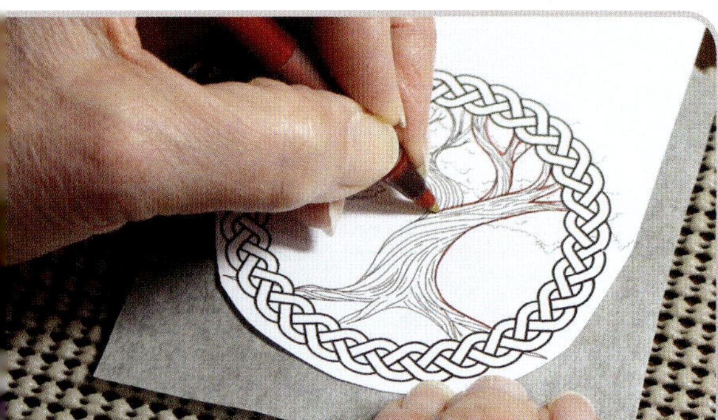

TIPP

Wenn man zum Durchpausen einen Stift mit roter Mine verwendet, sieht man auf einen Blick, welche Linien man bereits durchgepaust hat.

Brenntechniken

Wenn man als Anfänger beginnt, sich mit dem Brennen von Leder vertraut zu machen, ist es zunächst einfacher auf flachen, zweidimensionalen Lederstücken zu üben. Manche Brenntechniken sind nicht von der verwendeten Brennspitze abhängig, andere wiederum beschränken sich auf bestimmte Brennspitzen. Lernen Sie zunächst die grundlegenden Techniken kennen, bevor Sie sich an komplette Projekte wagen.

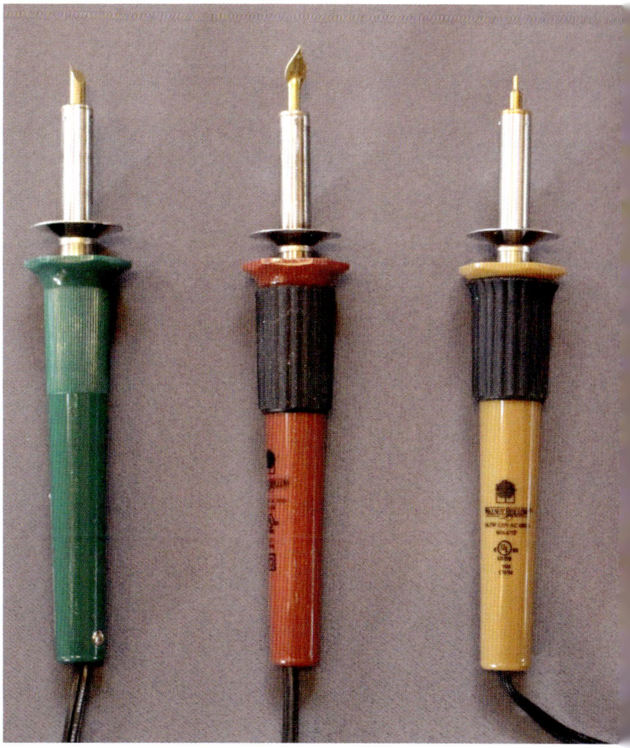

Für den grünen Brandmalkolben ist eine Temperatur von ca. 500 °C angegeben – zu heiß für Leder. Beim roten lässt sich die Temperatur einstellen – wenn man sie niedrig einstellt, lässt er sich für Leder verwenden. Für den gelbbraunen Brennkolben ist eine Temperatur von ca. 350 °C ausgewiesen, für die Lederbrandmalerei genau richtig.

Brenntemperatur

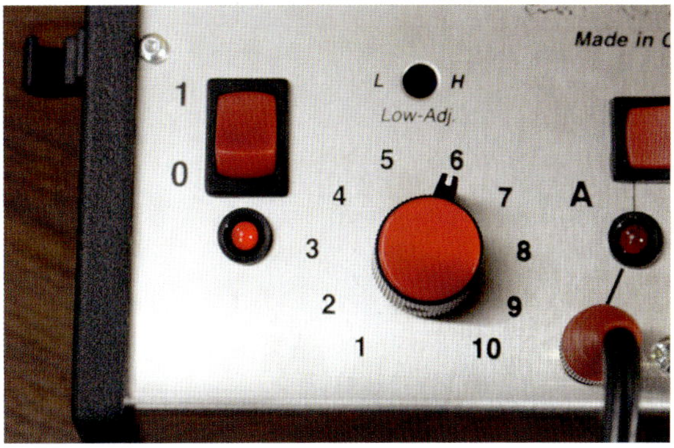

Pyrographiebrennstationen mit Drahtbrennschleifen besitzen einen Drehschalter zur Temperaturregelung, womit sich die Stärke der Brennmarken von hell bis dunkel anpassen lassen. Im Normalfall sollte der Vorwahlregler für die meisten Brennmalereien links und rechts der oberen Mitte stehen, also zwischen zehn und vierzehn Uhr. Das entspricht bei den meisten Modellen der Einstellung zwischen 3,5 und 7,5. Wenn die Drahtschleife hellrot zu glühen beginnt, ist die Temperatur definitiv zu hoch eingestellt. Das Metall der Brennspitze läuft an, wenn sie hellrot glüht. Beim Abkühlen wird der dünne Draht spröde und bricht leicht.

Auch sollte man den Temperaturregler nicht zu hoch einstellen, in der irrigen Annahme, so besonders schnell brennen zu können. Durch die große Strahlungswärme wird es heiß an den Fingern und wenn man beim Brennen auch nur leicht zögert oder stockt, entsteht gleich eine Verdickung an der Linie oder gar eine verkohlte Stelle.

Wenn man einen Brandmalkolben mit massiver Spitze und nicht regelbarer, fest vorgegebener Temperatur benutzt, bestehen die einzigen Möglichkeiten, helle und dunkle Linien kontrolliert auszuführen, im Anpassen der Brenngeschwindigkeit oder darin, hellere Linien dann zu brennen, wenn der Kolben noch in der Aufheizphase ist bzw. bereits abkühlt. Da sich Leder schneller als Holz verfärbt, ist ein Brandmalkolben mit massiver Spitze und fest vorgegebener Temperatur, der speziell für Leder entwickelt wurde, leichter zu kontrollieren als ein Allround-Brandmalkolben. Ein Allround-Brandmalkolben kann gut und gerne 500 °C heiß werden, ein Spezialkolben für Leder dagegen ca. 350 °C.

Brenngeschwindigkeit

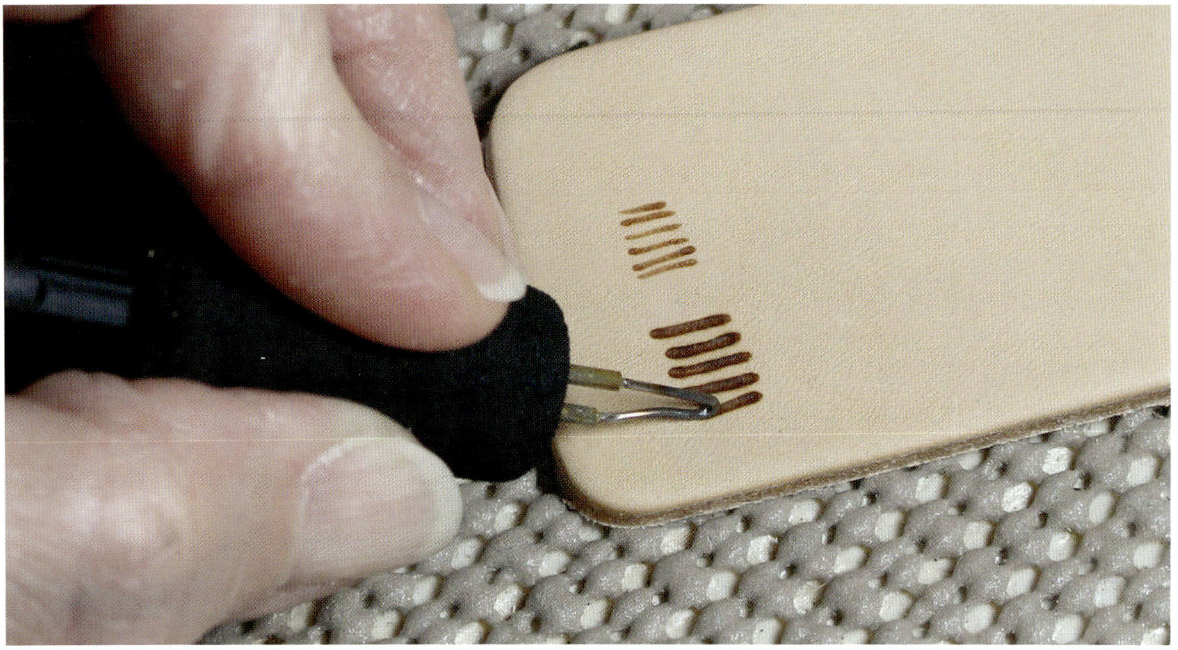

Die helleren Linien wurden schnell gebrannt, die dunklen langsamer

Die Geschwindigkeit, mit der die Brennspitze über das Leder gleitet, beeinflusst die Farbe der gebrannten Linie.

Je schneller Sie brennen, detso heller werden die Linien, da der heiße Draht nicht ausreichend lange Kontakt zum Leder hatte. Wenn Sie hingegen die Temperatur höher einstellen, um schneller dunklere Linien zeichnen zu können, wird der Griff möglicherweise zu heiß und es wird zunehmend schwieriger, gleichmäßig und kontrolliert zu brennen. Selbst wenn der Brenndraht so heiß ist, dass er schwach glüht, werden die Linien bei schnellem Brennen trotzdem hell, aber schon beim geringsten Zögern entstehen sofort sehr dunkle Brennmarken. Die besten Erfolge erzielt man in den meisten Fällen mit einer gleichmäßigen, nicht allzu hohen Geschwindigkeit. Wenn man also die Geschwindigkeit während des Zeichnens ändert, ändern sich Farbe und Intensität der jeweiligen Linie. Nur wenn erheblich dunklere Brennmarken gewünscht sind, dreht man die Temperatureinstellung höher.

Gleichmäßig starke Linien derselben Tönung erreicht man:

- Wenn man die Brennspitze immer in Bewegung hält, sobald sie das Leder berührt, und nicht mit der Brennspitze auf dem Leder innehält.
- Wenn man Linien mit gleichmäßiger, niedriger Geschwindigkeit zeichnet.
- Wenn man die Linie beendet, indem man die Brennspitze einfach nur anhebt.

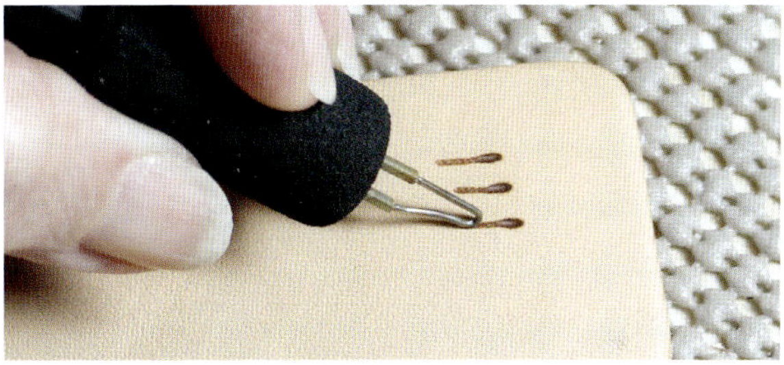

Problem: Verdickung zu Beginn der Linie
Ursache: Absetzen der Brennspitze auf dem Leder, kurzes Innehalten, dann erst wird die Linie gezeichnet
Lösung: Mit der Zeichenbewegung beginnen, sobald die Brennspitze das Leder berührt

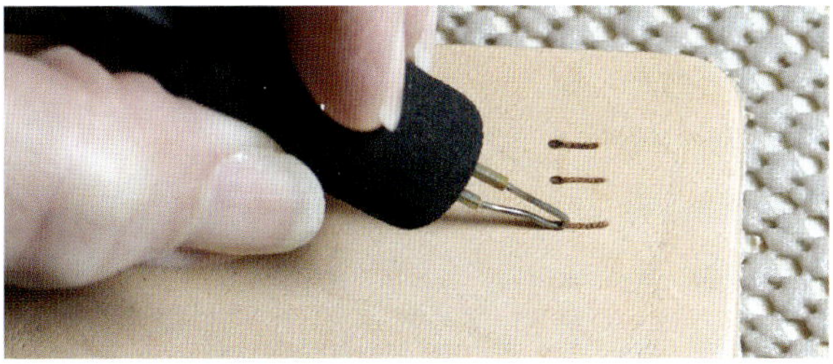

Problem: Verdickung am Ende der Linie
Ursache: Nach dem Zeichnen der Linie kurzes Zögern, ehe die Brennspitze vom Leder gehoben wird
Lösung: Die Brennspitze immer sofort anheben, sobald die Linie fertig ist

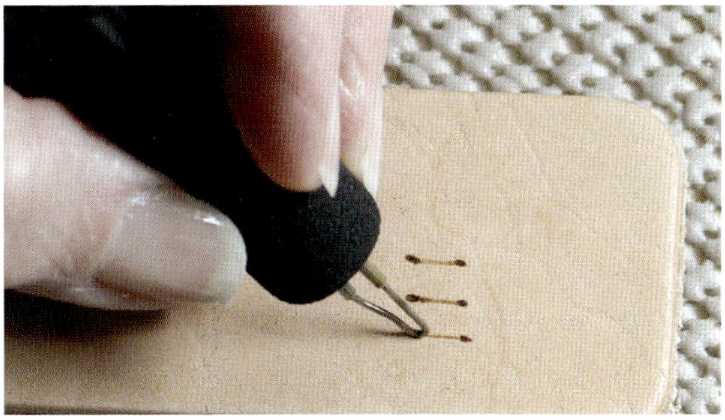

Problem: Verdickung an Linienbeginn und -ende
Ursache: Anfang und Ende der Linie sind korrekt, aber die Linie selbst wurde zu schnell gebrannt und dadurch zu hell
Lösung: Linien langsamer brennen

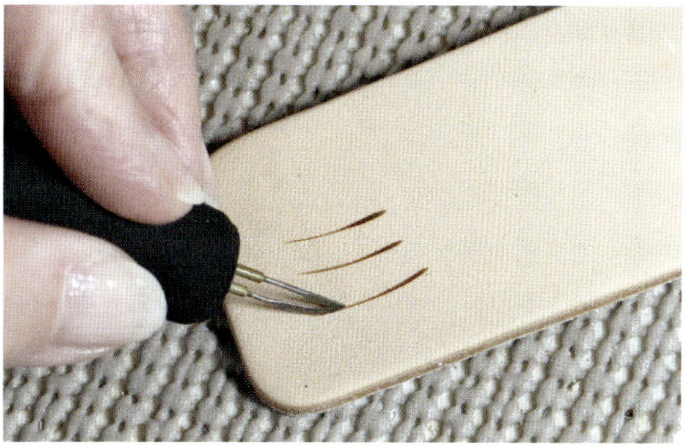

Problem: Linienende wird dünner und verschwindet schließlich
Ursache: Linie korrekt gezeichnet, aber am Ende wurde die Brennspitze mit Schwung hochgerissen (tatsächlich eine sehr gute Technik für die Darstellung dünn auslaufender Linien wie beispielsweise feine Bart- oder Schnurrhaare)
Lösung: Gegen Ende der Linie nicht in Panik geraten, sondern ruhig bleiben und versuchen, gleichmäßig bis zu Ende zu brennen und die Brennspitze zügig, aber kontrolliert und bewusst anzuheben

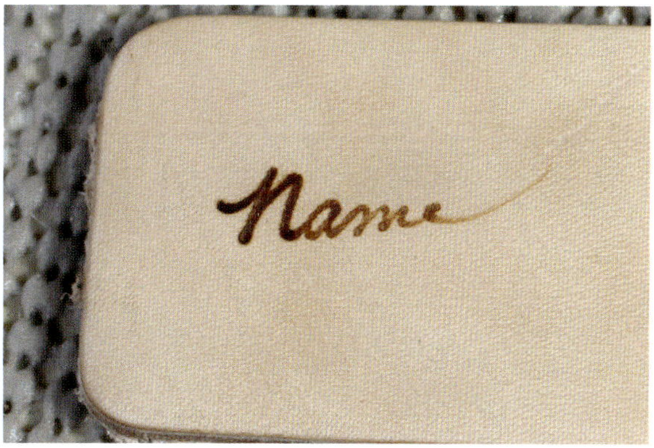

Problem: Unterschrift nicht von gleichmäßiger Farbe
Ursache: Änderung der Schreibgeschwindigkeit. Erwachsene unterschreiben oft mit wechselndem Tempo, der oder die ersten Buchstaben werden mit Bedacht gesetzt, beim Rest des Namens nimmt der Schriftzug dann Fahrt auf. Wird man auch beim Unterschreiben mit einem Brennstift immer schneller, werden die ersten Buchstaben dunkler und die hinteren sehr hell.
Lösung: Langsamer unterschreiben, als man es mit einem normalen Stift auf Papier tun würde

Brennwinkel

Wer mit der Brandmaltechnik auf Leder noch nicht so vertraut ist, sollte den Pyrographiegriffel zunächst wie einen Stift beim Schreiben halten und dann mit folgenden Winkeln experimentieren, um den richtigen für die Brandmalerei herauszufinden.

Seitlicher Kippwinkel: Vermeiden Sie, den Griffel seitlich zu kippen oder zu verkanten. Kippt man den Griffel zur Seite, verändert sich nämlich die Stärke der Linie, besonders in Kurven. Das Brandbild wird ungleichmäßig.

Vertikaler Winkel: Beobachten Sie, welche vertikalen Anstellwinkel was bewirken. Schauen Sie seitlich auf die Hand mit dem Griffel und verändern Sie den Winkel von einer sehr flachen Position (im sehr spitzen Winkel zur Tischplatte) so lange, bis der Griffel senkrecht steht. In den meisten Fällen empfiehlt sich ein Brennwinkel von bequemen 45°. Um andere Brennmarken zu erzeugen, kann es jedoch notwendig sein, den Griffel etwas steiler anzustellen, aber diese Haltung ist auf Dauer ermüdend und außerdem erreicht die Hitze der Brennspitze die Finger dann viel unmittelbarer.

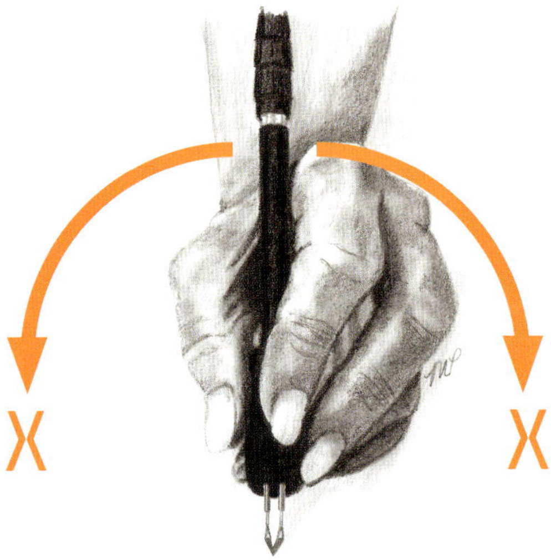

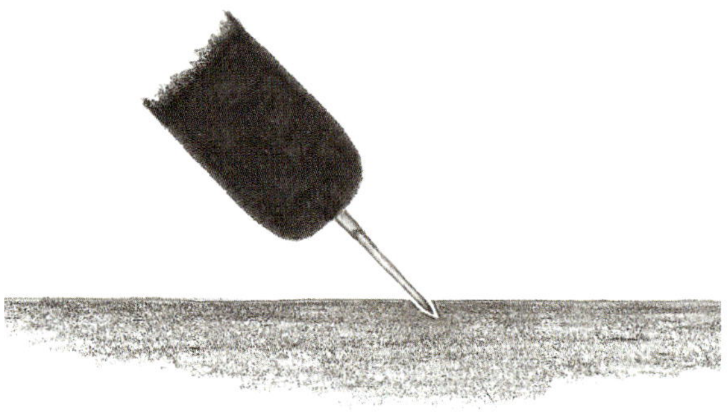

Wie man sieht, beeinflusst seitliches Kippen die Art und Weise, wie sich eine Schrägspitze ins Leder brennt

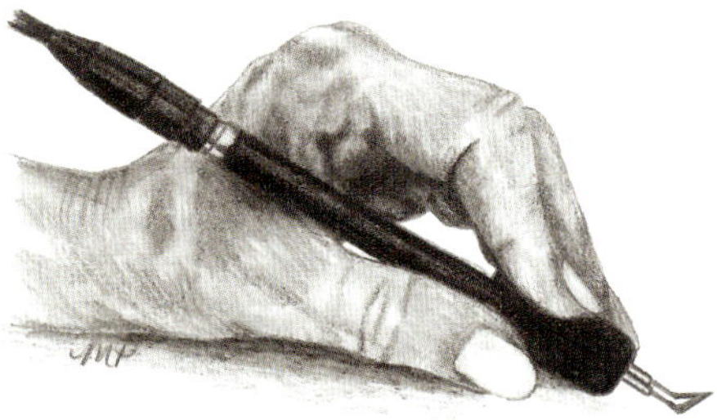

Brennstift wird zu flach gehalten

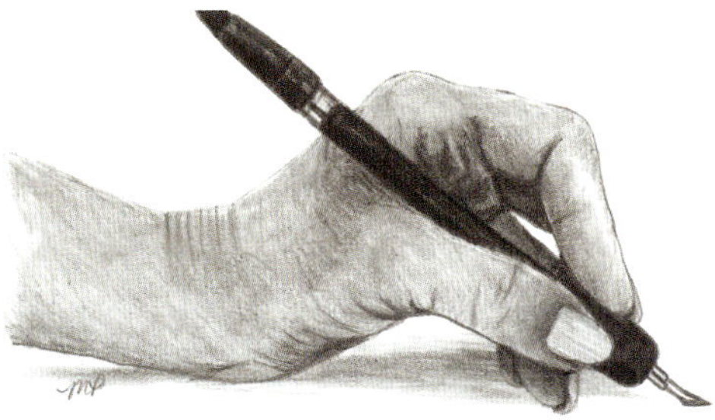

Idealwinkel von 45°

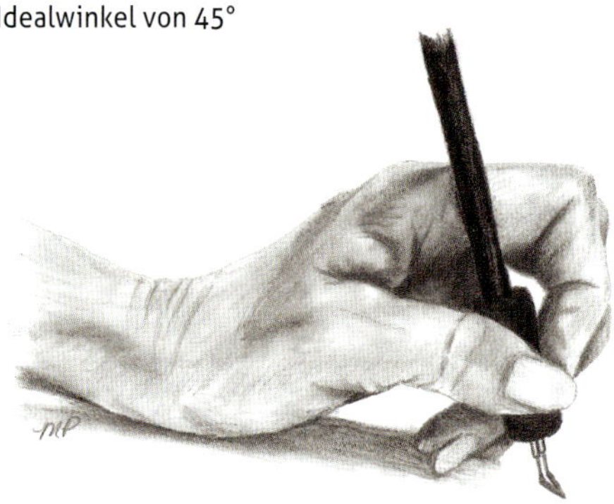

Brennstift zu steil angestellt

Abstützen der Malhand

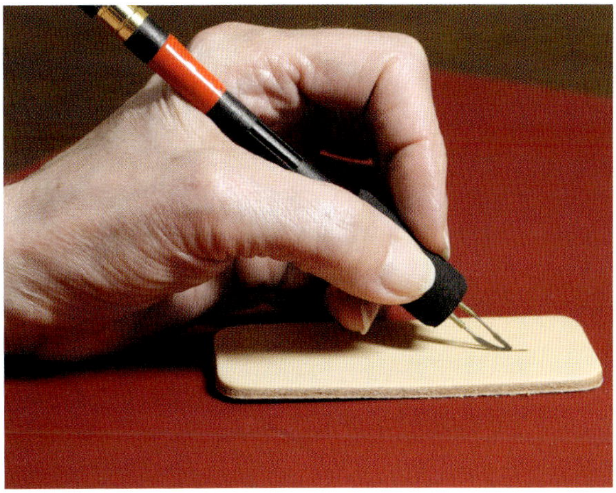

Die Hand abzustützen ist wichtig – und wenn man sie einfach nur auf der Arbeitsfläche absetzt

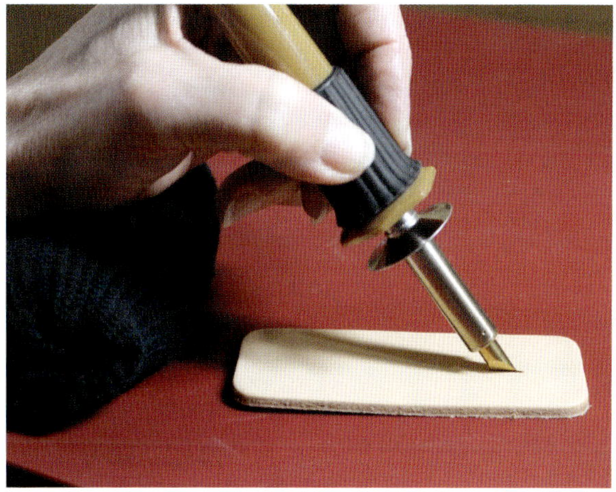

Gerade bei Benutzung eines Malkolbens mit massiver Spitze macht es sehr viel aus, ob man die Hand auflegen kann

Die Malhand aufzulegen oder abzustützen ist bei der Brandmalerei wichtig, denn nur so bekommt man mehr Kontrolle über den Brennstift. Zur Verdeutlichung stellen Sie sich bitte vor, Sie unterschreiben in der Luft, ohne dass die Hand das Papier berührt. Die Unterschrift sähe ganz anders aus als bei normaler Schreibhaltung mit dem Handballen auf dem Tisch. Bei einem Brenngriffel ist das nicht anders. Wenn man die Hand nicht auflegen kann, ist die Linienführung viel schwerer zu kontrollieren.

Wer mit einer Drahtbrennschleife arbeitet, kann einfach die Hand auf der Arbeitsfläche oder dem Lederstück auflegen. Bei einem Brandmalkolben mit massiver Spitze ist das nicht so leicht, weil der Abstand vom Griff zur Brennspitze größer ist als bei einem normalen Schreib- und Zeichenstift. Gleichzeitig die Hand auf das Leder zu legen und die Brennspitze im richtigen Winkel zu halten, ist fast unmöglich. Viele lösen dieses Dilemma, indem sie den Malkolben zur Seite neigen, um den gewünschten (mehr oder weniger flachen oder steilen) vertikalen Winkel zu simulieren. Allerdings zu dem Preis, dass sie überhaupt keinen Spielraum mehr für einen bewusst veränderten seitlichen Kippwinkel haben. Die Lösung, um mit einem Malkolben mit massiver Spitze in beiden Kipprichtungen flexibel zu bleiben, besteht darin, die Hand erhöht zu lagern, indem man etwas darunterschiebt – ein Stück Holz, eine zusammengerollte Socke oder die andere Hand bzw. den anderen Unterarm.

Die Hand beim Brennen abzustützen ist mit beiden Brenngeräten gleichermaßen schwierig, wenn man ein erhabenes oder vorgeformtes, also ein dreidimensionales Lederstück bearbeitet. Mehr hierzu im Kapitel zur Brandmalerei auf dreidimensionalen Oberflächen auf Seite 51.

Brenndruck

Leder ist ein sehr elastisches Material und gibt leicht nach, wenn beim Brennen Druck ausgeübt wird. Druck beeinflusst das Brennergebnis wie folgt:

- Erhöhter Druck auf eine runde Schreibspitze resultiert in breiteren Linien, da die heiße Spitze tiefer ins Leder drückt und sich nicht nur ins Leder unmittelbar unter ihr, sondern auch an den Seiten der Vertiefung einbrennt.
- Erhöhter Druck auf eine Schrägspitze resultiert in breiteren Linien, da die schräge Schnittkante gefast ist und unter Druck die Seitenwände des Schnittkanals nicht nur weiter auseinanderdrückt, sondern sich auch in die Seitenwände einbrennt.
- Mit erhöhtem Druck auf eine Schattierspitze kann man die Lederoberfläche regelrecht modellieren, denn Wärme und flächig ausgeübter Druck erzeugen Vertiefungen wie beim Punzieren (mehr dazu auf Seite 50).

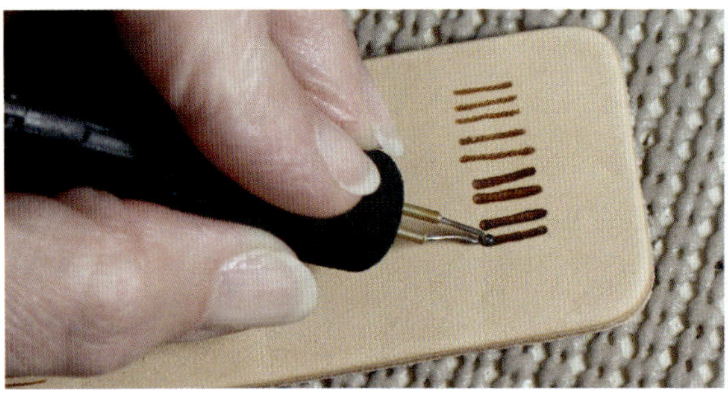

Erhöhter Druck erzeugt mit Schreibspitzen breitere Linien

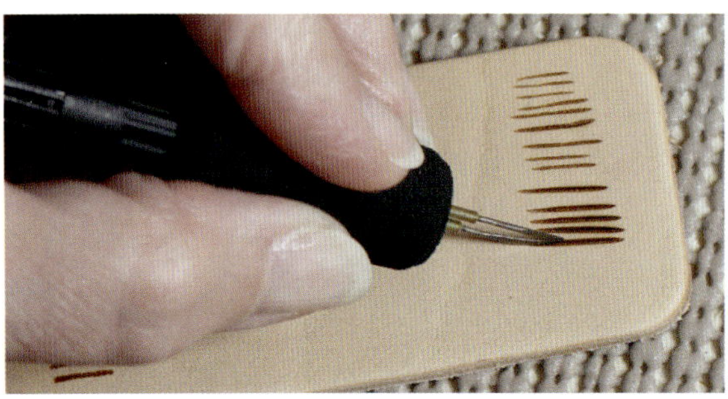

Erhöhter Druck erzeugt auch mit Schrägspitzen breitere Linien

Brennrichtung

Zwar kann man Brandmalgriffel in jeder beliebigen Richtung über das Leder gleiten lassen, aber es gibt Fälle, bei denen die Richtung von Belang ist und sich deutlich auf das Linienbild auswirkt. Schon alleine deshalb ist es von Vorteil, das Objekt drehen zu können, denn nur so kann man die Brennrichtung ändern, ohne sich verrenken zu müssen. Es kann vorkommen, dass ein Werkstück zu groß ist, um es zu drehen, aber in allen anderen Fällen sollte man, um die Striche gleichmäßig zu halten, das Objekt drehen und nicht die Hand.

Gerade, wenn das Objekt einen Rand in Form eines rundumlaufenden Musters erhalten soll, sollte man es immer ein Stück weiterdrehen, je weiter das Randmuster voranschreitet. Nur so ist gewährleistet, dass die Striche gleichmäßig erscheinen und die Brennhand nicht ermüdet.

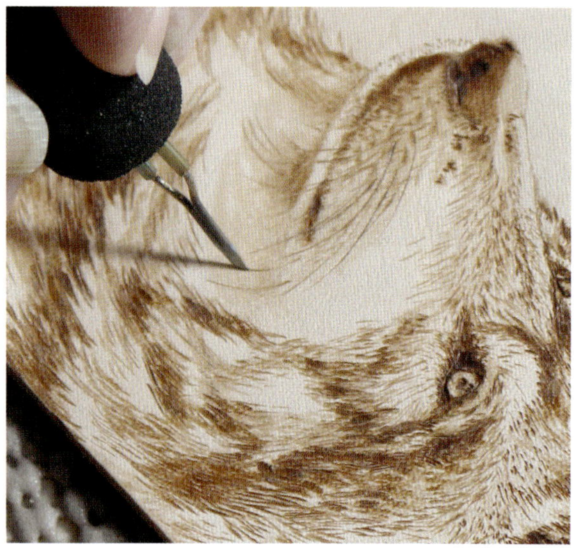

Haare oder Fell gelingen, indem man die Brennspitze am Ende jedes Strichs mit Schwung hochzieht

Um ein **Haarkleid oder Barthaare** zu gestalten, beginnt man jeden einzelnen Strich als normale Linie, hebt die Brennspitze am Ende jedoch geschwind an. Dadurch fällt der Linienanfang etwas dicker aus und das Ende sehr dünn. Gerade bei Fell und Haaren spielt die Brennrichtung eine Rolle, da Haare am Kopf oder Körper angewachsen sind und nach außen hin dünner werden. Also setzt man jeden einzelnen Strich, der ein Haar darstellt, am Körper des Tieres an und zieht ihn nach außen hin, wo er dünner endet. Je nach gewünschter Streichrichtung des Fells oder einzelner Haare wird die Arbeit dann gedreht, während die Striche in einer fließenden Bewegung gleichmäßig immer weiter ausgeführt werden. Für mich persönlich hat sich bewährt, den Strich anzusetzen und die Malspitze dann mit Schwung in einer zügig-fließenden Bewegung des Handgelenks zum Ellbogen des Malarms hin zu ziehen.

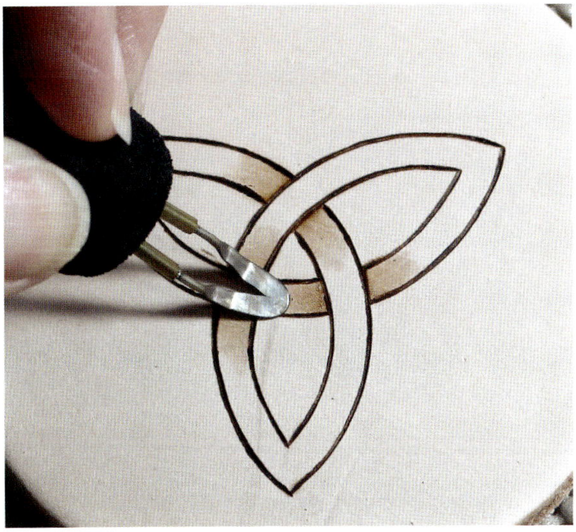

Immer an der Stelle ansetzen, die dunkler werden soll

Wenn beim Schattieren das Ziel eine **gleichmäßige Abstufung von dunkel zu hell** ist, gelingt dies leichter, wenn man die Schattierspitze überlappend immer in dieselbe Richtung zieht. Bei Brennern mit Drahtschleifen ist die Schattierspitze, solange sie nur gehalten wird, heiß und kühlt sich rasch ab, sobald sie mit dem Leder in Kontakt kommt. Dadurch produziert sie zunächst dunklere Brennmarken, die im Laufe des Strichs, sofern der Kontakt zur Lederoberfläche beibehalten wird, immer heller und heller werden. Um sich das zunutze zu machen, dreht man das Werkstück, setzt jeden Strich dort an, wo die Schattierung am dunkelsten sein soll und zieht ihn dorthin weg, wo sie heller werden soll.

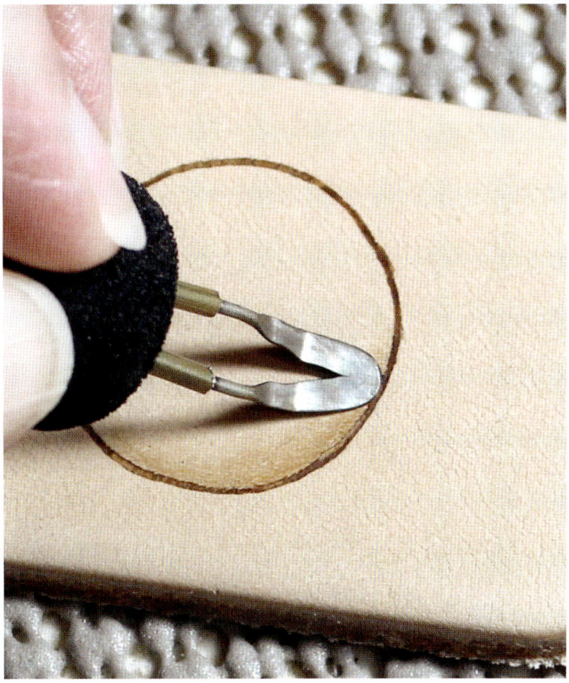

Eine Fläche von außen nach innen abdunkeln

Wenn man innerhalb des Motivs **eine Fläche abdunkeln** will, setzt man die Schattierspitze innen an der Umrisslinie an. Um beispielsweise einen Kreis dunkel zu tönen, dreht man das Werkstück mit dem Kreis und setzt die „Zehenspitze" des Schattierfüßchens innen an der Kreislinie an, der Rest zeigt nach innen. Auf diese Weise blockiert die Schattierspitze nicht den Blick auf die Linie und man malt nicht aus Versehen außen über die Linie hinaus.

Verschiedene Techniken für verschiedene Brennspitzen

Jede der vier Kategorien (siehe Seite 18) – Rund- bzw. Schreibspitzen, Schrägspitzen, Schattierspitzen und Brennstempel/Ornament- und Effektbrennschleifen – verlangt nach bestimmten Techniken:

Rund- bzw. Schreibspitzen

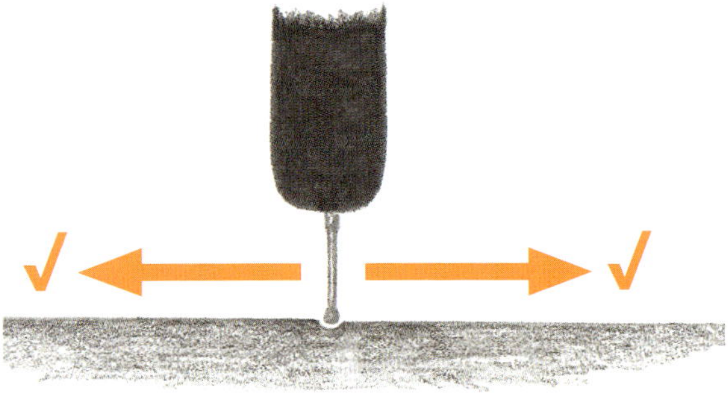

Schreibspitzen können in alle Richtungen gleiten

Schreibspitzen besitzen ein abgerundetes Ende. Dadurch kann man mit ihnen völlig frei in jeder Richtung zeichnen. Besonders Kreise, Kringel, enge Bögen, Schleifen und Kurven – eben wie beim Schreiben – lassen sich damit gestalten. Sie brennen nur an der Oberfläche, dringen also nicht tief ins Leder ein, und erzeugen aufgrund der runden Spitze weiche Linienränder. Diese nur an der Oberfläche verlaufenden Linien geraten meist nicht allzu dunkel, ihre helleren Brauntöne können, verglichen mit den Linien, die man mit einer Schrägspitze erzeugt, leicht verwischt wirken.

Halten Sie eine Schreibspitze wie einen Kugelschreiber. Der Winkel sollte nicht zu steil sein, denn wenn die Spitze beim Brennen nahezu senkrecht auf das Leder trifft, wird es schnell heiß an den Fingern, da Wärme bekanntlich nach oben steigt.

Verwendet man eine Schreibspitze aus Draht, folgt die Strichrichtung der des gebogenen Drahts. Eine Draht-Schreibspitze erzeugt sehr natürlich wirkende Linien und ein Schriftbild, das, sofern gewünscht, mit dünnen und etwas dickeren Linien aufwartet. Je nachdem, wie breit oder schmal die Drahtspitze am unteren Ende ausläuft,

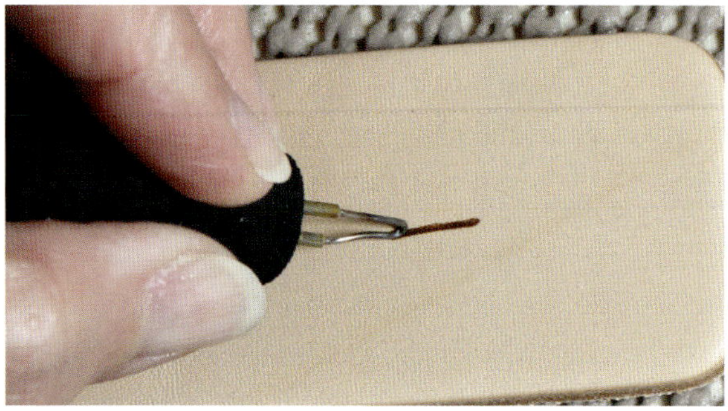

Bei einer Schreibspitze aus Draht einfach der Richtung des Drahts folgen

kann man auch Kalligraphie-Effekte erzeugen, zum Beispiel Kreise mit gebrochenen Bögen und unterschiedlich breiten Umrisslinien. Je nachdem, wie stark der Draht der Brennspitze gebogen ist, fallen Punkte eher oval aus.

Schreibspitzen mit einem Kugelende erzeugen vollkommen runde Punkte und gleichmäßige Linien, egal in welcher Richtung der Strich ausgeführt wird. Allerdings hinterlassen sie winzige Pünktchen, wenn der Stift beim Kringeln und Schnörkeln die Richtung ändert – was hilfreich ist, will man beispielsweise eine Hundeschnauze texturieren. Schreibspitzen, die nur aus gebogenem Draht bestehen (ohne Kugelende), hinterlassen hingegen beim Kringeln gleichmäßige und glatte Linien.

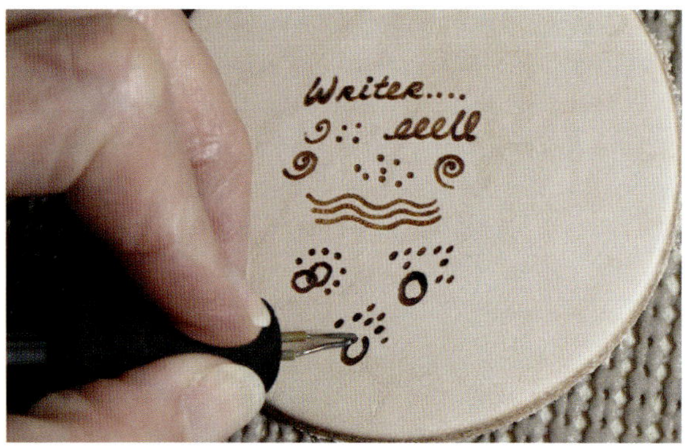

Mit Schreibspitzen lassen sich sehr gut Punkte und Kringel zeichnen

Schrägspitzen

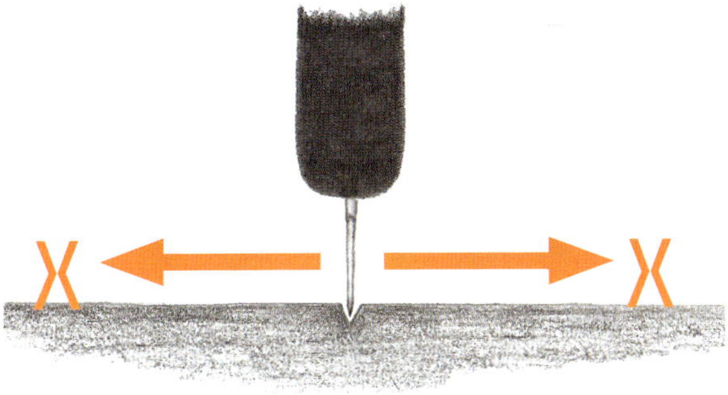

Schrägspitzen können nicht seitwärts ausbrechen

Schrägspitzen haben eine scharfe Kante, eine Art Messerschneide. Sie schneiden beim Brennen also ins Leder ein und fahren leicht unterhalb der Lederoberfläche entlang. Einen Kreis kann man so nicht in einem Zuge zeichnen. Da die scharfe Kante im Leder steckt, kann sie nicht seitlich weg, ohne aus ihrer Furche auszubrechen und übers Leder zu springen. Der einzige Weg, mit einer Schrägspitze einen Kreis zu zeichnen, besteht darin, lauter kurze Teillinien sehr eng aneinanderzusetzen. Da sich diese Art Spitzen ins Leder einbrennen, besitzen die resultierenden Linien scharfe Ränder und sind meist von dunkelbrauner oder schwarzer Farbe. Mit Schrägspitzen lassen sich besonders gut einzelne Haare und drahtiges Fell darstellen, größere Buchstaben umranden und all jene Einzelheiten zeichnen, die sauber und klar, scharf abgesetzt und dunkel sein sollen.

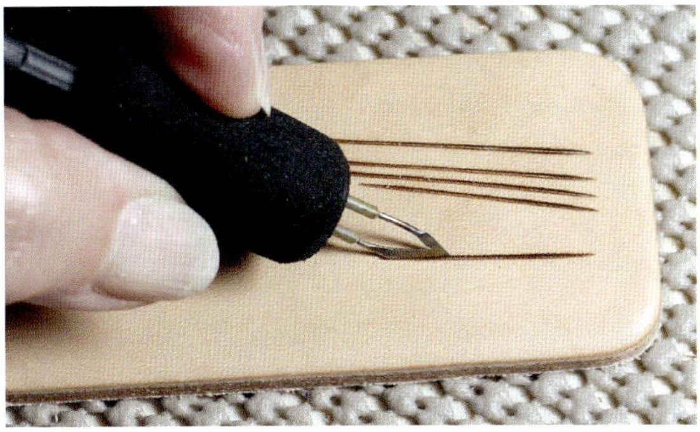

Schrägspitzen mit eckiger Ferse erzeugen besonders gerade Linien

Wie die Schreibspitze wird auch die Schrägspitze wie ein Kugelschreiber gehalten. Leichter Druck beim Brennen erzeugt dünnere Linien, stärkerer hingegen breitere.

Die Schrägspitze mit eckiger Ferse ist dafür gedacht, um besonders gerade Linien zu zeichnen – auch wenn man damit durchaus gebogene Linien erzeugen kann, wenn man nämlich die Ferse nicht ins Leder versenkt, sondern anhebt. Mit solch einer Brennspitze beginnt man den Strich aus der Bewegung heraus, setzt zuerst die Spitze auf, dann die Ferse (ohne den Bewegungsfluss zu unterbrechen), versenkt dann die Ferse ins Leder und zieht die Linie weiter – alles in einer einzigen Bewegung. So entstehen sehr gerade Linien, weil die Spitze der Ferse nachfolgt wie in einer Schiene.

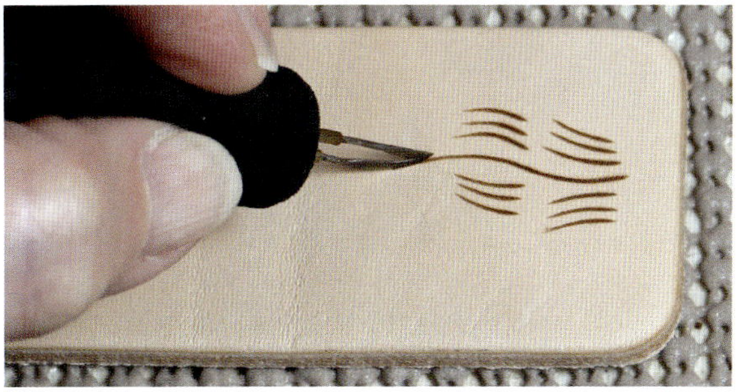

Schrägspitzen mit abgerundeter Ferse eignen sich für leicht gewellte Linien

Die Schrägspitze mit abgerundeter Ferse wurde entwickelt, um leicht gewellte Linien zu zeichnen. Doch auch kurze gerade Linien lassen sich damit gut ausführen. Für längere Linien kann man ein (Metall-)Lineal zu Hilfe nehmen. Um Wellenlinien zu zeichnen, sollte man nicht den gesamten Arm bewegen, sondern aus dem Handgelenk heraus arbeiten. Führt man die Brennspitze mit dem ganzen Arm, gelingt wohl ein Bogen in eine Richtung, soll es dann aber in die andere Richtung gehen, ist der eigene Körper im Weg. Also dreht man stattdessen beim Zeichnen den Griffel in den Fingern. Dreht man ihn hin und her, folgt die Linie dieser Bewegung als Welle. Eine Kurve in eine Richtung zu zeichnen fühlt sich völlig natürlich an, in die andere Richtung hingegen seltsam. Üben Sie Wellenlinien, die gleichmäßig nach beiden Seiten ausschlagen, um mit dieser Technik vertraut zu werden.

Schattierspitzen

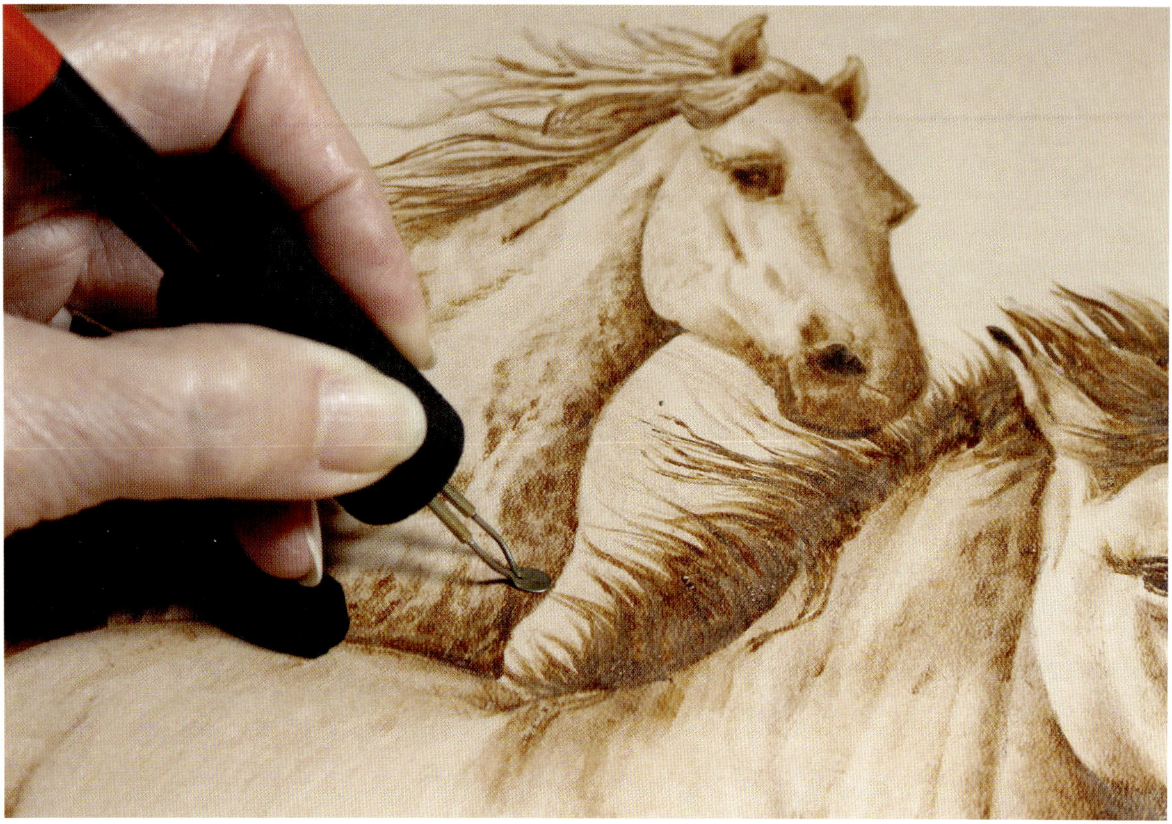

Schattierspitzen ermöglichen vielfältige tonale Abstufungen

Schattierspitzen ermöglichen es, bestimmte Stellen eines Motivs flächig abzutönen, gleichmäßig und kontrastarm in den monochromen Brauntönen der Brandmalerei. Die gebogenen Spitzen, die an Bügeleisen erinnern, können auf Leder sehr allmähliche Abstufungen von dunkel zu hell erzeugen. Derart feine Schattierungseffekte bekommt man mit Lederfarben nicht hin und mit Acrylfarben nur dann, wenn man sie in Airbrushtechnik aufsprüht. Mit einer Schattierspitze kann man Flächen von sehr hell bis dunkelbraun „einfärben". Sie sengt die Oberfläche des Leders an und je nach Druck, der beim Brennen ausgeübt wurde, machen sich danach winzige fleischfarbene Risse bemerkbar, die man allerdings nur mit der Lupe erkennt. Ebenso bleiben, auch nur bei starker Vergrößerung erkennbar, aufgrund der Narbung des Leders in den Vertiefungen winzige kaum getönte Stellen zurück. Schattierspitzen erfordern, verglichen mit den anderen Brennspitzen, etwas mehr Übung. Der Winkel und die Richtung beim Brennen sind heikel, hier entscheidet sich, ob eine Arbeit gut gelingt.

Eine Sache, bei der es mit der Schattierspitze richtig knifflig wird, ist die Steuerung der Brenntemperatur. Mit einem Brandmalkolben mit massiver Spitze und ohne Temperaturregelung sind helle Schattierungen nur sehr schwer hinzubekommen. Da hilft nur schnelles Brennen oder ein Brennen während der Aufwärm- oder

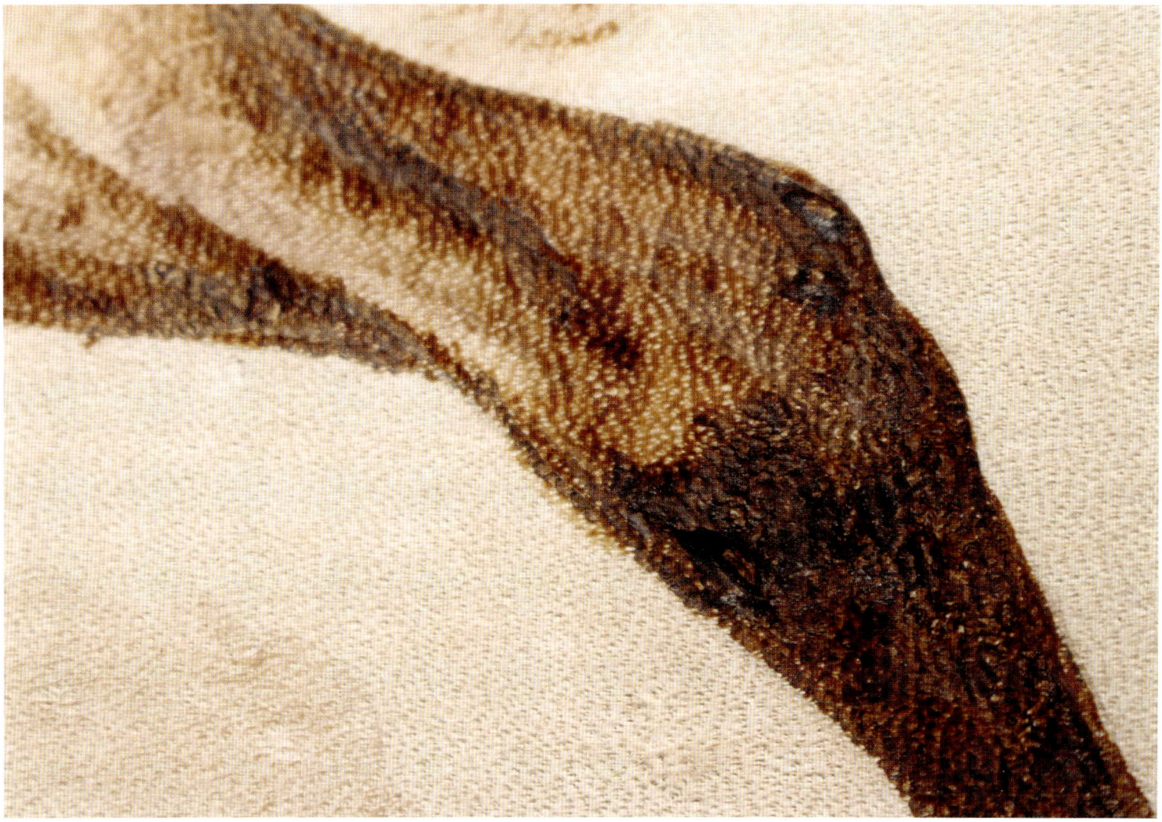

Abkühlphase des Kolbens. Üben Sie erst einmal an einem Übungsstück und experimentieren Sie mit der Brenngeschwindigkeit und dem Zeitfenster für die richtige Temperatur beim Aufwärmen und Abkühlen.

Bei einem Brenner mit Drahtschleife besteht die Schwierigkeit darin, die Spitze heiß zu halten, während sie mit dem Leder in Berührung kommt. Solange die Spitze in der Luft ist, wird sie so heiß, wie es am Temperaturregler voreingestellt wurde, aber sobald sie mit der kühlen Oberfläche des Leders in Kontakt kommt, gibt sie ihre Wärme ab und kühlt sich deutlich ab. Im Ergebnis entsteht dort, wo man die Spitze aufsetzt, eine sehr dunkle, womöglich gar eine hässlich verkohlte Stelle, und der Rest lässt sich nur noch sehr hell schattieren, da sich die Schattierspitze bereits zu stark abgekühlt hat. Der Übergang zwischen beiden ist abrupt anstatt fließend. Um dieses Problem zu vermeiden gibt es mehrere Möglichkeiten.

- Sobald die Schattierspitze heiß ist, halten Sie sie über die zu schattierende Lederoberfläche und streifen leicht darüber. Dabei berührt das Metall die Oberfläche kaum oder nur ganz leicht. Auch dabei kühlt sich die Spitze etwas ab. Nach ein paar dieser „kitzelnden" Striche senken Sie in der Bewegung die Spitze ganz auf das Leder hinab. Soll eine gleichmäßig dunkel getönte

Fläche entstehen, arbeiten Sie mit kurzen Strichen und beginnen beim Wiederholen des Ganzen auf derselben Höhe, aber rücken mit der Brennspitze ein kleines Stück weiter, sodass der nächste Strich den ersten überlappt. Statt langer Striche machen Sie eine Reihe überlappender kurzer und setzen knapp darunter eine weitere Reihe kurzer überlappender Striche an. Arbeiten Sie sich vor, bis die ganze Fläche komplett ausgefüllt ist. Wenn man nur kurze Striche setzt, kann sich die Brenntemperatur gleich wieder erholen und die Spitze kühlt nicht so weit ab, dass sie kaum noch Brennmarken hinterlässt.

- Halten Sie die Brennspitze, wenn die Schattierung nicht mehr dunkel genug wird, einen Moment in die Luft, sodass sie sich wieder erhitzen kann.
- Da sich Fehler auf Leder sehr schwer korrigieren lassen, ist es besser, erst nur schwach zu brennen und später erneut darüberzugehen, anstatt gleich von vornherein zu dunkle Brennmarken zu setzen und dann zu versuchen, das Ganze aufzuhellen.
- Wollen Sie eine Stelle dunkler machen, berühren Sie sie möglichst nicht zu lange mit der Schattierspitze. Der lange Kontakt hätte zur Folge, dass sich Rückstände verbrannten Leders und Rußablagerungen an der Schattierspitze festsetzen. Sollte das passieren, entfernen Sie sie mit einer Rasierklinge wie auf Seite 31 beschrieben.
- Sollte eine dunkel schattierte Fläche ungleichmäßig geraten sein, obwohl eine gleichmäßige und einheitliche Brauntönung gewünscht war, probieren Sie es mit der Technik, die auf Seite 57 beschrieben wird.
- Wenn man die Schattierspitze kreisend bewegt, erhält man eine flockige Schattierung, die je nach Größe der Kreise und je nach Oberflächenbeschaffenheit des Leders an Wolken oder Rauch denken lässt. Experimentieren und spielen Sie mit dieser Technik.

SCHATTIERUNGEN UND SCHRAFFUREN

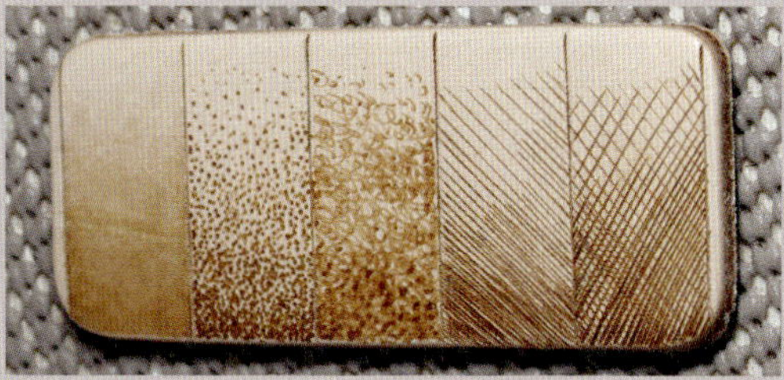

Schattierspitzen wurden entwickelt, um fließende Übergänge und gleichmäßige Abstufungen der Brauntöne von hellem Beige bis hin zu Schwarz brennen zu können. Es gibt aber auch noch andere Möglichkeiten der Schattierung bzw. Tönung von Flächen, nämlich die Schraffur und verwandte Techniken, die mit Schreib- und Schrägspitzen ausgeführt werden. Mit einer Schreibspitze kann man eine Fläche **tüpfeln** (teilweise überlappende Pünktchen) oder **kringeln** (überlappende kleine Kreise und Kringel, wie wenn man lauter kleine „e" oder „o" schreibt). Wenn sich die Kringel oder Pünktchen stark überlappen, ergibt sich eine stärkere, sprich dunklere Schattierung. Umgekehrt, wenn sie sich kaum oder gar nicht überlappen, ist die Schattierung nur leicht bzw. hell. Schattierungen sind auch möglich, wenn man mit der Schreib- oder Schrägspitze parallele Linien setzt. Dann spricht man vom **Schraffieren** (parallele Linien in einer Richtung) oder von der **Kreuzschraffur** (parallele Linien in zwei Richtungen, die sich kreuzen). Je enger die Linien beieinanderliegen, umso dunkler erscheint die Fläche, sind die Abstände größer, erscheint sie heller.

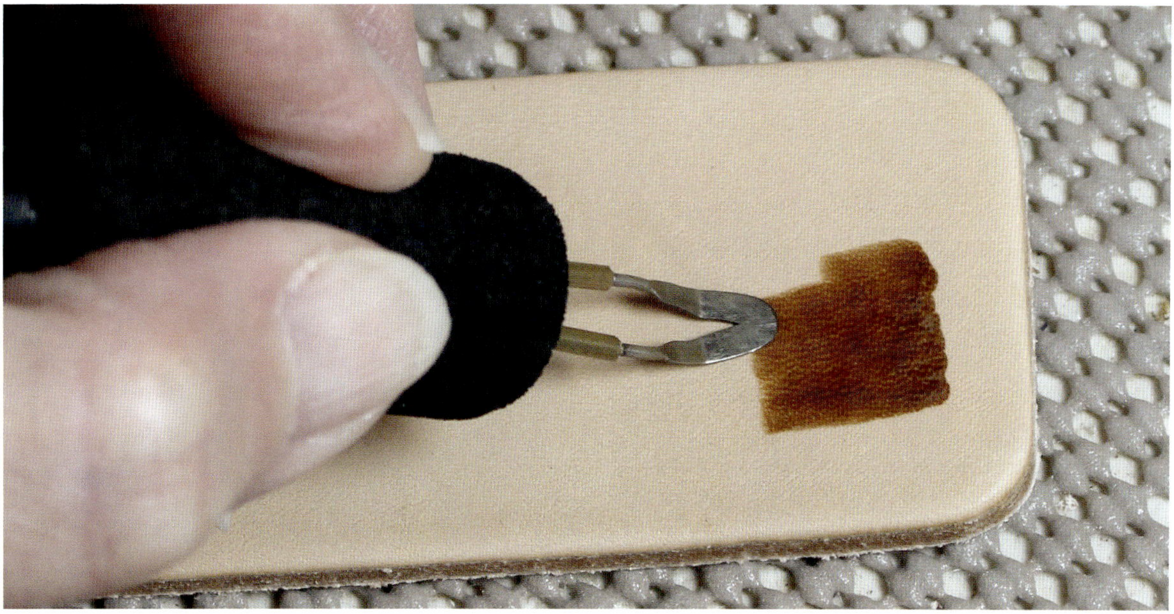

Mit breiten, aber kurzen, überlappenden Strichen wird eine Fläche gleichmäßig gefüllt

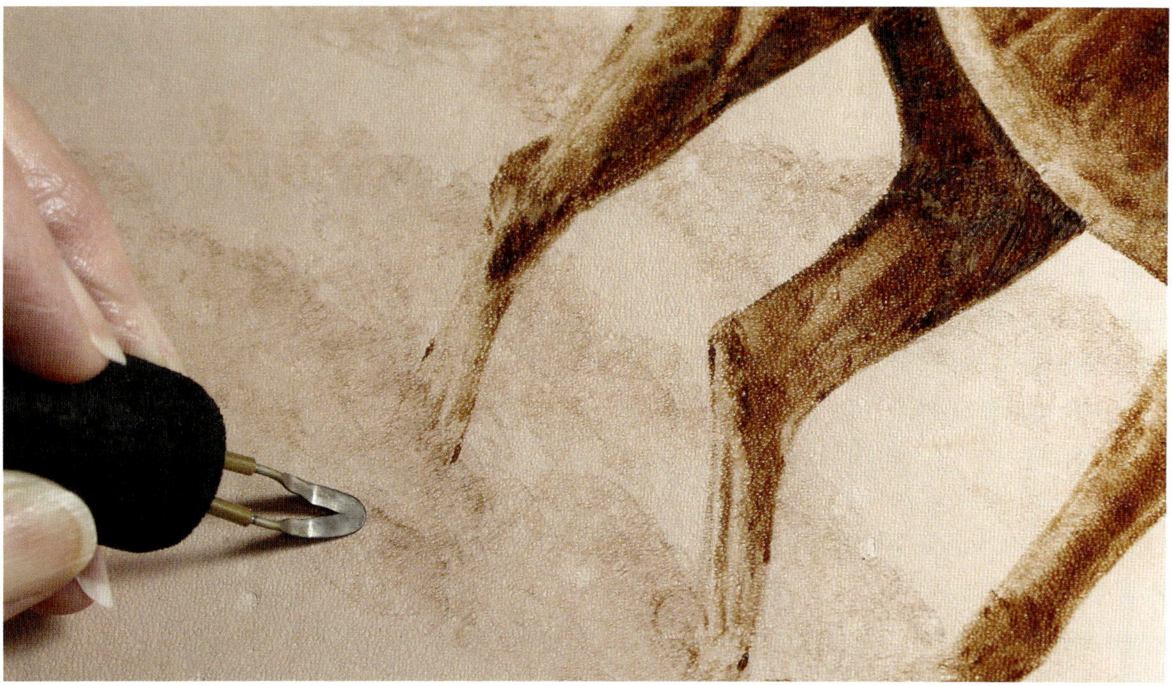

Kreisende Bewegungen erzeugen einen hübschen Effekt, der Wolken oder Staubwolken simuliert

Brennstempel, Ornament- und Effektbrennschleifen

Brennstempel, Ornament- und Effektbrennschleifen funktionieren wie Brenneisen, man drückt das heiße Ende auf die Lederoberfläche und die Form brennt sich ein. Brennstempel ähneln sehr stark Prägestempeln und Punziereisen, nur dass hier nicht nur mit Druck, sondern vor allem mit Hitze gearbeitet wird – je nach Temperatur und Druck fällt die Textur unterschiedlich stark aus.

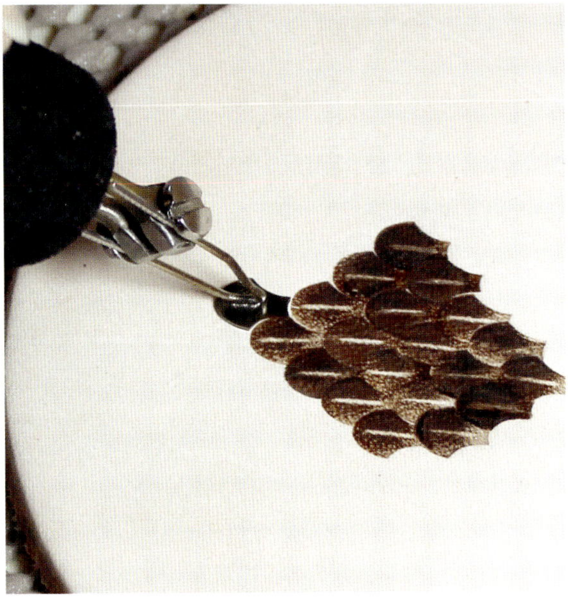

Effektbrennschleife zur realistischen Darstellung von Schuppen

Techniken zur Gestaltung von Schriftzügen

Um Schrift auf Leder zu brennen, gibt es mehrere Methoden.

Mit einer **Schreibspitze** lassen sich, wie der Name schon sagt, **freihändig Buchstaben und Wörter schreiben** – sogar in Schreibschrift. Um die einzelnen Buchstaben und Abstände gleichmäßig auf dem Leder zu verteilen, schreibt man den Schriftzug mit einem weichen Bleistift (2B bis 9B) vor. Ich verwende diese simple Technik, wenn ich kleine Schriftzüge gestalten will, die tatsächlich handgeschrieben aussehen sollen.

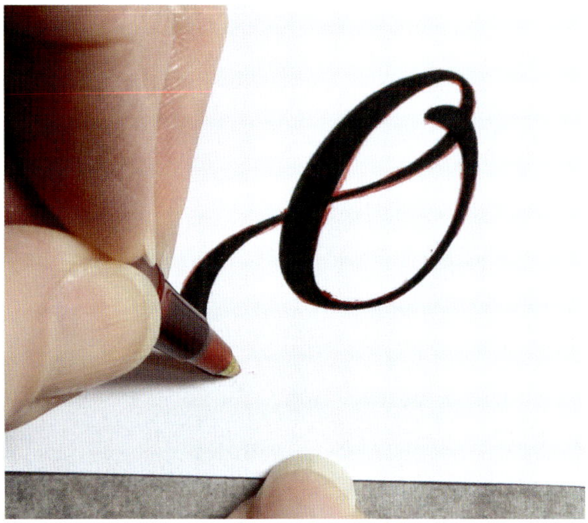

Schriftzüge lassen sich wie jedes andere Motiv auch auf Leder pausen

Anstatt freihändig zu schreiben, kann man einzelne Buchstaben oder einen ganzen **Schriftzug von einer Vorlage übertragen**. Dazu gestalte ich den Schriftzug zunächst am Computer, tippe die Wörter oder Sätze ein und spiele dann mit Schriftart, Schriftgröße und Zeichenabstand, bis das Ergebnis genau auf die zu brennende Stelle passt. Dann drucke ich das Ganze aus und verwende das Blatt als Vorlage. Zum Übertragen aufs Leder wende ich die Trockentransfertechnik an (siehe Seite 33f.).

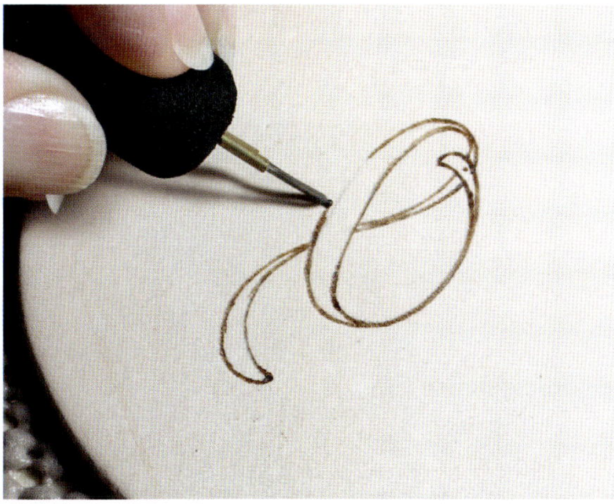

Vorzeichnen der Umrisslinien mit einer Schreibspitze

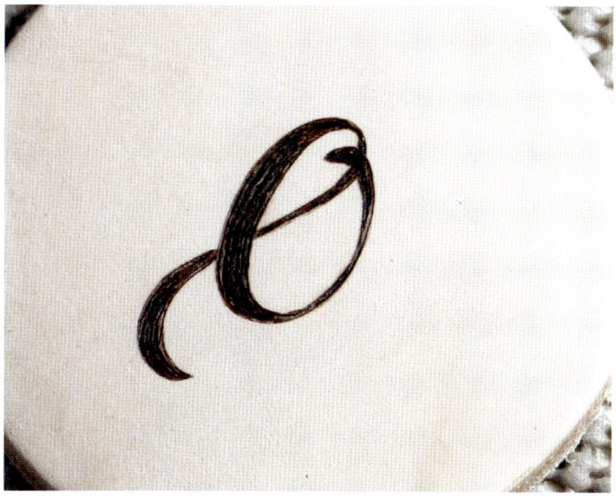

Der fertige Buchstabe, knackig und sauber

Gerade beim Durchpausen von Schrift passiert es mitunter, dass die Graphitlinien nicht exakt geraten und hier mal ein „O“ (eine Beule) und da mal ein „E“ (ein krummes Rückgrat) hat oder dergleichen. Solcherart Abweichungen lassen sich leicht beheben, wenn man zunächst mit einer Schreibspitze ganz leicht die Buchstaben nachzieht und dann erneut über den Schriftzug geht und die Linien dunkler macht. Nicht vergessen, die Graphitlinien wieder wegzuradieren und eventuelle Fehler zu korrigieren (siehe Seite 55f.).

Auch wenn ich größere Buchstaben gestalte, die sich dunkel und scharf abheben sollen, wende ich diese Transfermethode an. Dann ziehe ich die Umrisse der Buchstaben mit einer Schreibspitze ganz leicht nach. Wenn die Form steht, fülle ich sie mit der Schreibspitze aus. Zum Schluss brenne ich die Buchstabenränder noch einmal mit einer Schrägspitze sehr langsam und akribisch unter der Lupe nach.

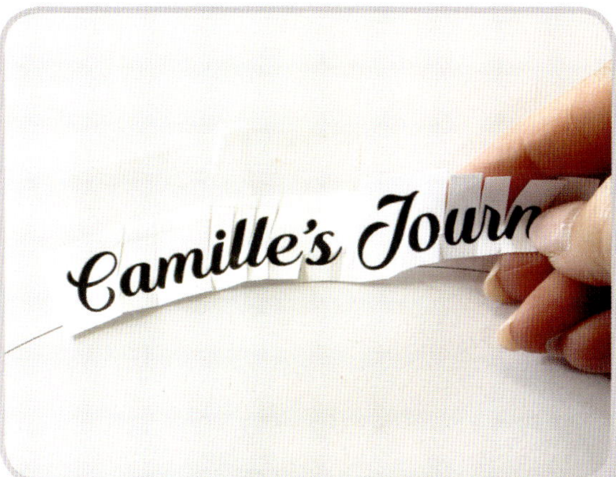

TIPP

Ein Schriftzug, der mit dem Computer generiert wurde, soll auf dem Leder einer geschwungenen Linie folgen. Dazu gibt es einen alten manuellen Graphikertrick, der wie folgt geht: Man druckt den Schriftzug aus, schneidet den Umriss grob aus und setzt zwischen die einzelnen Buchstaben von oben und unten lauter kleine Schnitte. Achtung, nicht ganz durchschneiden, in der Mitte sollen die Buchstaben noch miteinander verbunden bleiben. Nun lässt sich der Text so biegen, dass er der gewünschten Kurve folgt. Der nunmehr im Bogen verlaufende Schriftzug wird mit durchsichtigem Klebeband auf dem Papier fixiert und das Ganze kopiert. Schon haben Sie eine neue Pausvorlage mit geschwungenem anstatt geradem Schriftzug.

Strukturen und „Punzierungen" durch Hitze

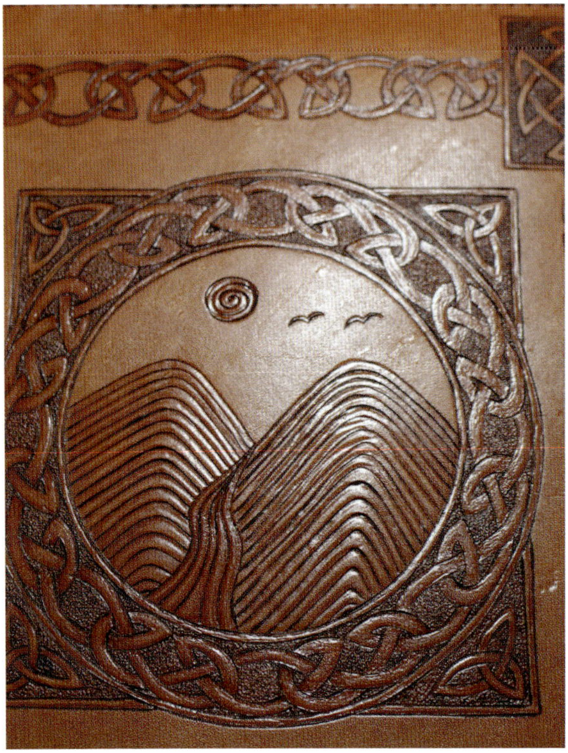

Was mich an der Pyrographie besonders fasziniert, ist die Möglichkeit, Oberflächen durch Wärme und Druck mit einer Struktur oder Textur zu versehen. Bei dünnem Leder ist sie natürlich gering und geht gegen null, aber bei dickem Leder ist hier doch einiges möglich. Oberflächenstrukturen lassen sich beispielsweise erzeugen, indem man eine Schreibspitze ins Leder drückt oder mit der Schrägspitze ins Leder schneidet und dann Druck ausübt. Schneidet man mit der Schrägspitze einer Linie entlang und presst dann mit der Schattierspitze entlang des Schnitts aufs Leder, erzielt man einen Effekt wie punziert. Die Wärme der Schattierspitze formt das Leder regelrecht um.

Brandmalerei auf geprägtem Leder

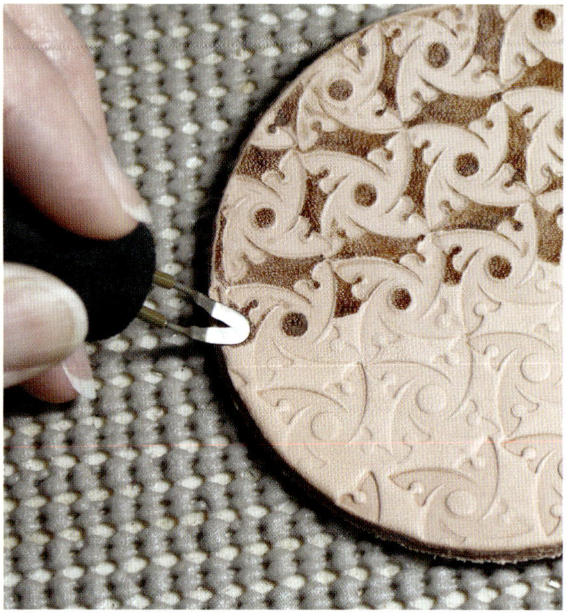

Wenn möglich, sollte jegliche Umformung des Leders, dazu zählen auch das Prägen und Punzieren, vor dem Brennen erfolgen.

Bei der Verwendung von Schreib- und Schattierspitzen wird nur die Oberfläche des Leders gebrannt. Durch die Reibung beim Befeuchten, Modellieren oder Prägen würden die Brennmarken aufgehellt, deshalb soll das Brennen erst danach erfolgen.

Sollten Sie bereits Leder per Brandmalerei gestaltet haben, können Sie an Stellen, die noch nicht gebrannt wurden, natürlich gerne noch nachpunzieren oder -modellieren. Dazu befeuchtet man das komplette Leder, auch die bereits gebrannten Stellen, damit das Leder nicht fleckig wird. Beim Befeuchten der bereits gebrannten Stellen empfiehlt sich eine Sprühflasche oder ein Schwamm, mit dem man nur tupft, um die Brandmalerei nicht abzurubbeln.

Brandmalerei auf dreidimensionalen Objekten

Eine Fläche mit Erhabenheiten oder ein dreidimensionales Gebilde mit Brandmalerei zu gestalten ist schwieriger, als eine flache Oberfläche zu brennen. Obwohl die Dreidimensionalität das Brennen erschwert, müssen alle Punzier-, Modellier- und Umformarbeiten vor dem Brennen durchgeführt werden. Denn wenn man erst brennt und danach umformt, hellt das die Brandmalerei doch erheblich auf.

Die größten Herausforderungen auf erhabenen Oberflächen sind:

- Die Auflage der Hand
- Die Steuerung des Brennwinkels
- Die Griffelführung an erhabenen, vertieften sowie sehr engen Stellen

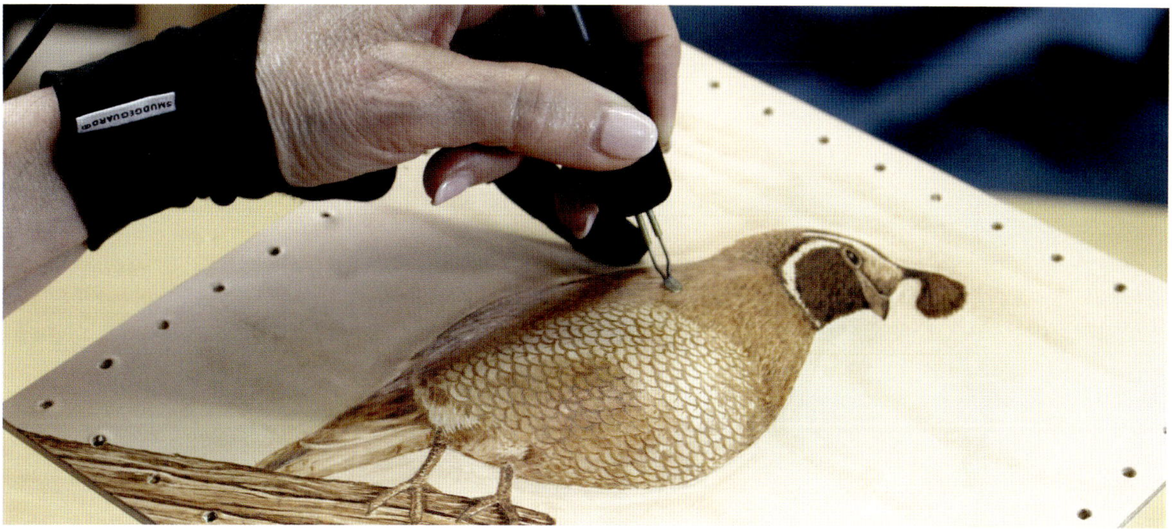

Auflage der Hand

Um mit dem Brennstift kontrolliert brennen zu können, ist es wichtig, die Hand abzustützen (siehe Abstützen der Malhand, Seite 39). Bei einem dreidimensionalen Objekt ist dabei dessen Größe entscheidend. Holzschnitzer bedienen sich des kleinen Fingers, was auch für unsere Zwecke nützlich ist. Man setzt ihn auf das Objekt auf und hält den Brenngriffel mit den restlichen Fingern über dem Objekt. Diese Technik erlaubt es, den Brennstift in verschiedenen Winkeln zu halten. Denn während der kleine Finger an ein und derselben Stelle auf dem Objekt ruht, bleiben die anderen Finger, die den Brennstift führen, flexibel. Zu Anfang wird der kleine Finger vielleicht schmerzen, aber mit der Zeit werden die Muskeln trainiert und bald tut nichts mehr weh.

Bei dreidimensionalen Objekten, die vor allem gewölbt sind, eine Kugel beispielsweise, kann man die Hand abstützen, indem man etwas darunterschiebt, das genauso hoch ist wie das Objekt – z. B. einen Holzklotz oder ein zusammengerolltes Handtuch –, sodass sich die Hand auf gleicher Höhe befindet. Bei runden Objekten bietet es sich zudem an, ein mit Bohnen gefülltes kleines Kissen, ein kleines Kirschkernsäckchen oder Ähnliches unterzulegen, damit die Kugel nicht wegrollt.

Steuerung des Brennwinkels

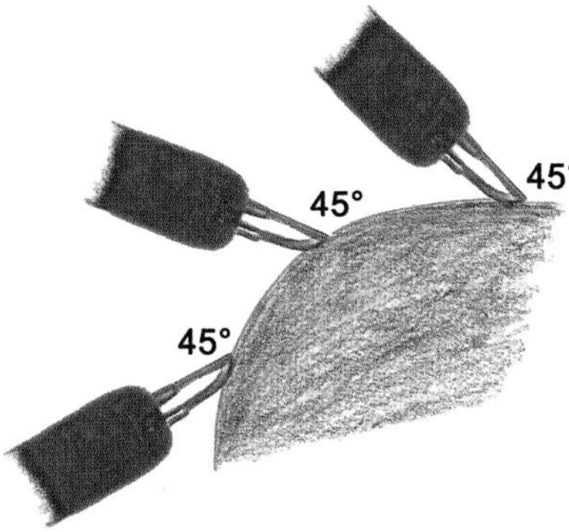

Der Brennstift sollte immer im Winkel von 45° zur Oberfläche stehen

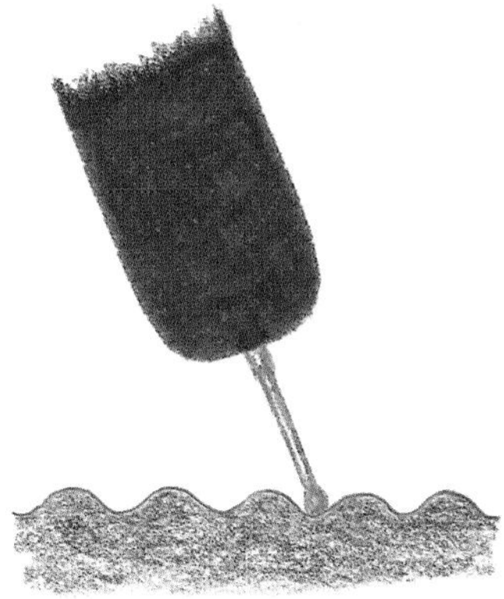

Die Furchenböden werden mit der Schreibspitze gebrannt

Bei einem dreidimensionalen Objekt ist die Kontrolle des Brennwinkels, aber auch des seitlichen Kippwinkels schwierig. Der Brennstift darf nicht seitlich gekippt werden und der vertikale Brennwinkel sollte stets 45° zur Oberfläche betragen. Das ist nicht einfach, wenn sich die Oberfläche ständig ändert. Um das zu bewerkstelligen, muss die Hand flexibel sein und mit fließenden Bewegungen mit den Oberflächenänderungen mitgehen. Je nach Form und Größe des Objekts macht es sich gut, wenn man es dabei dreht, sodass die Hand beim Brennen ruhig liegenbleiben und dem Fluss der Oberfläche dennoch folgen kann.

Griffelführung an erhabenen, vertieften und sehr engen Stellen

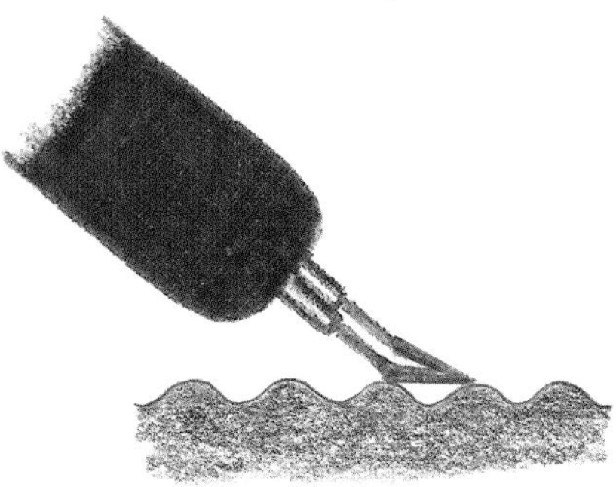

Die Oberseiten der Riffel werden mit der Schattierspitze gebrannt

Wie gut sich die Bearbeitung einer komplexen dreidimensionalen Oberfläche mit engen Vertiefungen, Furchen und steilen Riffeln bewerkstelligen lässt, hängt von der Größe der zur Verfügung stehenden Werkzeuge ab. Nehmen wir zum Beispiel zwei rippenförmige Erhöhungen mit einer tiefen Rinne dazwischen: Brennen Sie zunächst die Oberseiten der Riffel mit einer Schattierspitze und dann die schmale Furche mit einer Schreib- oder Schrägspitze. Dazu setzt man diese am Boden der Furche an und zieht sie schabend an den Seitenwänden nach oben. Ist der Furchenboden u-förmig gewölbt, bietet sich eine Schreibspitze an. Für solche engen Stellen sind auch besonders kleine Brennspitzen erhältlich. Es empfiehlt sich, mit einer geringen Brenntemperatur langsam zu arbeiten. Auch eine Lupe ist von Vorteil, um die Brennspitze an der exakten Position ansetzen zu können und nicht über den Rand hinauszumalen.

Tonwerte und deren Abstufung

Die Pyrographie ist monochrom, denn es gibt nur eine Farbe – Braun, in vielen Abstufungen. Man muss also wissen, wie man die Intensität des Brauns beim Brennen so variiert, dass daraus erkennbare Bilder entstehen. Ohne den deutlichen Kontrast zwischen hellen und dunklen Tönen (bis hin zu Schwarz) würden die Einzelheiten eines Bildes zu einem Brei verschwimmen. Mit Hilfe einer Tonwertskala kann man seine Pyrographiekünste deutlich verbessern.

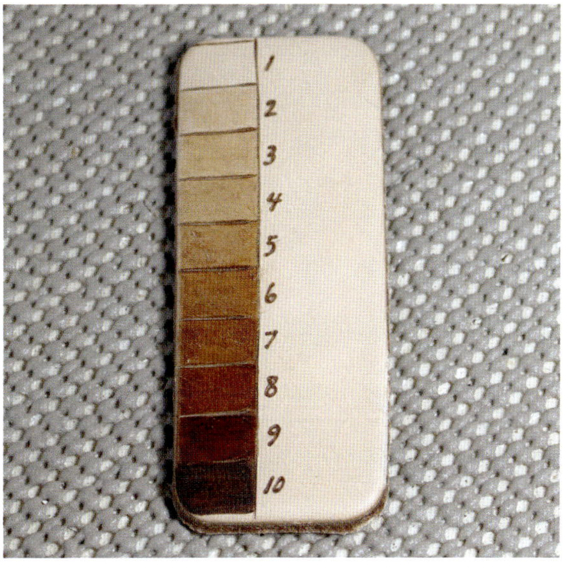

Die Tonwertskala – eine Skala mit einer bestimmten Anzahl gleichmäßig abgestufter Tonwerte – ist wie eine Art Prüflehre, auf der der Übergang von hellen zu dunklen Tönen in einer Reihe nummerierter Schritte dargestellt wird. Würde man nur ein paar Tonwerte in der Mitte der Skala verwenden (also 4 bis 6 bei einer 10-stufigen Skala), würde es dem Werk an Kontrast, Deutlichkeit und Konturenschärfe fehlen. Ein heller Ton neben einem dunklen zieht den Blick des Betrachters auf sich. So lässt sich der Kern des Bildes betonen.

Es stehen verschiedene gestalterische Mittel zur Verfügung: Beispielsweise kann man mit den Tönen am helleren Ende der Skala arbeiten und somit Bilder mit überwiegend hellen Bildanteilen schaffen (in der Fotografie spricht man von high-key) oder mit den Tönen am dunkleren Ende der Skala (low-key). Verwendet man hingegen alle Töne der Tonskala, also helle, dunkle und Mitteltöne, spricht man von einem vollen Kontrastumfang. Je nachdem, ob man ein Bild eher hell oder eher dunkel hält, lassen sich unterschiedliche Stimmungen erzeugen – ein heller, freundlicher Sommertag oder eine düstere, schaurige Szene. Ein voller Kontrastumfang wiederum ermöglicht viel Dramatik.

Eine Tonwertskala herstellen

Um eine Tonwertskala zu erstellen – im Falle der Pyrographie handelt es sich konkret um eine Skala von Brauntönen – schneidet man ein Stück des Leders zurecht, das man brennen möchte. Zeichnen Sie darauf 10 Kästchen mit ca. 1,5 cm Breite, auf keinen Fall schmaler. Beschriften Sie die Kästchen von 1 bis 10.
Das erste Kästchen bleibt unbearbeitet, denn dies ist der hellste Ton, der auf diesem Leder möglich ist. Die Skala ist mit der Schattierungstechnik auszufüllen, die beim geplanten Projekt zum Einsatz kommen soll. Also mit der Schattierspitze flächig abgetönt, mit der Schreibspitze getupft oder mit der Schrägspitze schraffiert.
Setzen Sie ins letzte Kästchen Nr. 10 die dunkelste Brennmarke, die möglich ist, ohne das nebenliegende Kästchen anzusengen. Dann füllen Sie Kästchen Nr. 2 mit der hellsten Brennmarke aus, die Ihnen gelingt. Kästchen Nr. 3 soll einen Hauch dunkler sein als Nr. 2 und so weiter bis Kästchen Nr. 9. Am besten machen Sie zunächst kleine Schritte und ändern nur wenig. Stellen Sie nach dem ersten Durchgang fest, dass der Unterschied zwischen Nr. 9 und Nr. 10 zu groß ist, gehen Sie noch einmal über die Kästchen und brennen sie alle ein klein wenig dunkler. So lange, bis die Abstufungen ausgewogen sind.

FARBTIEFE BEURTEILEN

Um zu überprüfen, ob man die gesamte Tonwertpalette genutzt hat und die abgebildeten Objekte klar und deutlich hervortreten, schaut man sich das Werk mit einem Abstand von 1,5 bis 2,5 cm an. Verschwimmen die einzelnen Elemente der Malerei oder sind die markantesten Teile nicht wahrnehmbar, dann braucht das Werk mehr tonale Tiefe. Oder man kneift die Augen zusammen und beurteilt das Werk nach Kontrast und Auflösung.

Einsatz der Tonwertskala

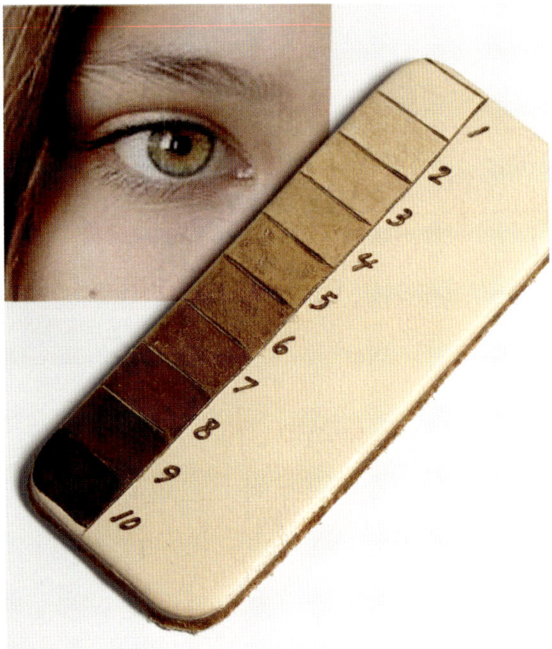

Wenn Sie bei einem Pyrographie-Projekt ein Foto oder eine schattierte Zeichnung als Vorbild nehmen und nachahmen möchten, empfiehlt es sich, das Bild in Grauwertabstufungen (wie ein Schwarzweißfoto) oder in Brauntönen (Sepia-Effekt) auszudrucken bzw. zu kopieren. So lässt es sich am einfachsten mit der Tonwertskala vergleichen. Halten Sie Ihre Tonwertskala neben die einzelnen Bereiche des Fotos/der Zeichnung. So bestimmen Sie, welcher Tonwert in welchem nummerierten Kästchen diesem Bereich am ehesten entspricht. Nun brennen Sie diesen Bereich auf Ihrem Projekt mit derselben Intensität, mit der Sie das entsprechende Kästchen auf der Skala gebrannt haben. Sollte Ihnen nur ein Farbfoto oder ein buntes Bild zur Verfügung stehen, dann kneifen Sie die Augen zusammen, sodass das Bild unklar erscheint. Halten Sie die Skala neben jeden einzelnen Bereich und entscheiden, welcher Tonwert dem am ehesten entspricht. Um während des Brennens die Tonwerte immer wieder abzugleichen, werden die entsprechenden Zahlen der Skala auf dem monochromen Ausdruck notiert.

Beim Zuweisen der Tonwerte sind folgende drei Faktoren zu bedenken:

- Die Grundfarbe eines Objekts (siehe unten)
- Die Lichtreflexe
- Die Bereiche, die im Schatten liegen

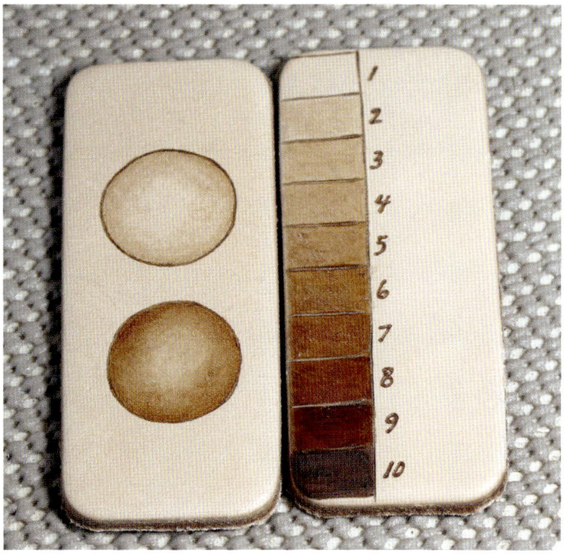

Wollen Sie beispielsweise einen roten und einen gelben Ball abbilden, dann entspricht die Grundfarbe des roten Balls in etwa Nr. 6 auf der Tonwertskala, die Lichtreflexe entsprechen Nr. 3 bis 4 und das, was im Schatten liegt,

entspricht Nr. 7 bis 8. Die Grundfarbe des gelben Balls hingegen liegt bei Nr. 2, die Lichtreflexe bei Nr. 1 und die Bereiche im Schatten bei Nr. 3 bis 4. Um ein möglichst realistisches Bild brennen zu können, müssen all diese Tonwerte verglichen und gekennzeichnet werden und übereinstimmen. Lichtreflexe erscheinen dort, wo Licht auf ein Objekt trifft und werden mit den helleren Tönen der Skala gebrannt. Regelrechte Schlaglichter und besonders grelle Lichtreflexionen sind sogar noch heller, da hilft nur Nr. 1, der hellste Tonwert (ungebranntes Leder).
Eine Methode, um ein Bild mit vollem Kontrastumfang hinzubekommen, besteht darin, zunächst nahezu alle Bildbereiche in hellen und mittleren Tönen zu brennen und die hellsten Stellen ungebrannt zu lassen (Tonwert Nr. 1). Dann legen Sie fest, welche Bereiche dunkler werden müssen und gestalten beim zweiten Durchgang die entsprechenden Stellen mit mittleren und dunklen Tönen bis hin zu Nr. 10, dem dunkelsten Wert. Erst, wenn auch die dunkelsten Tonwerte vertreten sind, ist durch den vollen Kontrastumfang eine gewisse Dramatik gegeben.

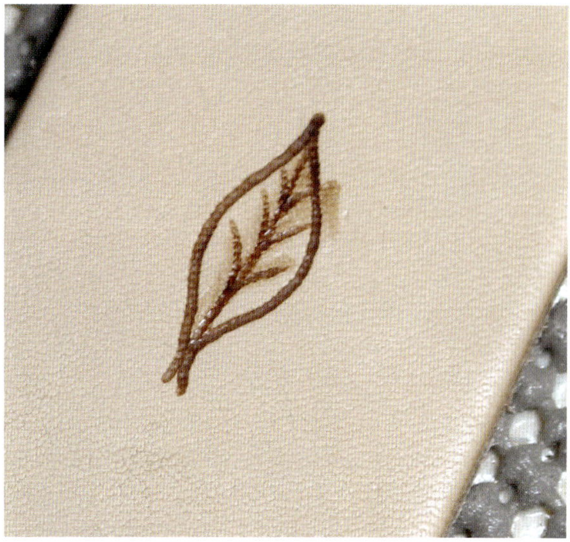

Hoppla, ein Fehler! Über die Linie gemalt ...

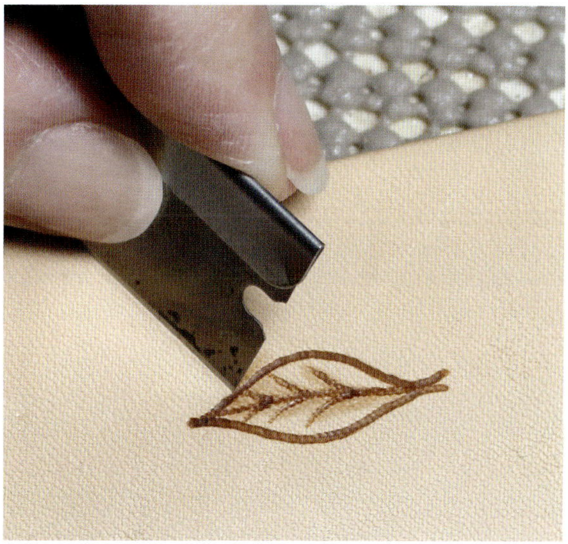

Der störende Fehler wird ganz sachte mit einer Rasierklinge weggeschabt

Fehler ausbessern

Leder verzeiht Fehler nicht so leicht. Kratzt oder reibt man darauf herum, um ihn ungeschehen zu machen, nimmt man nicht selten zu viel Material weg und es bleibt ein unschöner heller Fleck zurück, der sich nicht verbergen lässt. Deshalb sollte man sich beim Brennen von vorneherein Zeit lassen und sehr vorsichtig zu Werke gehen. Am besten **verschiebt man alle Fehlerkorrekturen bis zum Schluss**, denn manchmal wird ein Fehler im Laufe der Arbeit durch weitere Malereien ohnehin überdeckt oder man entschließt sich später, den Bereich grundsätzlich dunkler zu gestalten.

Einen Brennfehler retuschieren

Wenn ein Fehler passiert ist, sollte man zuerst **prüfen, ob es nicht möglich ist, den Entwurf zu ändern**, sodass der Fehler nicht mehr auffällt. Zum Beispiel sind bei einem Baum ein paar zusätzliche Blätter sicher kein Problem. Auch über ein Hintergrundmuster lässt sich nachdenken. Ist das alles nicht möglich, dann retuschiert man den Fehler mit Hilfe einer Rasierklinge wie folgt:

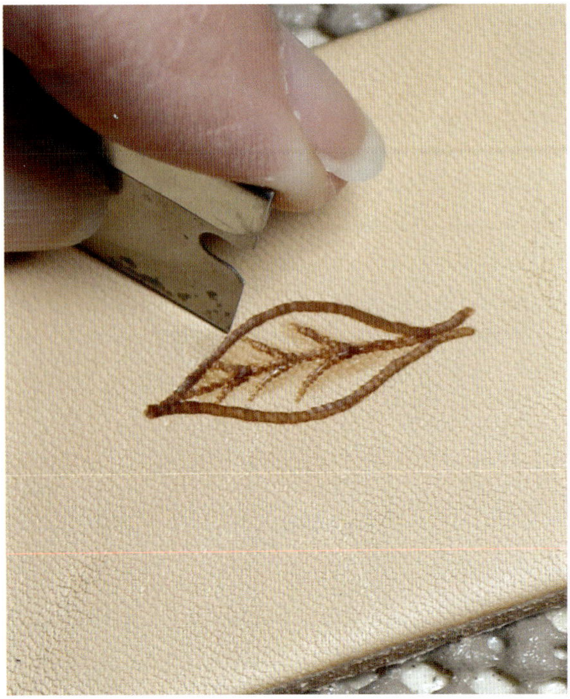

Bitte mit dem Schaben aufhören, wenn die Grundfarbe des Leders erreicht ist

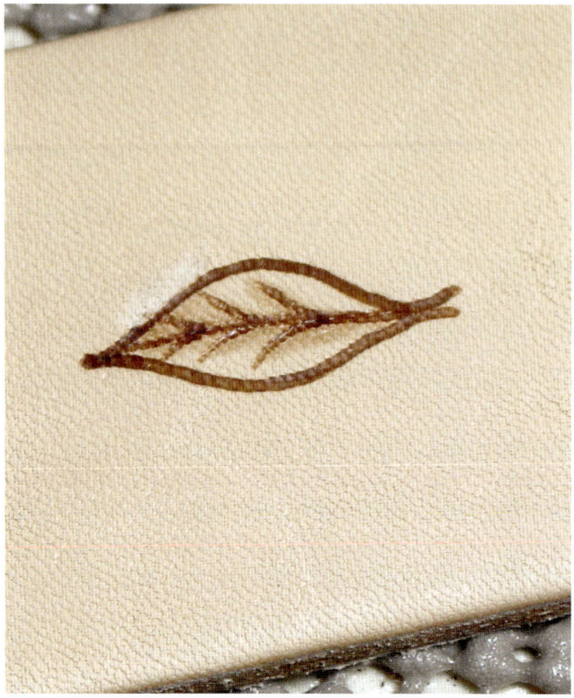

Zu viel schaben hat eine helle Stelle zur Folge

- Verwenden Sie beim Ausbessern immer ein Vergrößerungsglas oder eine Lupenbrille, hier gilt es Dinge zu erkennen, die man mit bloßem Auge nicht sieht.
- Verwenden Sie eine einschneidige Rasierklinge und schaben Sie damit leicht über die auszubessernde Stelle. Halten Sie die Klinge dabei sehr flach zur Oberfläche, heben Sie das Ende leicht an und schaben Sie nur mit einem kleinen Teil der Schneide – also weder mit der gesamten Breite noch mit einer Ecke. Letzteres würde eine unschöne Vertiefung im Leder nach sich ziehen. Verwenden Sie die Klinge, als würden Sie eine verbrannte Stelle von einem Toast kratzen. Schaben Sie immer in der Richtung, in der die Rasierklinge gekippt ist und schaben Sie nur auf, niemals neben dem Fehler.
- Schaben Sie nur so lange, bis die Farbe des umliegenden Leders erreicht ist, sonst kratzen Sie die äußere Lederschicht ab und bringen die hellere Schicht zum Vorschein, die darunterliegt. Dann gibt es nur noch eine Möglichkeit der Rettung: Betupfen Sie die helle Stelle mit Hilfe eines sehr feinen Pinsels mit sehr stark verdünnter wasserbasierter Acryl-Lederfarbe. Achtung, die feuchte Stelle hellt beim Trocknen auf, was es schwierig macht, genau den richtigen Ton zu treffen. Also im Zweifel erst einmal einen helleren Ton probieren, trocknen lassen und gegebenenfalls nacharbeiten.

Eine ungleichmäßig schattierte Fläche ausgleichen

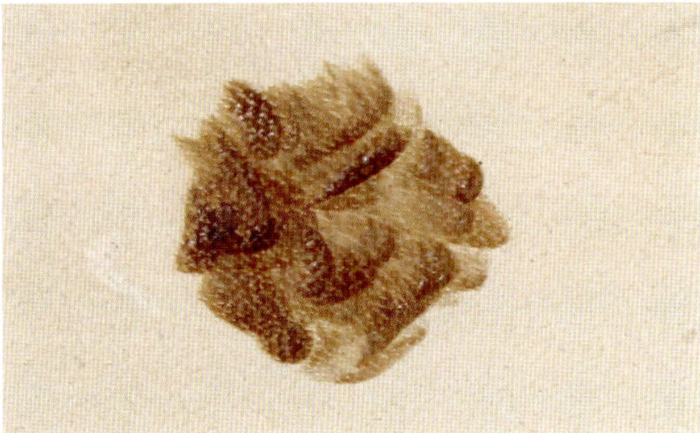

Ungewollt ungleichmäßig – diese Fläche ist auszubessern

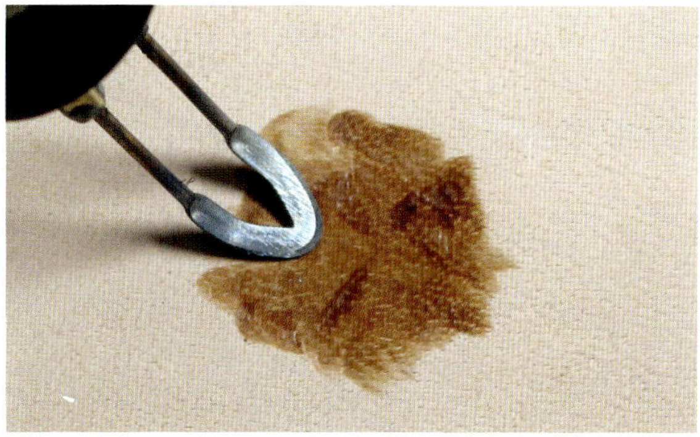

Die helleren Stellen werden dunkler gebrannt

- Begutachten Sie die schattierte Fläche durch ein Vergrößerungsglas: Wo sind helle Töne, wo mittlere und wo dunkle? Die dunkleren werden im Laufe der Ausbesserung aufgehellt und die helleren abgedunkelt. Im Ergebnis sollte dann die ganze Fläche gleichmäßig getönt sein.
- Arbeiten Sie bei niedriger Temperatureinstellung mit einer Schattierspitze die helleren Bereiche nur sehr leicht nach. Berühren Sie nicht die angrenzenden Stellen mittlerer und dunkler Tönung, sonst machen Sie alles nur noch schlimmer. Setzen Sie die Schattierspitze aus der Bewegung heraus auf das Werkstück und heben Sie sie ebenso aus der Bewegung heraus wieder an, ehe Sie den Rand der hellen Stelle erreichen. Das schafft weichere Übergänge.
- Schaben Sie mit einer einschneidigen Rasierklinge sehr leicht über die dunkleren Stellen (wie im Abschnitt zum Retuschieren von Brennfehlern auf Seite 55f. beschrieben), bis ihr Ton dem der mittleren Töne entspricht.

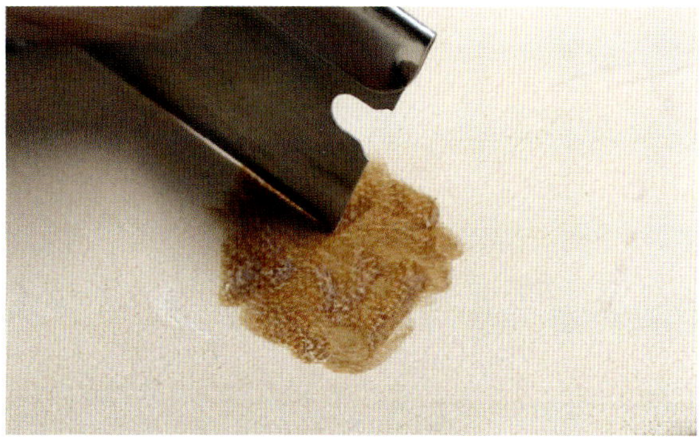

Die dunkelsten Stellen werden hell gekratzt

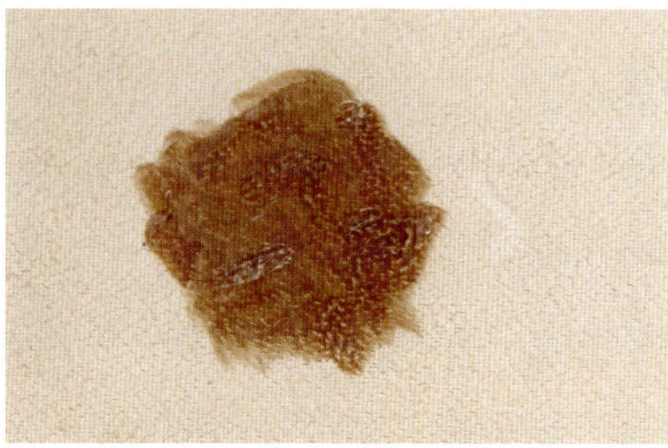

Nun ist die Färbung der Fläche einigermaßen gleichmäßig

KAPITEL 4: FARBAUFTRAG UND OBERFLÄCHENBEHANDLUNG

Leder-Pyrographie in Farbe

Pyrographien lassen sich mit verschiedenen Mitteln einfärben – mit speziellen Lederfarben, Acrylfarben, herkömmlichen Künstlerfarben, Wachs- und Ölmalstiften oder Fasermalern. Je nachdem, wie die Farbe wirken soll, ob zart und subtil oder dramatisch und satt, wählt man ein geeignetes Farbmittel und die aufzutragende Pigmentmenge.

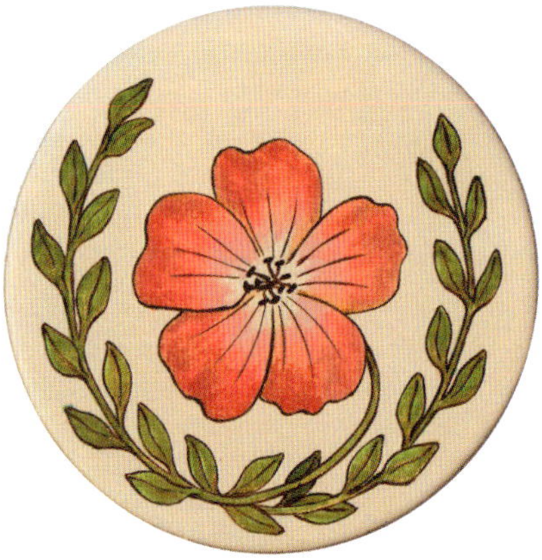

Bemalt mit wasserbasierten Lederfarben

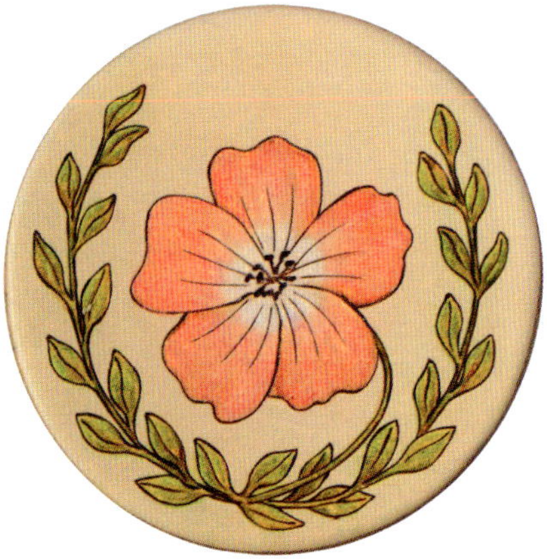

Bemalt mit Wachsmalstiften

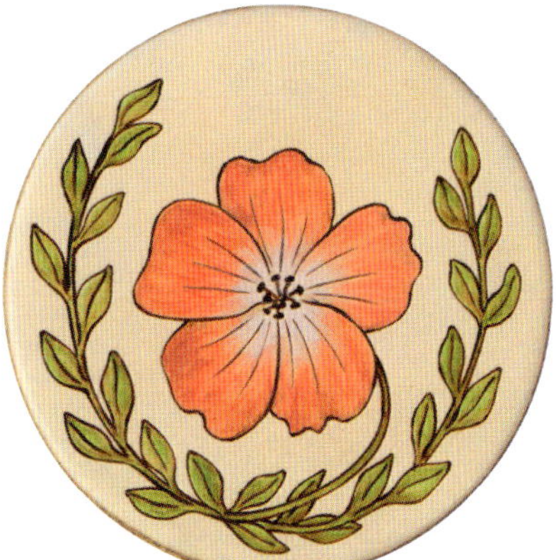

Bemalt mit wasserverdünnten Acrylfarben

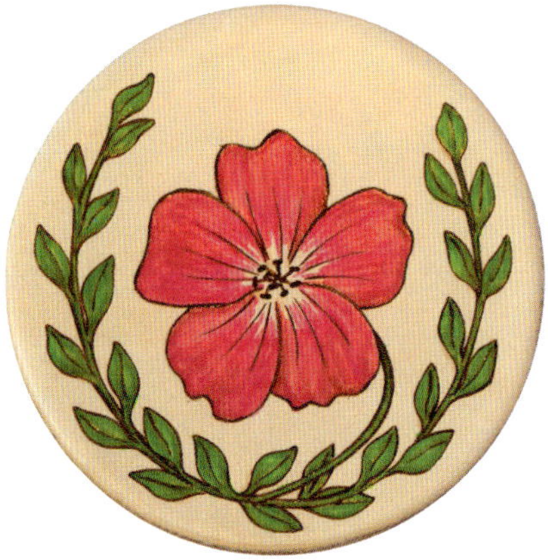

Bemalt mit Permanentmarkern

Farbe auftragen

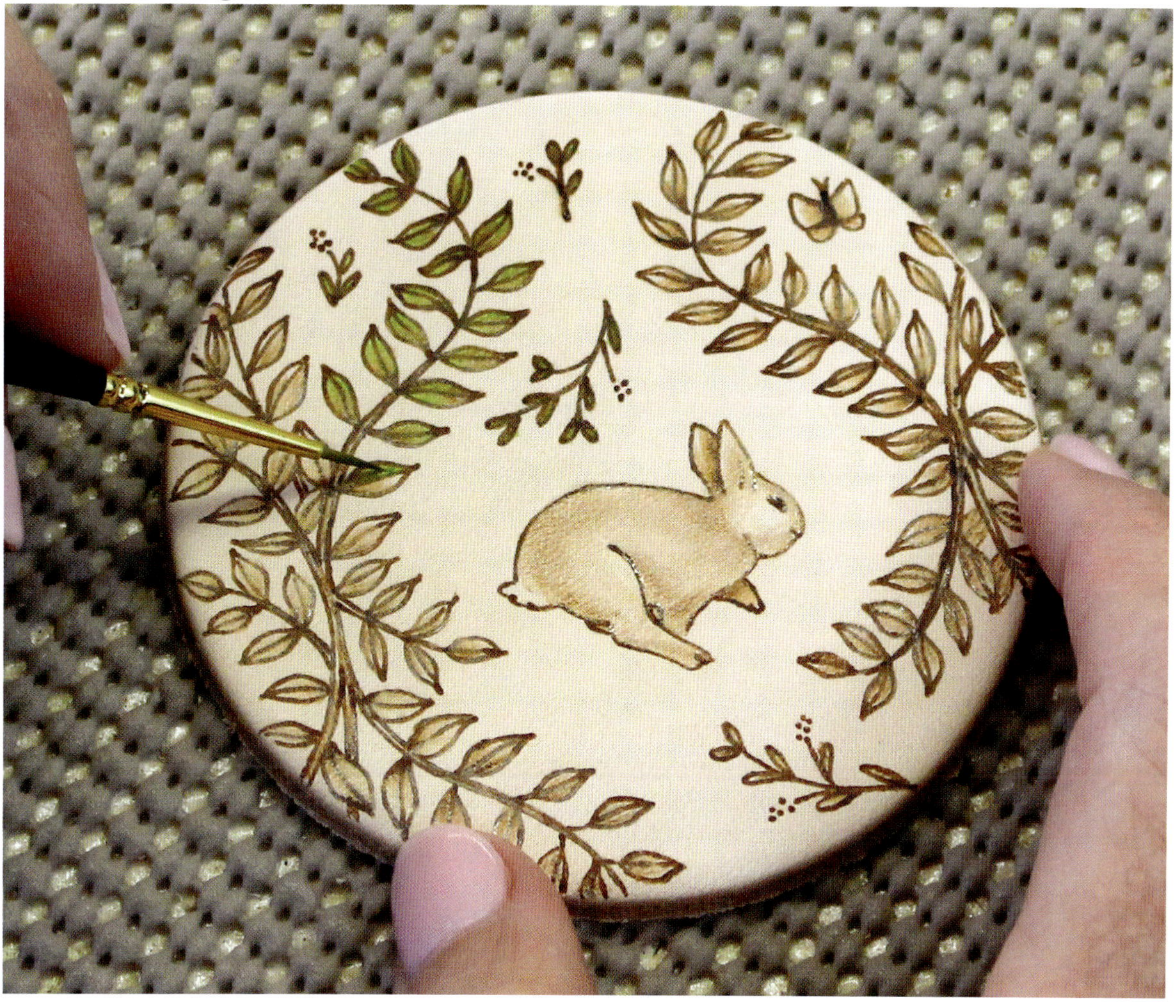

Immer erst die Brandmalerei, dann der Farbauftrag

Welches Farbmittel man auch zum Bemalen wählt, man sollte das Bild immer zuerst brennen und dann die Farbe auftragen. Wenn man die Farbe zuerst aufträgt und dann brennt, würde man die Farbpigmente brennen und nicht die Lederoberfläche – vom Geruch verbrennender und verdampfender Farbbestandteile mal ganz abgesehen. Das Leder muss vollständig getrocknet sein (z. B. nach dem Prägen oder Punzieren), ehe man Farbe aufträgt.

Flüssigfarben und Filzstiftmarkierungen ziehen ins Leder ein und überdecken das Gebrannte nicht, wenn man es mit ihnen übermalt. Acrylfarben, Öl- und Wasserfarben decken das eingebrannte Motiv ebenfalls nicht deckend ab, sofern sie zu einer Lasur verdünnt und sparsam aufgetragen werden. Weniger verdünnt ist ein solcher Farbauftrag aber durchaus deckend. Auch sollte ein zu dicker Farbauftrag vermieden werden, da die Farbschicht mit der Zeit Risse bekommt und abblättern kann. Wachs- und Ölmalstifte decken Brennmarken ebenfalls ab. Deshalb darf man mit deckenden Farben und Buntstiften nur auf den Flächen zwischen den eingebrannten Umrissen malen, nicht aber auf den Brandlinien selbst (in der Annahme, dass die hart erkämpfte Brandmalerei auch zu sehen sein soll ...).

Wasserfarben und die meisten Acrylfarben sind wasserverdünnbar. Ölfarben sind mit den passenden Lösungsmitteln verdünnbar und Farben der gleichen Art lassen sich grundsätzlich untereinander zu neuen Farbtönen mischen.

Zum Auftragen auf das Leder kann man handelsübliche Pinsel, spezielle Wollpinsel (puschelige Bäusche aus Wolle mit einem Stiel aus Draht), Filztupfer, Schwämmchen, Wattebäusche, Sprühflaschen oder Airbrustechniken verwenden.

Flüssige Farben, besonders lösungsmittelbasierte, und Filzstifte neigen beim Auftragen dazu, sich über die zu färbende Stelle hinaus auszubreiten und zu verlaufen. Um das zu verhindern, malt man nicht ganz bis zur Umrisslinie oder Kante und überlässt es dem natürlichen Drang der Farbe, die Lücke zu schließen.

Farbstifte in Künstlerqualität geben mehr Pigmente ab als preiswerte Buntstifte und sind meist wachs- oder ölbasiert, einfache Buntstifte sind eigentlich immer wachsbasiert und enthalten weniger Pigmente. Farbschichten können mit einem geeigneten Fixativ, einem UV-Filter oder einem Acryl-Klarlack übersprüht werden. Buntstifte, Wachsmalstifte und Künstlermalkreiden erzeugen beim Malen oft viel Farbstaub, den man mit einem großen trockenen Pinsel oder einer Rosshaarbürste vom Leder bürsten sollte. Auch fängt sich der wächserne Farbstaub gerne in den Einschnitten, die Schrägspitzen beim Brennen hinterlassen, und überdeckt die Brennmarken. In den Schnittkanälen lassen sich Farbstaubreste entfernen, indem man die Stelle mit einem Föhn erwärmt und mit einem Wattebausch darüberreibt. Ein Wattebausch eignet sich außerdem, um den Farbauftrag von Wachsmalstiften zu glätten und zu vermischen, nachdem man ihn mit einem Föhn erwärmt hat.

Farben ausprobieren

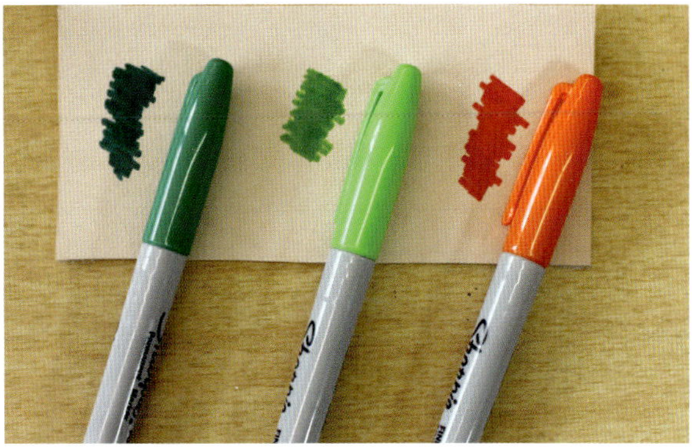

Farbversuche auf einem Lederrest zeigen, wie die Farbe auf diesem Leder wirklich aussieht

Vegetabil gegerbtes Leder wird dunkler und entwickelt eine Patina, wenn man es dem Tageslicht aussetzt. Viel Sonne hingegen bleicht es aus, es wird heller (siehe dazu den Abschnitt zu Versuchen mit Farben und Finishs ab Seite 64). Da die natürliche Lederfarbe und damit die Patina durch die Farbschichten hindurchscheint, ändert sich mit der Zeit auch die Farbe selbst. Auch ist das Ergebnis von eindringender Farbe und Fasermalern auf Leder oft dunkler als auf anderen Untergründen. Außerdem sind die Farbeffekte oft unterschiedlich, je nachdem, wie stark man diese Farben verdünnt und/oder wie viele Schichten man aufträgt.

Für welche Farbe und welches Farbmittel Sie sich auch entscheiden, Sie sollten immer Versuche auf einem Reststück desselben Leders (mit derselben Patina) durchführen. Ersparen Sie sich Enttäuschungen und verzichten Sie keinesfalls auf derartige Farbversuche, Sie riskieren sonst, dass das Projekt, in das Sie so viel Mühe, Zeit und Material investiert haben, nicht Ihren Vorstellungen entspricht und Sie unzufrieden sind.

Farben bewusst einsetzen

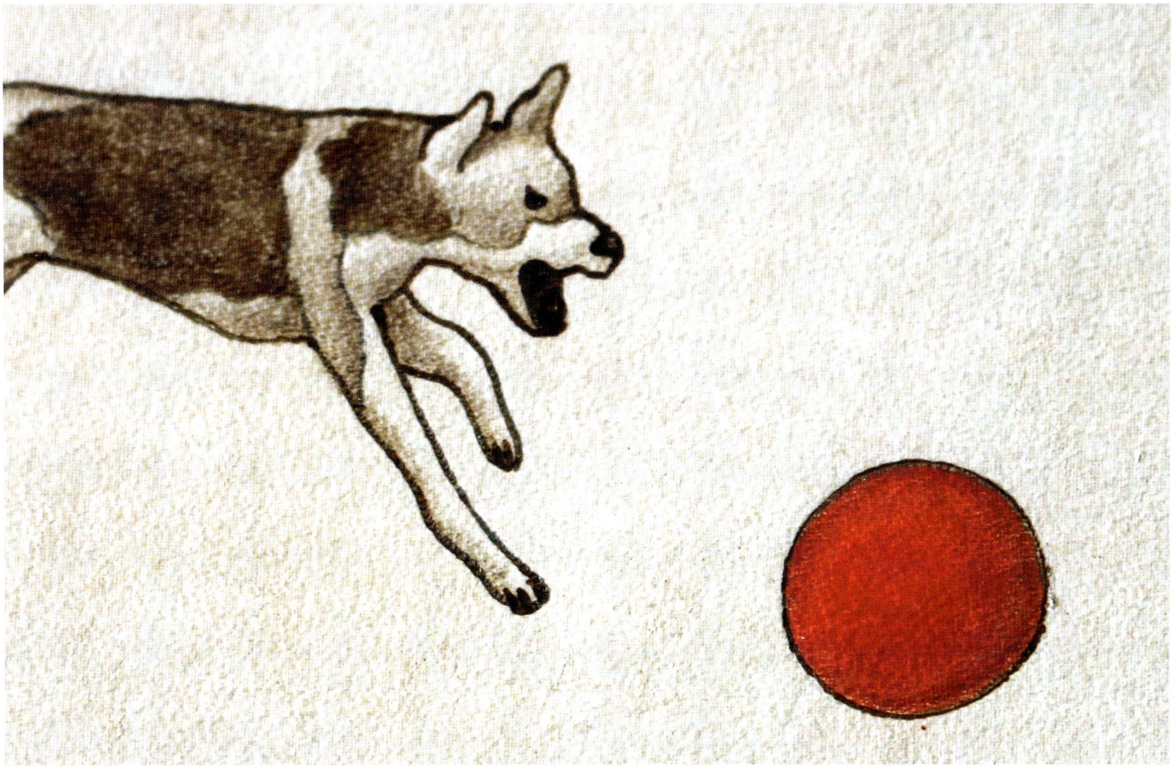

Signalfarben können vom eigentlichen Kern des Bildes ablenken

Ehe Sie mit der Farbgestaltung loslegen, nehmen Sie sich Zeit und wählen Sie die Farbtöne, die Sie verwenden wollen, mit Bedacht aus. Es gibt jede Menge Bücher und Informationen über die Auswahl und Kombination von Farben, wie sie einander ergänzen, wie sie Stimmung und Gemüt beeinflussen, was sie symbolisieren, ob ein Gegenstand dadurch ruhiger oder unruhiger wirkt und vieles mehr. Die farbige Gestaltung kann starke Akzente setzten, wodurch einzelne Objekte zum Kernpunkt eines Bildes werden. Ein Beispiel zur Verdeutlichung: Sie brennen das Bild eines Hundes, in dessen Nähe sich ein Ball befindet. Dann entscheiden Sie, nur den Ball einzufärben, nicht aber den Hund. Damit wird der Hund unwichtig, im Mittelpunkt des Bildes steht nun der Ball und nicht der Hund.

Oberflächen-behandlung

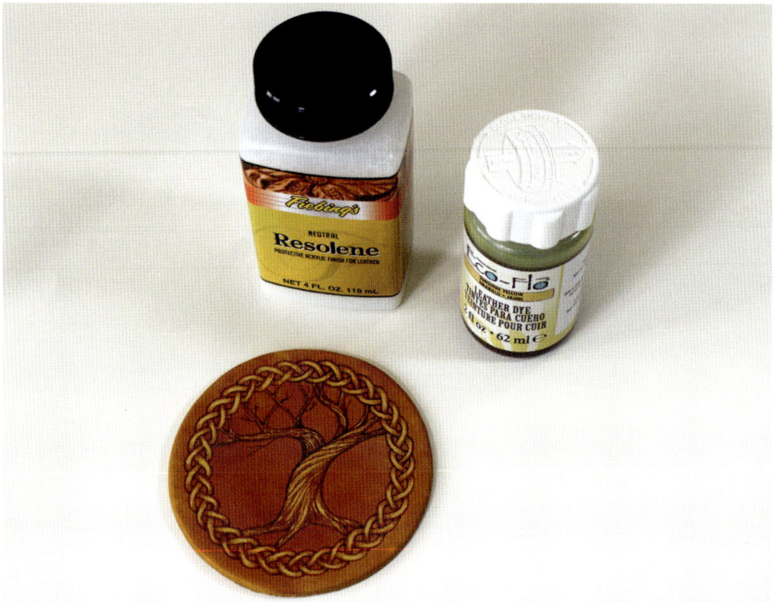

Das Motiv wurde teilweise mit Fiebing's Resolene maskiert und danach gleichmäßig mit Lederfarbe übermalt

Will man eine Lederarbeit pflegen, schützen, versiegeln oder auch veredeln, bietet der Markt allerlei Produkte. Viele stammen aus den USA, wo Leder, Lederhandwerk und Sattlerei eine lange Tradition haben, sie sind aber dank der Globalisierung und des Internets auch bei uns problemlos erhältlich.

Eine **Lederversiegelung** verhindert das Eindringen von Flüssigkeiten ins Leder, schützt vor Schmutz, Flecken und auch vor Farbe. In letzterem Falle wirkt die Lederversiegelung also wie ein Maskiermittel: Die versiegelten Stellen bleiben, wie sie sind; trägt man färbende und/oder patinierende Substanzen auf, ändert sich das Erscheinungsbild des Leders lediglich an den unversiegelten Stellen. Lederversiegelung kann auf bereits farbig gestaltetem oder auf naturbelassenem Leder verwendet werden. Nach einem Farbauftrag sollte das Leder mindestens über Nacht trocknen, um sicherzugehen, dass es vor dem Auftragen der Versiegelung vollständig durchgetrocknet ist. Zwei Schichten versiegeln das Leder besser als eine. Doch muss man die vorherige Schicht immer komplett trocknen lassen, ehe man die nächste aufträgt. Manche Versiegelungen wie beispielsweise Tan-Kote sind weniger durchsichtig als andere. Besonders bei der Verwendung als Maskiermittel ist dies zu beachten. Beispiele für Lederversiegelungen: Fiebing's Resolene und Fiebing's Tan-Kote sowie Eco-Flo Super Shene und Eco-Flo Satin Shene von Tandy.

Spezielle Lasuren, Beizen und Gele zur **Lederpatinierung** erzeugen Antik-Effekte. Sie werden auf die gesamte Oberfläche aufgetragen und Überschüssiges wieder abgewischt. In den durch Prägen und Punzieren erzeugten Vertiefungen bleiben sie hängen und betonen diese dadurch. Brandmalereien hingegen verlieren durch Patinierung an Kontrast, wirken düster, verschwommen und verschleiert. Haben Sie also ein Objekt mit Brandmalereien und Punzierungen gestaltet und möchten Letztere mit einer Patinierung hervorheben, dann sollten Sie Erstere zunächst mit einer Lederversiegelung maskieren. Beispiele für Antik-Finishs: Antique Leather Stain und Eco-Flo Gel Antique von Tandy sowie Fiebing's Antique Leather Stain und Fiebing's Antique Finish.

Ein abschließender **Überzug** – dazu gehören diverse Finishs, Versiegelungslacke und -wachse – dient dem Schutz des Leders und der Farbauffrischung. Ehe man ihn

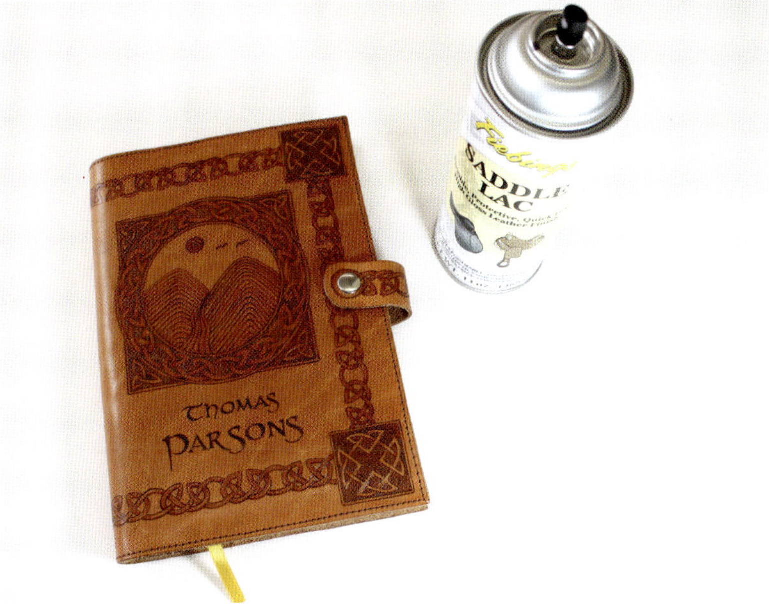

Ein Finish wie Saddle Lac schützt das Leder

aufträgt, muss die Farbe vollständig trocken sein. Beispiele für versiegelnde Leder-Finishs und Lacke: Fiebing's Tan-Kote, Fiebing's Saddle Lac, Fiebing's Hi-Liter sowie Neat Lac Leather Finish, Eco-Flo Super Shene, Eco-Flo Satin Shene und Eco-Flo Carnauba Cream von Tandy.

Lederpflege bewirkt, dass das Leder weich und geschmeidig bleibt und gleichzeitig geschützt wird. Die hier aufgeführten Lederpflegemittel sind besonders für ungefärbtes Leder geeignet. Der Auftrag einer Lederpflege schließt eine abschließende Lederversiegelung, einen Lack oder ein Finish nicht aus (ausgenommen sind Kombiprodukte, die bereits einen Lack enthalten oder auch besonders wachshaltige Mittel wie Neat Lac Leather Finish von Tandy oder Dr. Jackson's Hide Rejuvenator). Beispiele für Lederpflegeprodukte: Fiebing's Saddle Soap, Fiebing's Prime Neatsfoot Oil Compound (Klauenöl-Gemisch), Snow-Proof Weatherproofing Paste (von Fiebing's), Fiebing's Leather Balm, Fiebing's Mink Oil (Nerzöl), Dr. Jackson's Waterproof Wax, Dr. Jackson's Hide Rejuvenator, Leather Cleaner und Leather Conditioner von Lexol sowie Carnauba Cream von Tandy.

Lederpoliermittel wie Tragantgummi (auch Traganth oder Tragacanth) werden verwendet, um die Lederfasern an Rändern und Rückseiten zu glätten – besonders die Kanten, bevor man sie abrundet und mit einem Kantenglätter bzw. -polierer blankreibt. Zudem gibt es spezielle Mittel für die **Lederkantenversiegelung**, um offene, exponierte Schnittkanten und Lederränder abzudichten. Beispiele für Lederpoliermittel und Lederkantenversiegelung: Fiebing's Edge Kote oder Eco-Flo Gum Tragacanth von Tandy.

Mittel zur Oberflächenbehandlung ausprobieren

Sofern das Leder in irgendeiner Weise eingefärbt oder farbig bemalt wurde, empfiehlt es sich zuvor Tests durchführen, um sicherzugehen, dass die Farbe durch die Oberflächenbehandlung nicht verläuft oder verschmiert. Dazu vorab auf einem Reststück desselben Leders dieselbe Farbe auftragen und gucken ob sich etwas negativ verändert.

Versuche mit Farben und Finishs

Um den Einfluss des Sonnenlichts auf die verschiedenen Brennmarken unterschiedlicher Brandmalspitzen und -techniken, auf Farbaufträge und Oberflächenbehandlungen zu testen, führte ich einen Kontrollversuch durch. Je nachdem, welche Werkzeuge und Mittel Sie verwenden, kann Ihnen mein Versuch unter Umständen als Anhaltspunkt dienen. Oder Sie führen eigene Testreihen durch.

Ich habe drei gleichgroße Tafeln desselben Leders in Spalten eingeteilt und diese mit verschiedenen Brennmarken und Farbaufträgen versehen:

- Spalte 1 – Brennmarken einer Schreibspitze
- Spalte 2 – Brennmarken einer Schrägspitze
- Spalte 3 – Brandschattierung durch eine Schattierspitze
- Spalte 4 – flächiger Auftrag wasserbasierter Lederfarbe in Gelb und Blau
- Spalte 5 – flächiger Auftrag roter, violetter und weißer Acrylfarbe
- Spalte 6 – Linien farbiger Permanentmarker in Gelb, Grün, Violett, Pink und Orange
- Spalte 7 – Farbauftrag mit wachsbasierten Künstlerfarbstiften von Prismacolor in Rot, Hellblau, Gelbgrün und Weiß
- Spalte 8 – weder Brennmarke noch Farbauftrag, aber die Hälfte der Spalte wurde abgedeckt und nicht der Sonne bzw. dem Licht ausgesetzt

Dann habe ich in den einzelnen Zeilen jeweils über alle Spalten hinweg verschiedene Mittel zu Oberflächenbehandlung aufgetragen. Die letzte Spalte wurde zudem zur Hälfte mit schwerer Pappe abgedeckt, um sie vor Sonnenlicht zu schützen und dessen Wechselwirkung mit den verschiedenen Mitteln zu testen:

- Zeile 1 bestrichen mit Fiebing's Tan-Kote
- Zeile 2 bestrichen mit Fiebing's Resolene
- Zeile 3 bestrichen mit Fiebing's Antique Finish
- Zeile 4 bestrichen mit Eco-Flo Gel Antique
- Zeile 5 bestrichen mit Eco-Flo Carnauba Cream
- Zeile 6 bestrichen mit Snow-Proof Weatherproofing Paste
- Zeile 7 bestrichen mit Fiebing's Leather Balm
- Zeile 8 bestrichen mit Eco-Flo Super Shene
- Zeile 9 bestrichen mit Eco-Flo Satin Shene
- Zeile 10 bestrichen mit Fiebing's Saddle Lac
- Zeile 11 bestrichen mit Spar Urethane (einer Art Bootslack auf Urethan-Basis, eigentlich für Holz gedacht)

Eine der drei Ledertafeln dient als Kontrolltafel zum Vergleich und wurde in einer Kiste in einem selten geöffneten dunklen Schrank verwahrt, damit die ursprünglichen Merkmale erhalten bleiben, die zu Anfang des Versuchs bei allen drei Tafeln bestanden. Die zweite Tafel wurde nur teilweise dem Sonnenlicht ausgesetzt. Hell, aber meist ohne direkte Sonneneinstrahlung an einem Südfenster unter einer Veranda. Die dritte Tafel wurde dem vollen Sonnenlicht ausgesetzt, sie wurde an ein nach Westen zeigendes Fenster geklebt – im Südosten der USA bedeutet dies tägliche intensive Sonneneinstrahlung. Nach neun Monaten (von Anfang Juni bis Ende Februar) wurden die drei Tafeln verglichen. Das Ergebnis sehen Sie auf den folgenden Seiten.

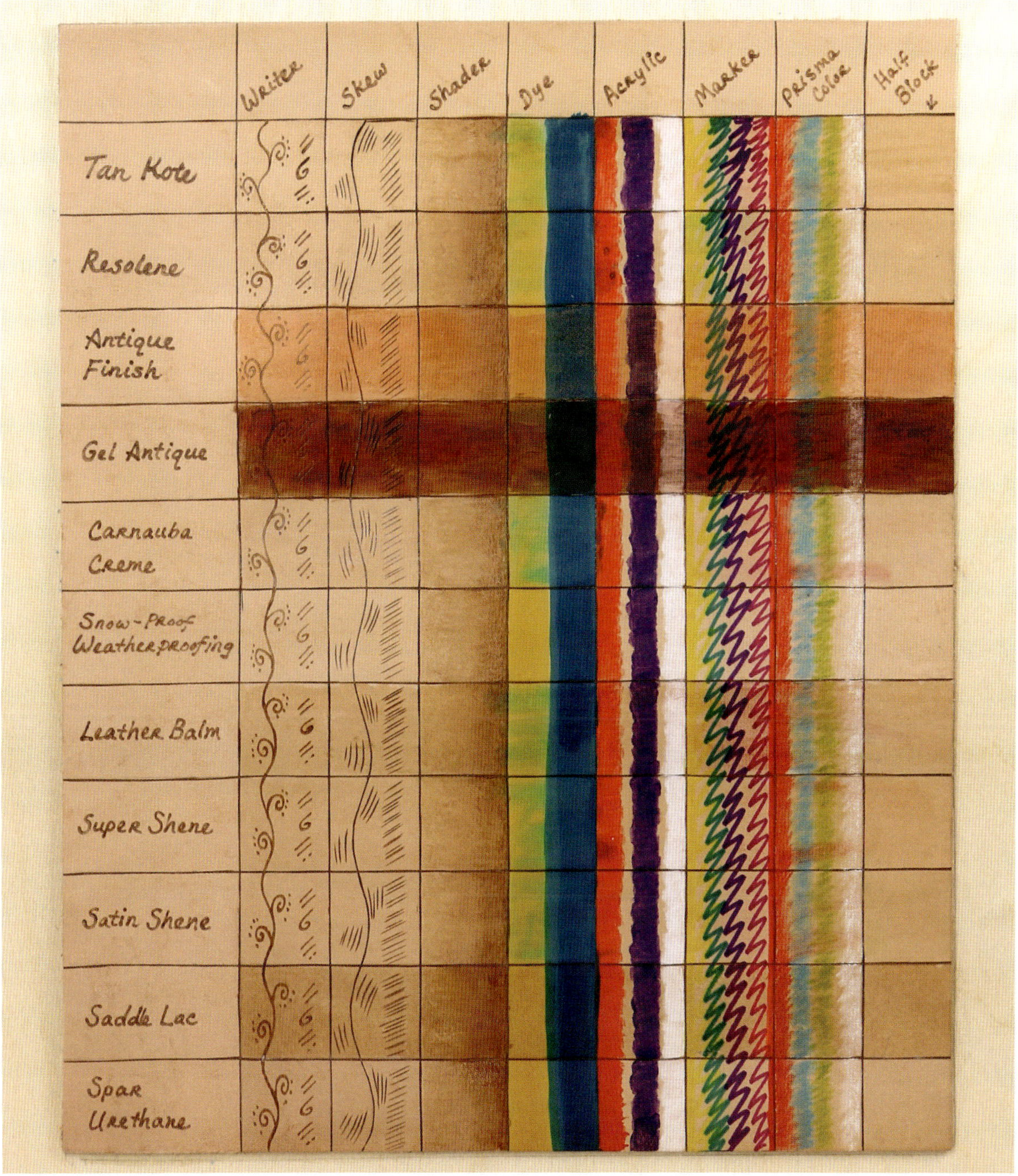

Die Kontrolltafel, die neun Monate im verschlossenen Schrank gelagert wurde

Folgende Beobachtungen habe ich bei diesem Versuch gemacht:

- Die Brandmalerei auf dem Leder ist überhaupt nicht ausgeblichen wie es auf Holz der Fall gewesen wäre. Nicht einmal bei der Ledertafel, die dem vollen Sonnenlicht ausgesetzt war, haben sich die Brennmarken aufgehellt. Die Schrift in der Kopfzeile und Vorspalte ist auf der Kontrolltafel ebenso wie auf den vollsonnig platzierten Tafeln überall gleich kräftig braun.
- Wasserbasierte Farben und Permanentmarker sind verblasst bzw. haben sich verändert, je mehr Sonnenlicht sie ausgesetzt waren – unabhängig von der Substanz, die darübergestrichen wurde.
- Das Gelb der Lederfarbe und das des Permanentmarkers sind trotz Überzug mit Finish oder Oberflächenversiegelung mehr oder weniger verschwunden.
- Die blaue Lederfarbe hat auf der teilweise sonnig platzierten Tafel ihre Intensität eingebüßt. Auf der vollsonnig platzierten ist sie zu einem Blaugrau verblichen. Der violette Permanentmarker ist auf der teilweise sonnig platzierten Tafel zu einem hellen Pink verblasst und auf der vollsonnig platzierten nur noch als sehr helles Rosa auszumachen.
- Mehrere meiner Projekte, die ich mit Farben und Filzstiften gestaltet habe, sehen auch nach Jahren noch aus wie am ersten Tag, allerdings waren sie nie so viel Sonnenlicht ausgesetzt wie die teilweise sonnig und die vollsonnig platzierte Versuchstafel.
- Acrylfarbe wie auch Künstlerfarbstifte behielten trotz Sonneneinstrahlung ihre ursprüngliche Farbe.
- Der Auftrag von Carnauba Cream, Leather Balm, Super Shene und Satin Shene mit einem Wollpinsel führte zum „Ausbluten“ der Lederfarbe und der Permanentmarkerlinien.

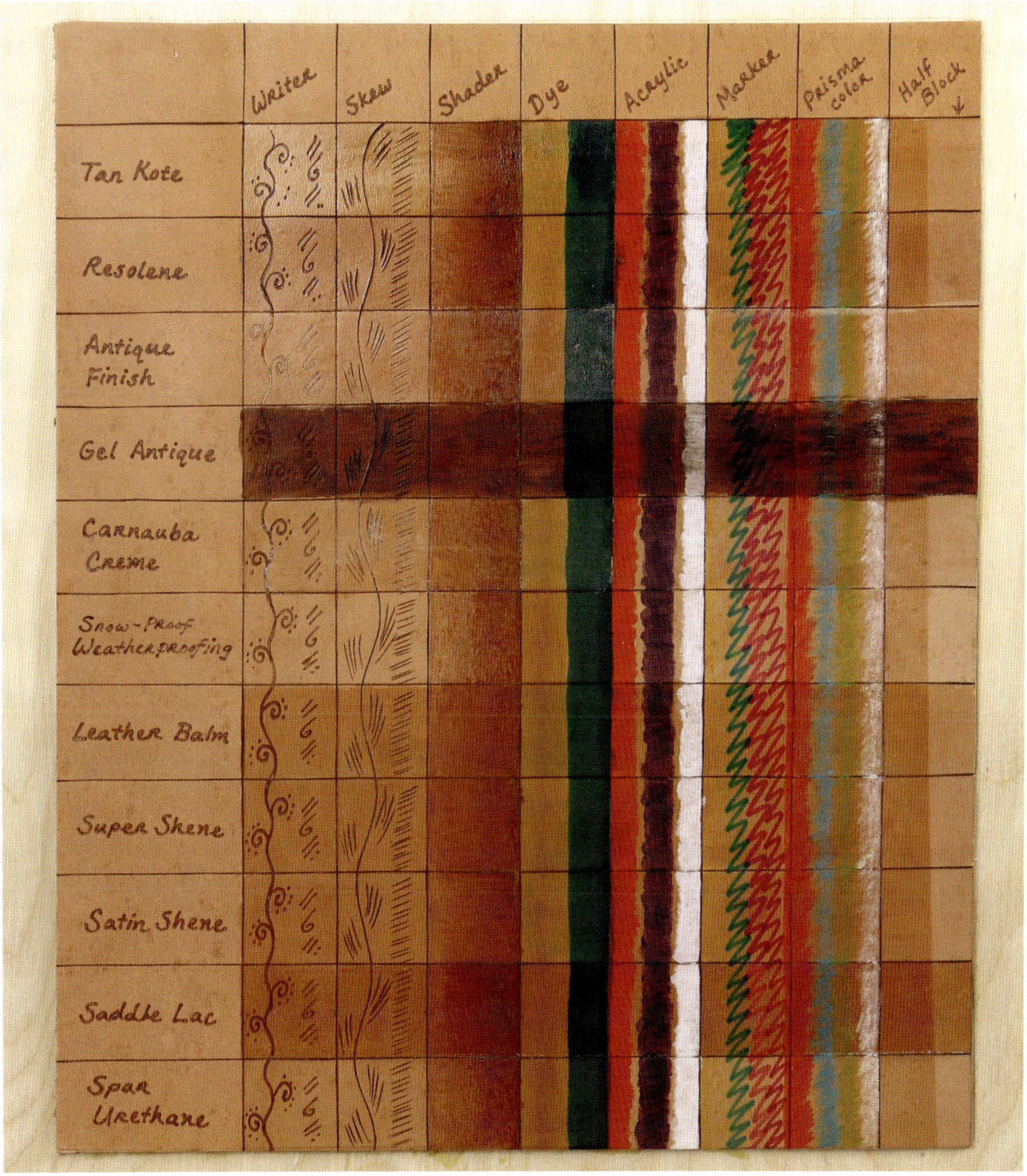

Die Ledertafel, die nur teilweise dem Sonnenlicht ausgesetzt war

- Der Auftrag von Tan-Kote und Resolene hat ebenfalls die Lederfarbe und die Permanentmarkerlinien verwischt, allerdings in geringerem Maße.
- Das Patinierungsmittel Antique Finish hat zu Anfang auf der Vergleichstafel zu einer Verfärbung geführt, das Leder bekam einen apricotfarbenen Stich, was auch die Farben veränderte. Bei der teilweise sonnig gelagerten Tafel wandelte sich diese Verfärbung zu einem weißlichen Schleier und bei voller Sonne wurde der Schleier noch weißer.
- Das Patinierungsmittel Gel Antique hat alles in der entsprechenden Zeile rötlich braun verfärbt. Teilweise sonnig platziert wurde das Braun dunkler und hat die meisten Farben überdeckt. In voller Sonne blich es leicht aus, sodass wieder Farben durchschimmerten, aber der dunkle Braunton blieb.
- Bei beiden Tafeln, die dem Sonnenlicht ausgesetzt waren, zeigen sich unabhängig vom verwendeten Finish drastische Farbveränderungen innerhalb der letzten Spalte. Das heißt, wenn man ein Stück des Leders abdeckt und ein anderes dem Licht aussetzt, werden immer Farbunterschiede sichtbar werden. Keins der hier verwendeten Schutz- oder Pflegemittel konnte dies verhindern.
- Die ungefärbten und völlig unbehandelten Lederabschnitte (Kopfzeile und Vorspalte) auf der Vergleichstafel sind hell. Bei teilweisem Lichteinfall sind sie nachgedunkelt. Die volle Sonne hingegen hat diesen Nachdunkelungseffekt durch Ausbleichen aufgehoben.

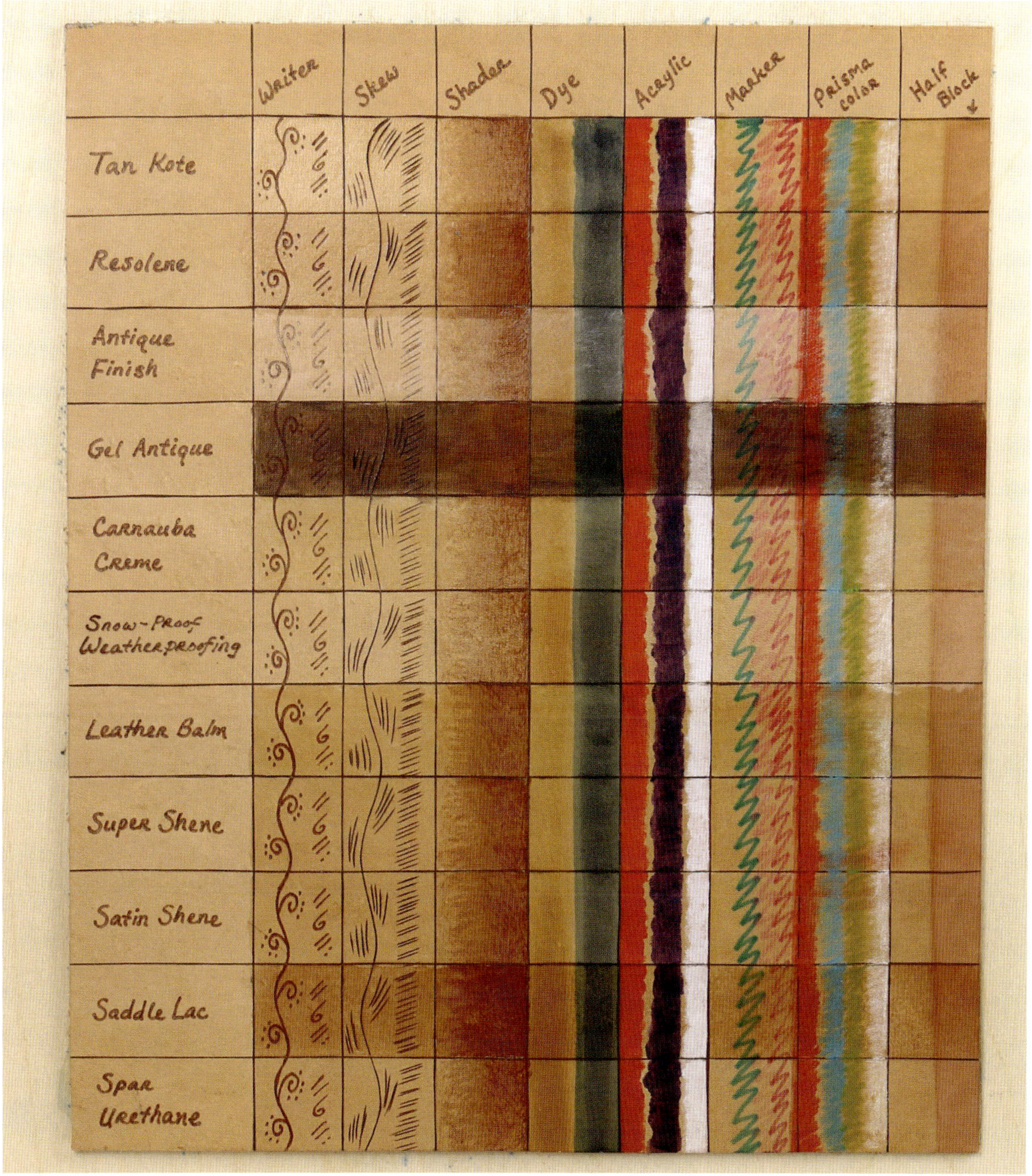

Die Ledertafel, die der vollen Sonne ausgesetzt war

KAPITEL 5: EINZELNE PROJEKTE

EINFACH

Untersetzer

Der Handel bietet vorgefertigte Stanzteile aus vegetabil gegerbtem Leder in allen möglichen Formen an. Es gibt kreisrunde Formen, die sich wunderbar als Untersetzer eignen oder als Ornament, Anhänger und zur Verzierung anderer, größerer Objekte. Es gibt lange Rechteckformen, aus denen sich Lesezeichen oder Armbänder fertigen lassen, oder kleinere Rechtecke, die zu Koffer- und Schmuckanhängern werden. Aus Ovalen lassen sich Gürtel oder Teile von Gürtelschnallen kreieren und es gibt Formen für Schlüsselanhänger. Oder man kauft Blankleder am Stück und schneidet sich die gewünschte, gern auch ausgefallene, Form selbst zu. Der folgende Untersetzer, der Schlüsselanhänger ab Seite 76 und das Lesezeichen ab Seite 82 wurden alle aus vorgefertigten Lederstanzteilen und unter Verwendung derselben Mustervorlage in unterschiedlicher Anordnung gefertigt. Sie kann ohne Veränderung auf das gesamte Stanzteil übertragen werden, oder man verwendet nur Teile davon – entweder mit oder ohne weitere Musterteile oder mit zusätzlichem Schriftzug. Auf Seite 136 ist die gesamte Mustervorlage mit Waldbewohnern und Vegetation abgebildet, die sich in diesem Sinne ganz oder teilweise verwenden lässt.

Hinweis: Ehe Sie anfangen, probieren Sie auf einem Lederrest aus, wie Sie mit der Vorlage zurechtkommen. Sollten sich kleinere Formen als zu schwierig zum Nacharbeiten erweisen, können Sie die Vorlage vor dem Übertragen auf das Objekt vergrößern.

Benötigtes Material und Werkzeuge

- Blanko-Untersetzer aus vegetabil gegerbtem Leder, mind. 8 cm im Durchmesser (wenn Sie die Untersetzer aus Blankleder selbst zuschneiden möchten, bietet sich zum Beispiel eine Konservendose als Schablone an)
- Mustervorlage für den Untersetzer (Seite 138)
- Farbe und Pinsel oder Farbstifte (je nach bevorzugtem Farbmittel und nach eigenem Ermessen – nicht zwingend erforderlich)
- Kantenpolierer sowie Tragantgummi oder Nerzölpaste
- Lederfinish nach Belieben
- Pyrographie-Brennstation
- kleine Schreib- und kleine Schattierspitze
- ungewachstes Graphit-Transferpapier
- Antirutschmatte
- weißer Radiergummi oder Knetgummi aus dem Künstlerbedarf
- Rasierklinge
- Klebeband
- Malerband
- Stift
- Schere

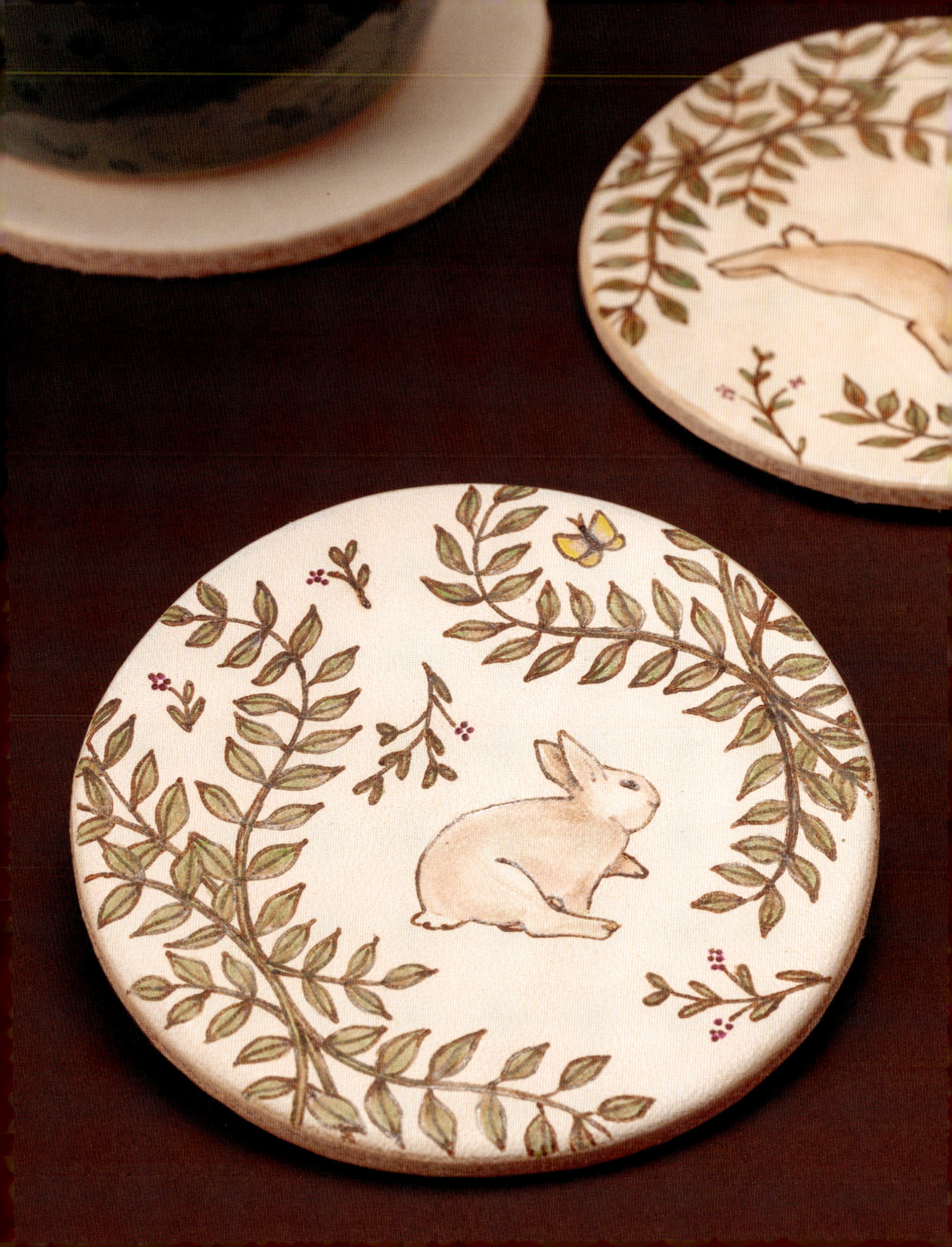

1 **Vorbereitung.** Kopieren Sie die Mustervorlage für den Untersetzer auf Seite 138. Befestigen Sie ein Stück Antirutschmatte mit Klebeband auf dem Arbeitstisch. Legen Sie ein trockenes rundes Blanklederstück (Stanzteil oder selbst ausgeschnitten) mit der Narbenseite (glatte Lederseite) nach oben auf die Antirutschunterlage, nahe dem oberen Rand derselben.

TIPP

Überprüfen Sie, ob Sie das Transferpapier richtig herum zwischen Vorlage und Leder gelegt haben – nicht, dass die Graphitlinien auf der Rückseite der Vorlage erscheinen anstatt auf dem Leder.

TIPP

Das Graphit auf dem Leder sammelt sich manchmal an der Brennspitze und verursacht unregelmäßige Brennmarken. Um das zu verhindern, wischen Sie mit der Brennspitze immer wieder über ein Läppchen aus stabiler Baumwolle, beispielsweise ein Stück Denim.

2

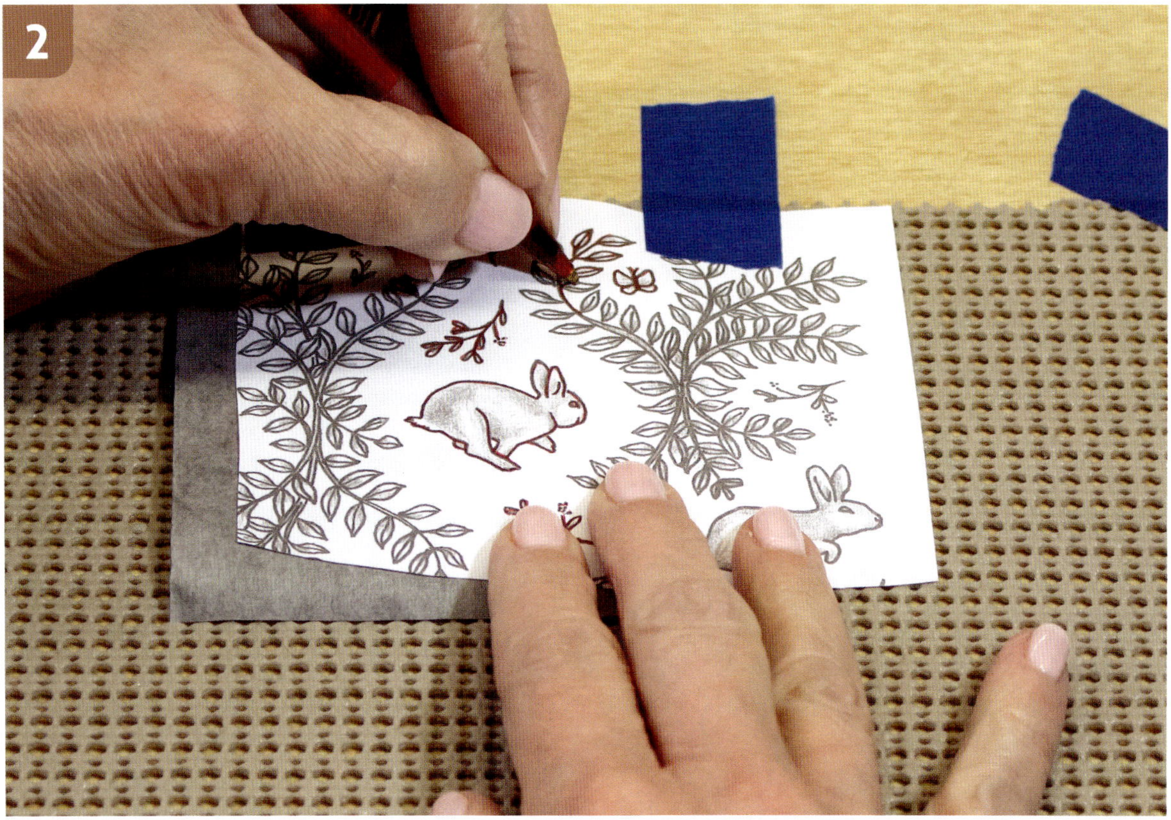

Übertragen der Vorlage. Legen Sie die Vorlage auf den Untersetzer und befestigen Sie sie an einer Seite mit zwei Stücken Malerband am Tisch. Legen Sie ungewachstes Kopierpapier mit der Graphitseite nach unten zwischen Vorlage und Leder. Übertragen Sie die Vorlage aufs Leder, indem Sie die Linien nachziehen.

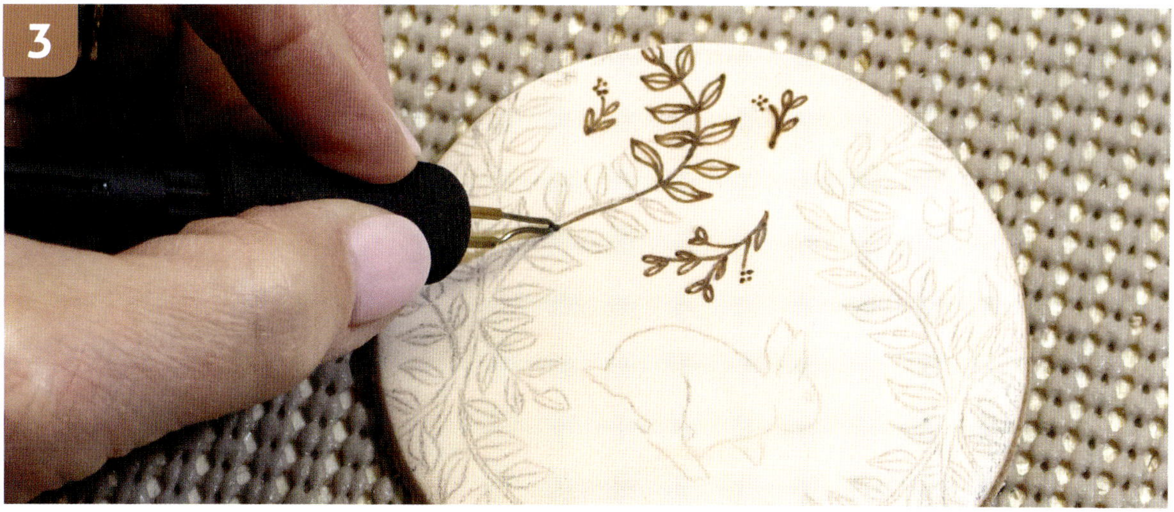

Stiele, Blätter und Beeren brennen. Ziehen Sie mit einer kleinen Schreib- oder Schrägspitze die Umrisslinien der Stiele und Blätter nach. Anfängern fällt dies mit einer Schreibspitze leichter, da die Vorlage viele geschwungene Linien aufweist. Probieren Sie vorab auf einem Lederrest aus, mit welcher Brennspitze Sie gut zurechtkommen, denn wenn Sie die Arbeit erst einmal begonnen haben, ist ein Wechsel nicht mehr möglich, ohne die Gleichmäßigkeit der Linien zu gefährden. Ich verwende hier eine Schreibspitze mit Kugel (0,8 mm). Drücken Sie beim Brennen nicht zu sehr auf, damit die Linien nicht zu breit werden. Die winzigen Beeren stippen Sie mit dem vordersten Ende der Schreibspitze aufs Leder.

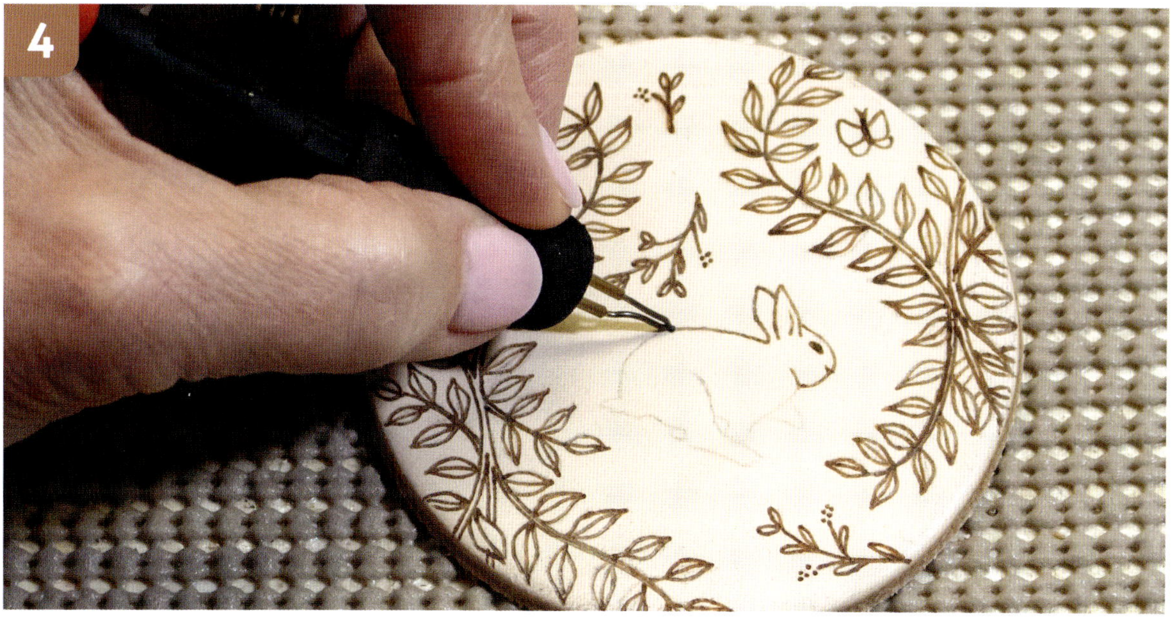

Das Kaninchen brennen. Ziehen Sie nun auch die Graphitlinien entlang des Kaninchen-Umrisses mit einer kleinen Schreibspitze nach.

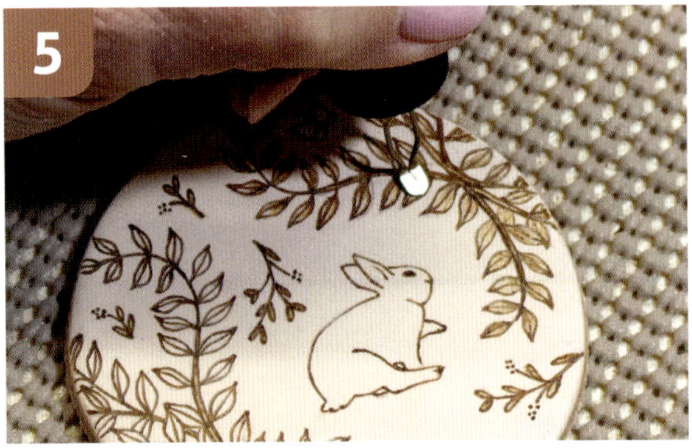

Stiele und Blätter schattieren. Ich habe eine kleine, vorne abgerundete Schattierspitze verwendet und sie senkrechter gehalten als normalerweise üblich, um auch kleine Flächen füllen zu können. Drehen Sie das Objekt immer so, dass sich die Schattierspitze innerhalb der Umrisse befindet und das abgerundete Ende der Platte am inneren Rand der Umrisslinie ansetzt. Um die Stiele zu füllen, habe ich die Schattierspitze sehr steil gehalten und bin parallel der Umrisslinie der Stiele gefolgt. Bei den Blättern genauso: beginnend am Stiel bin ich mit fast senkrecht gehaltener Schattierspitze parallel den Blattumrissen gefolgt und habe auf halbem Wege die Brennplatte angehoben, um die Brennmarken sanft auszublenden. Dieselbe Technik habe ich bei den Blattadern angewandt, denen ich mit der abgerundeten Spitze der Schattierplatte vom Stiel bis zur Hälfte des Blatts gefolgt bin. Im Ergebnis erscheint das Blatt nahe dem Stiel dunkler und zur Blattspitze hin heller getönt.

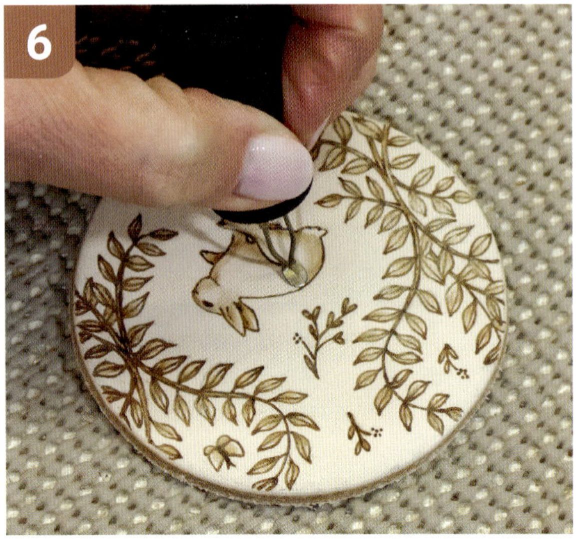

Das Kaninchen schattieren. Mit derselben Schattierspitze wird entsprechend der Vorlage (Seite 139) das Kaninchen schattiert. Drehen Sie das Objekt, sodass Sie mit dem abgerundeten Ende der Schattierplatte am inneren Rand der Umrisslinie entlangfahren können. Probieren Sie die Wirkungen, die mit der Schattierspitze erzeugbar sind, vorab auf einem Lederrest aus. Falls Ihnen der Umgang mit der Schattierspitze weniger liegt, können Sie auch andere Techniken anwenden und die Schattierungen tüpfeln oder kringeln. Zu Schattierungen und Schraffuren siehe Kasten auf Seite 46.

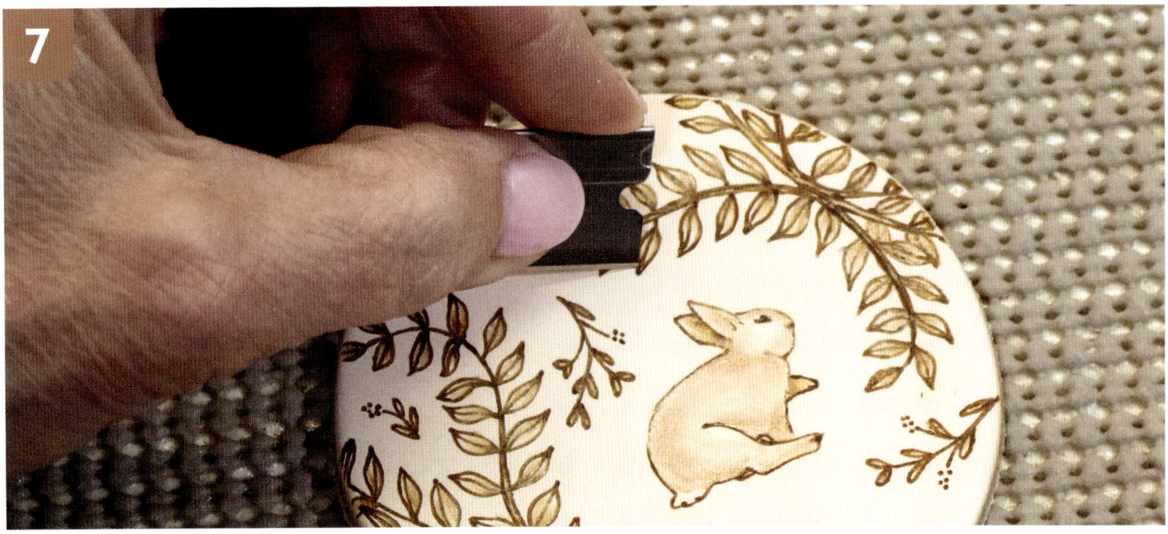

Versäubern und Retusche. Nun werden alle Graphitlinien wegradiert. Holprige Linien und Unebenheiten sowie fleckige und zu dunkel geratene Schattierungen werden sacht mit der Rasierklinge weggekratzt (siehe Seite 55f.). Falls Sie planen, das Objekt farbig zu gestalten, brauchen Sie die Blätter nicht nachzuretuschieren, da zu dick geratene Stellen eventuell unter der Farbe verschwinden.

TIPP

Beim Arbeiten mit wasserverdünnter Acrylfarbe ist der Pinsel gründlich abzustreifen. Ich habe hier die Acrylfarbe mit Wasser zu einer Lasur verdünnt und streife den Pinsel über ein Stück Küchenkrepp ab. Ich versuche auch immer, die Lasur so dünn zu machen, dass ein Teil der Brennmarken durchschimmert, sodass die Blätter letztendlich aus einer Mischung aus Grün und Braun bestehen, wodurch sie naturgetreu wirken. Dies gelingt besonders gut, wenn man den Pinsel an den Blattspitzen ansetzt und zum Stiel hin zieht, wodurch die Blattspitzen mehr Grün erhalten. Zum Stiel hin lässt die Farbe nach und wird vom Braun der gebrannten Linien überlagert.

8

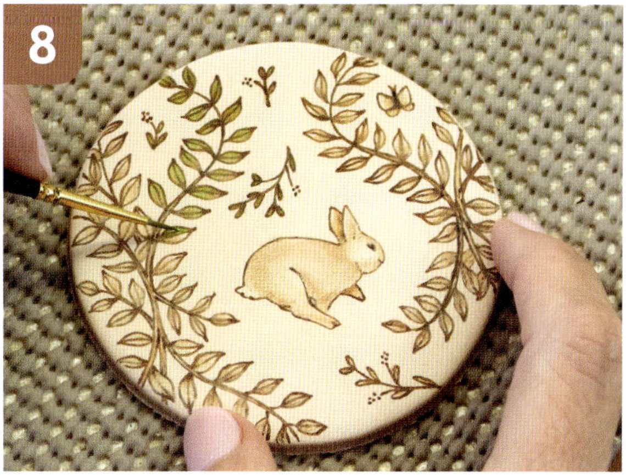

Farbe hinzufügen (nicht zwingend erforderlich). Sofern gewünscht, kann das Brandmalbild noch farblich gestaltet werden. Probieren Sie alle Farben, die Sie zu verwenden planen, vorher auf einem Lederrest aus. Ich nehme hier olivgrüne wasserverdünnte Acrylfarbe für die Blätter und einen dunkelrosa bzw. gelben Filzstift für Beeren und Schmetterling.

9

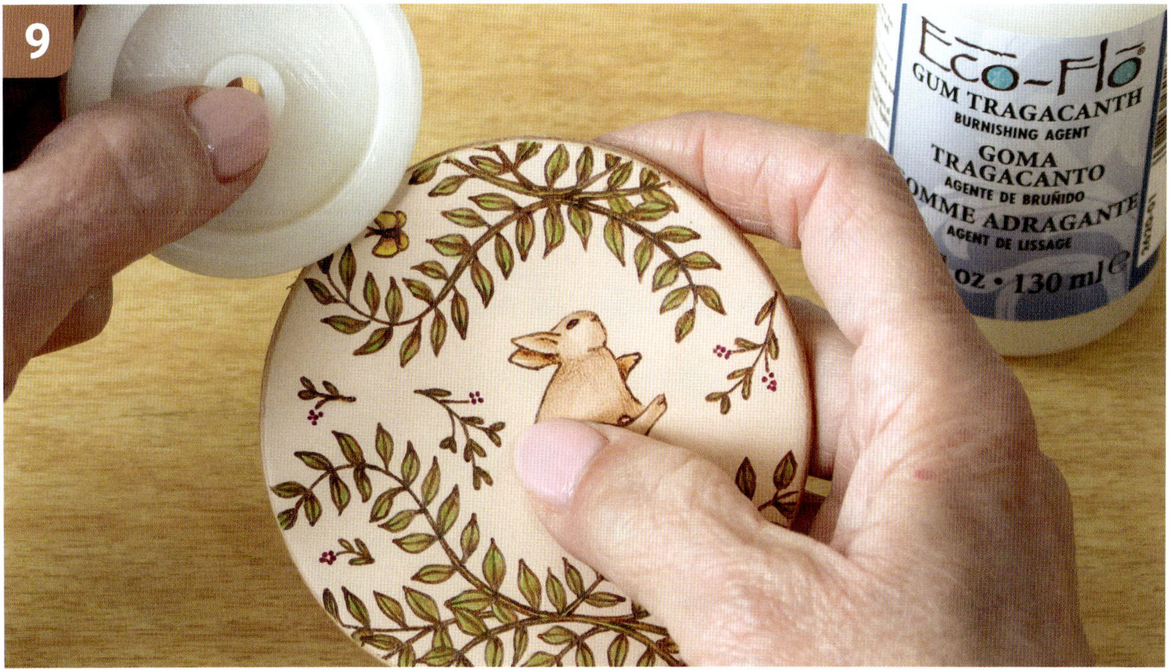

Der letzte Schliff. Sobald die Farbe getrocknet ist, werden die Schnittkanten geglättet. Dazu befeuchtet man sie oder trägt ein Poliermittel wie Tragantgummi oder Nerzölpaste auf – Achtung, nur auf die Schnittkanten, nicht auf Vorder- oder Rückseite des Leders! Mit einem Kantenpolierer werden sie nun geglättet, indem man mit der Nut desselben mehrmals über die Lederkante reibt, bis sie blank ist. Nachdem Sie auf einem Lederrest ausprobiert haben, wie sich das gewünschte Finish auf Farbe und Leder auswirkt, tragen Sie es zum Schutz der Lederoberfläche auf das Werkstück auf.

EINFACH

Schlüsselanhänger

Mitunter erhält man fertig ausgestanzte Schlüsselanhänger-Rohlinge aus Leder oder auch ganze Bastelsets. Stimmt die Ihnen vorliegende Lederform nicht mit der hier vorgestellten überein, ist das kein Problem. Sie wählen einfach einen Ausschnitt aus der Mustervorlage mit Waldbewohnern und -vegetation auf Seite 136 aus. Kopieren Sie die ganze Seite und schneiden Sie die Abschnitte aus, die Sie verwenden möchten. Kleben Sie sie entsprechend der Ihnen vorliegenden Form auf ein leeres Blatt und machen eine Kopie des neuen Arrangements. Diese dient nun als Transfervorlage – ohne störendes Klebeband oder Überlappungen des Papiers.

Benötigtes Material und Werkzeuge

- Blanko-Schlüsselanhänger aus vegetabil gegerbtem Leder, ca. 5 x 7,5 cm groß
- Metallteile für Schlüsselanhänger: Schlüsselring knapp 4 cm im Durchmesser und Hohlniet mit 8 mm Kopfdurchmesser
- Nietensetzer für 8-mm-Nieten
- Mustervorlage für den Schlüsselanhänger (Seite 138)
- Farbe und Pinsel oder Farbstifte (je nach bevorzugtem Farbmittel und nach eigenem Ermessen – nicht zwingend erforderlich)
- Kantenpolierer sowie Tragantgummi oder Nerzölpaste
- Lederfinish nach Belieben
- Pyrographie-Brennstation
- kleine Schreib- und kleine Schattierspitze
- ungewachstes Graphit-Transferpapier
- Antirutschmatte
- weißer Radiergummi oder Knetgummi aus dem Künstlerbedarf
- Rasierklinge
- Klebeband
- Malerband
- Stift
- Schere

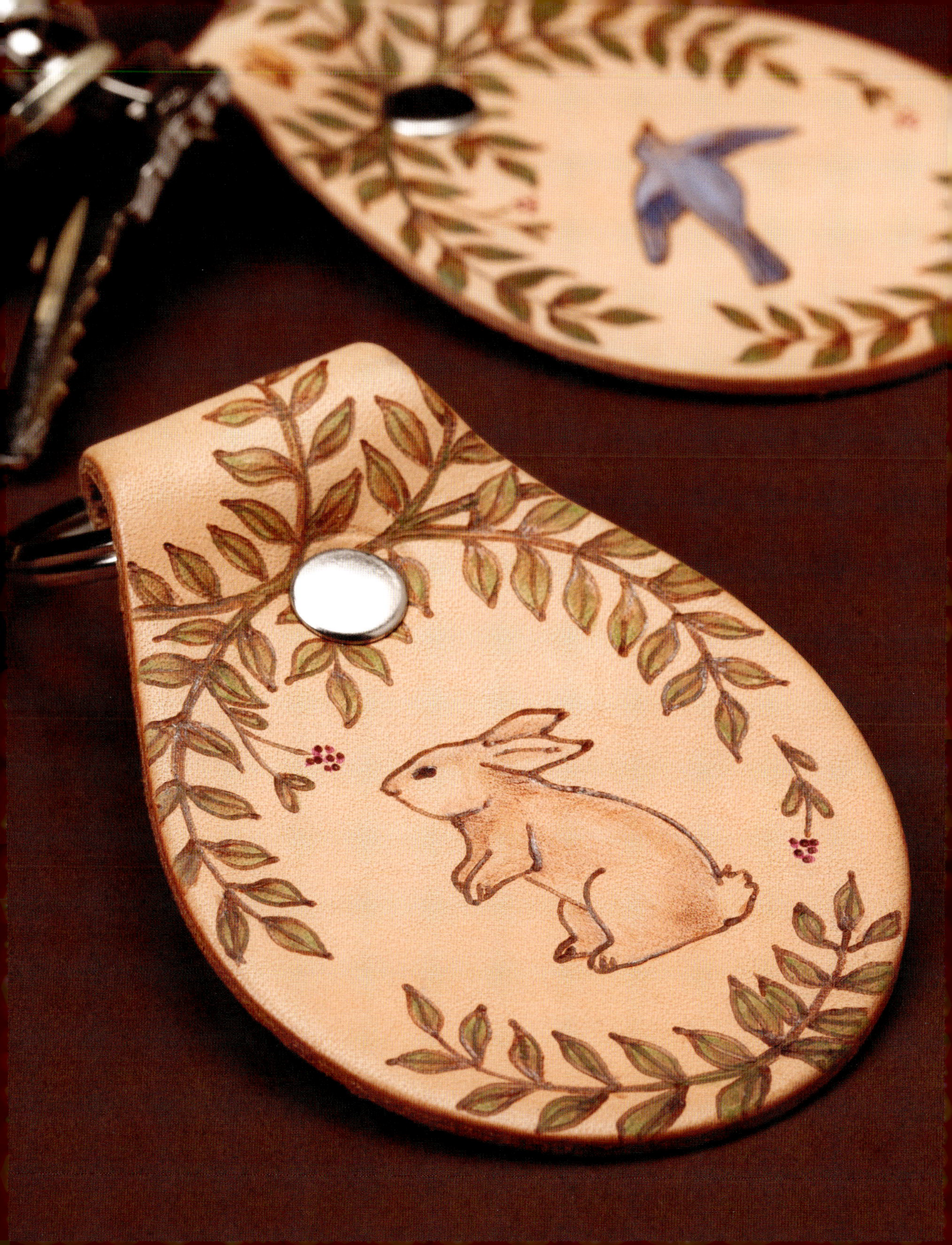

1 **Vorbereitung.** Kopieren Sie die Mustervorlage auf Seite 138 und befestigen Sie ein Stück Antirutschmatte mit Klebeband auf dem Arbeitstisch. Legen Sie ein trockenes Blanklederstück in Schlüsselanhängerform mit der (glatten) Narbenseite nach oben auf die Antirutschunterlage.

2

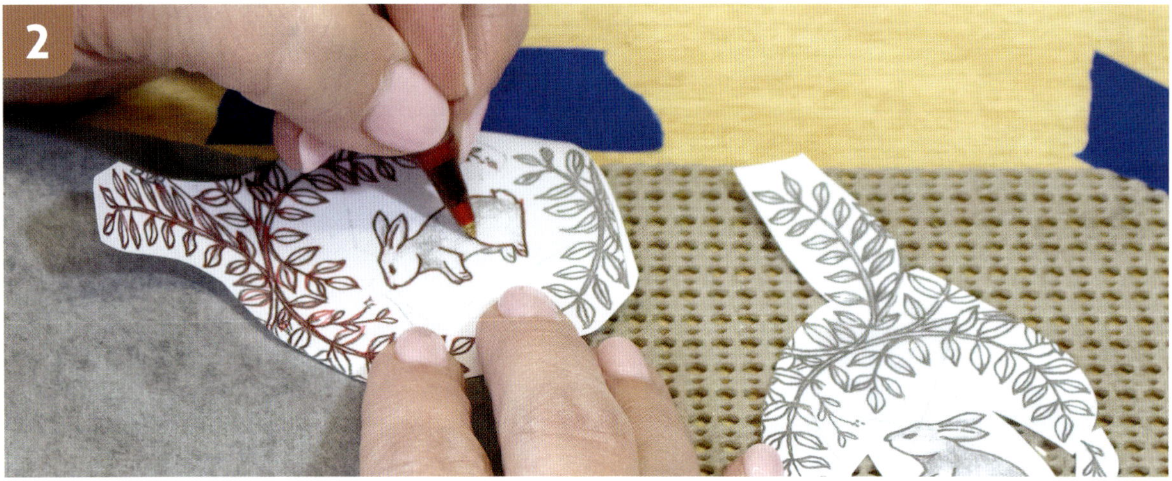

Übertragen der Vorlage. Legen Sie die Vorlage auf den Schlüsselanhänger und befestigen Sie sie an einer Seite mit zwei Stücken Malerband am Tisch. Legen Sie ungewachstes Kopierpapier mit der Graphitseite nach unten zwischen Vorlage und Leder. Übertragen Sie die Vorlage aufs Leder.

3

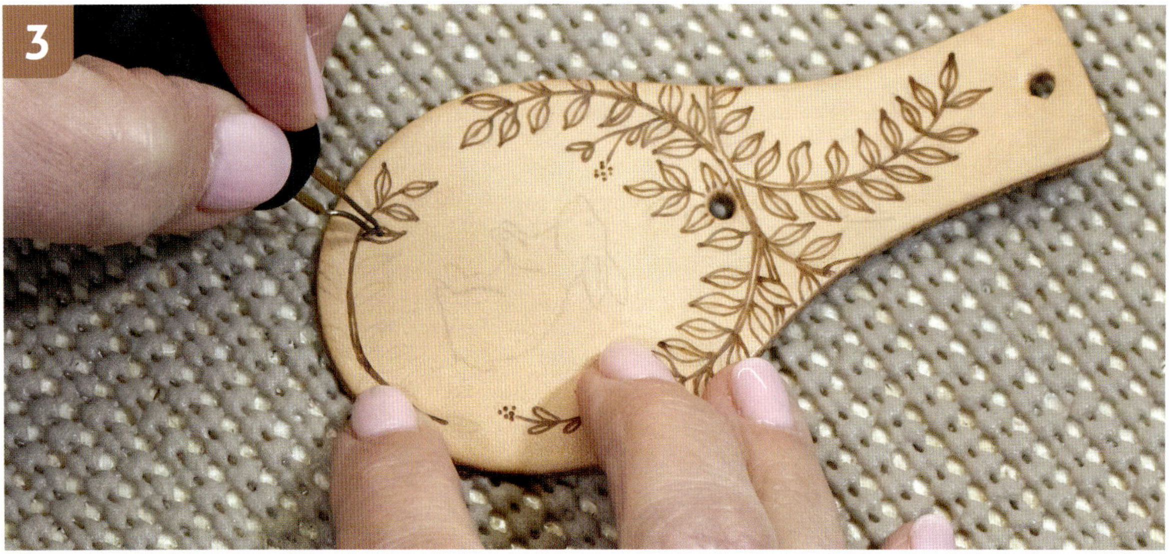

Stiele, Blätter und Beeren brennen. Ziehen Sie mit einer kleinen Schreibspitze (oder Schrägspitze falls gewünscht) die Umrisslinien der Stiele und Blätter nach. Drücken Sie beim Brennen nicht zu sehr auf. Die winzigen Beeren stippen Sie mit dem vordersten Ende der Schreibspitze aufs Leder.

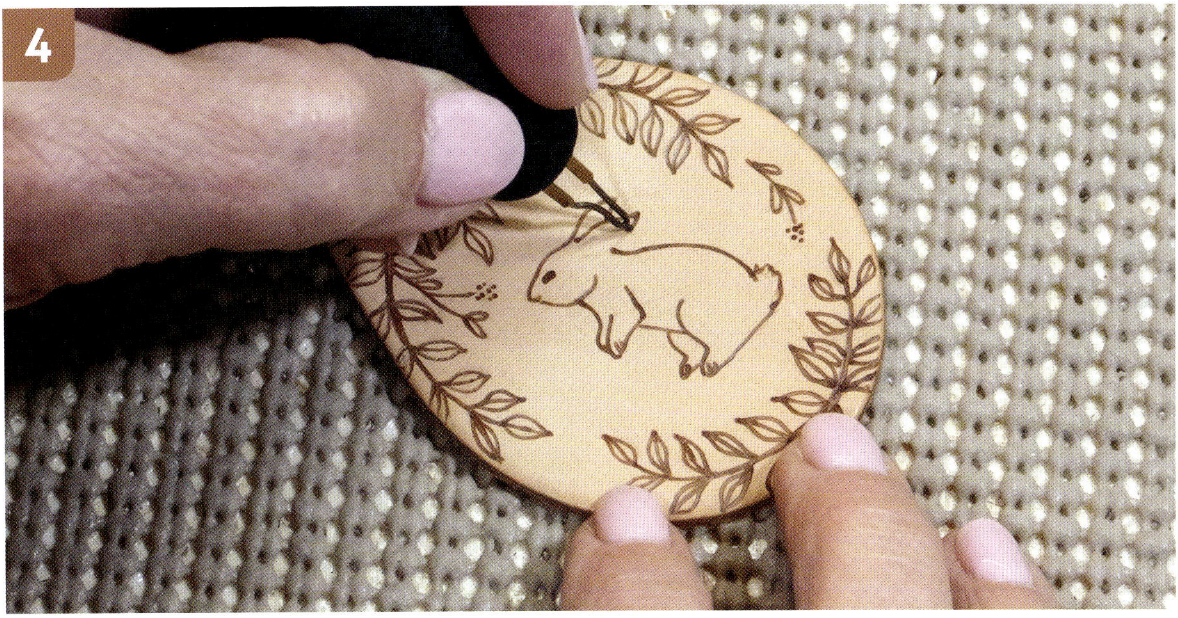

Das Kaninchen brennen. Ziehen Sie nun auch den Umriss des Kaninchens mit einer kleinen Schreibspitze nach.

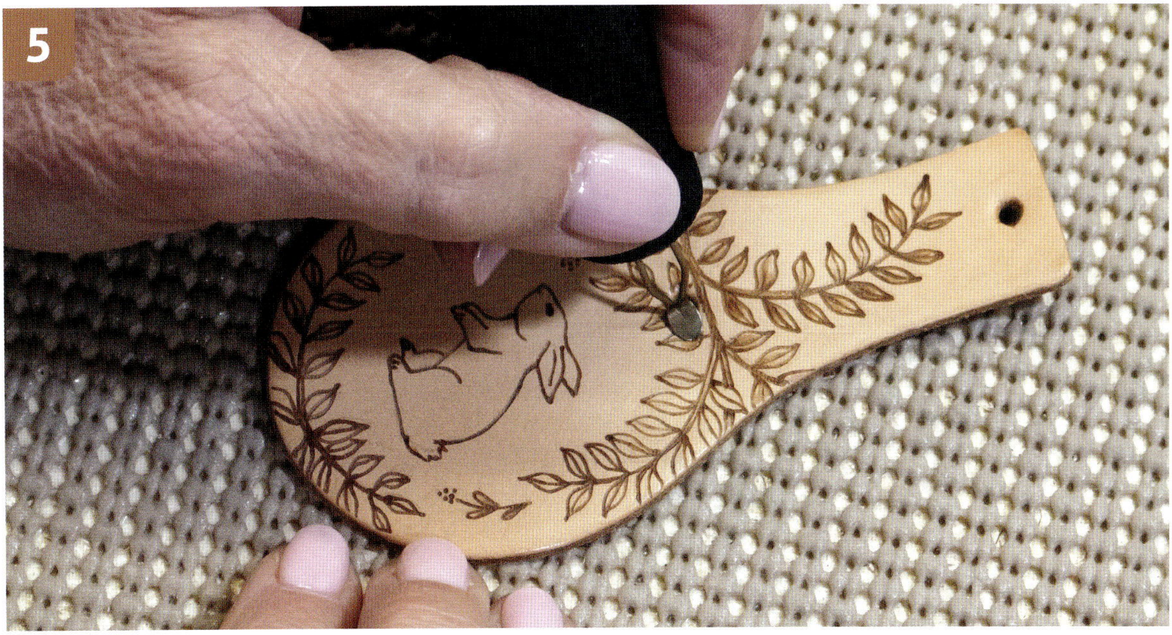

Stiele und Blätter schattieren. Mit einer kleinen Schattierspitze füllen Sie Stiele und Blätter mit einer leichten Schattierung wie beim Untersetzer-Projekt in Schritt 5 auf Seite 74 beschrieben.

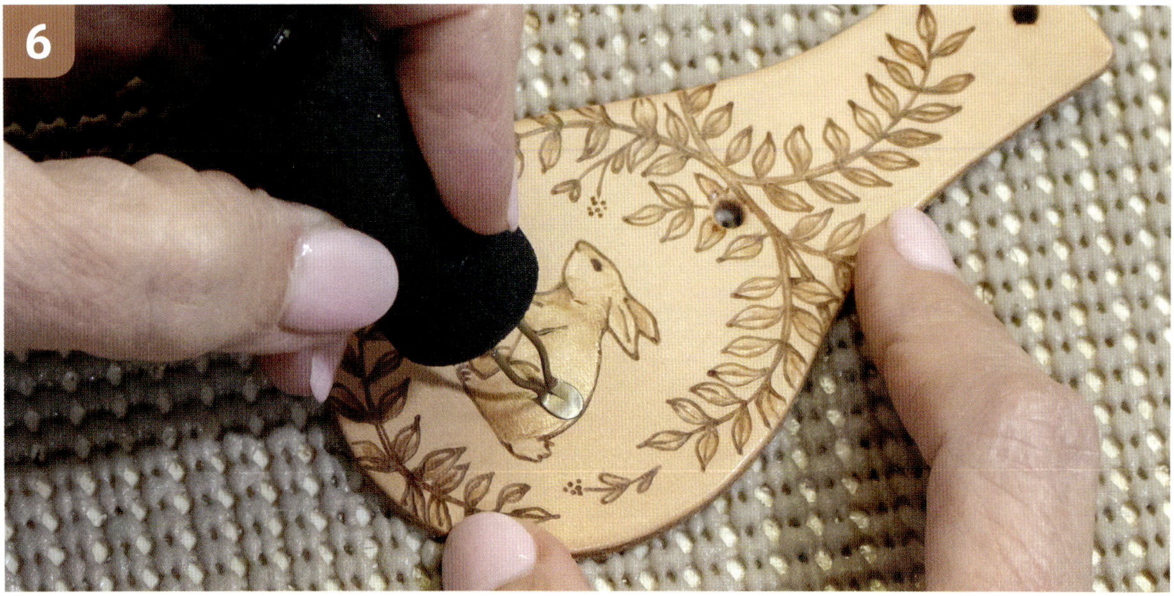

Das Kaninchen schattieren. Mit derselben Schattierspitze wird entsprechend der Vorlage (Seite 139) das Kaninchen schattiert. Drehen Sie das Objekt, sodass Sie mit dem abgerundeten Ende der Schattierplatte am inneren Rand der Umrisslinie entlangfahren können. Falls Ihnen der Umgang mit der Schattierspitze schwerfällt, können Sie auch tüpfeln oder kringeln. Zu Schattierungen und Schraffuren siehe Kasten auf Seite 46.

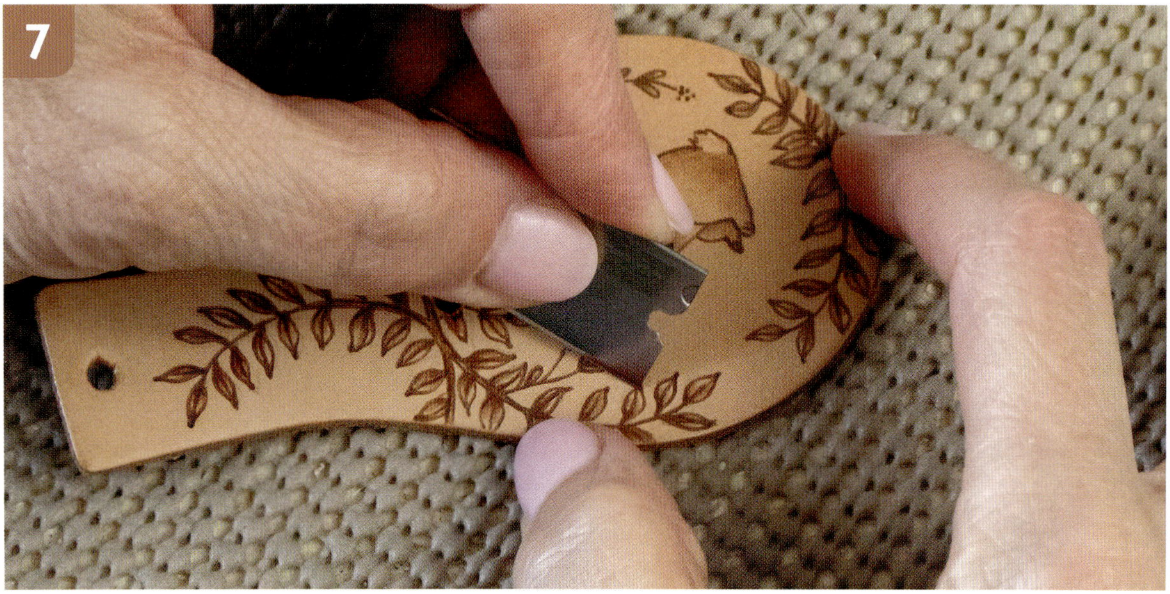

Versäubern und Retusche. Nun werden alle Graphitlinien wegradiert. Unebenheiten an den Linien sowie zu dunkel/fleckig geratene Schattierungen werden sacht mit der Rasierklinge weggekratzt (siehe Seite 55f.).

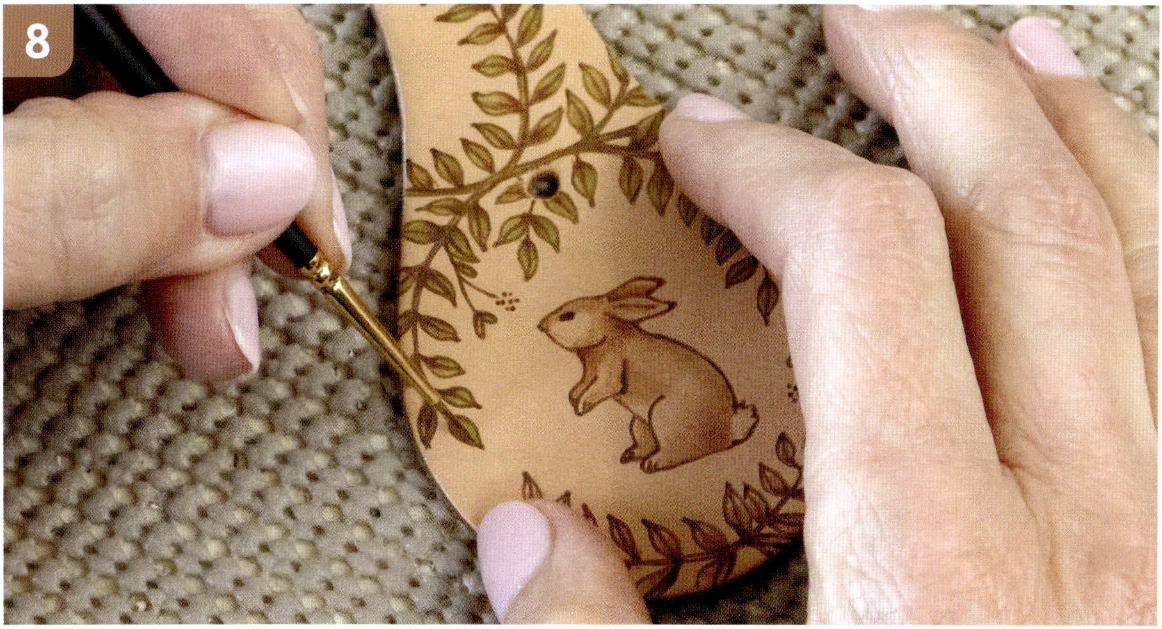

Farbe hinzufügen (nicht zwingend erforderlich). Sofern gewünscht, kann das Brandmalbild farblich gestaltet werden. Ich verwende hier olivgrüne wasserverdünnte Acrylfarbe für die Blätter und einen dunkelrosa Filzstift für die Beeren.

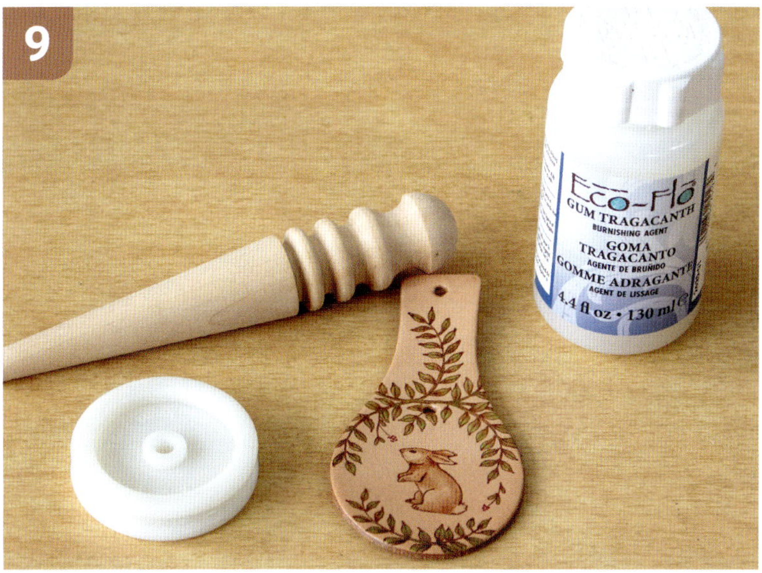

Der letzte Schliff. Sobald die Farbe getrocknet ist, werden die Schnittkanten des Leders mit einem Kantenpolierer geglättet (siehe Untersetzer-Projekt in Schritt 9 auf Seite 75). Nachdem Sie ausprobiert haben, wie sich das gewünschte Finish auf Farbe und Leder auswirkt, tragen Sie es aufs Werkstück auf.

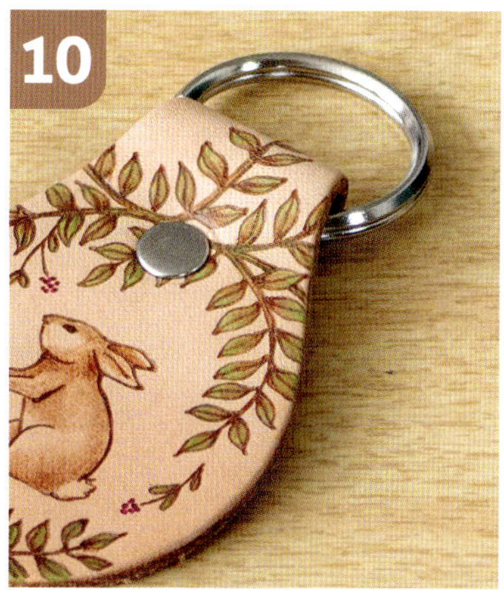

Zusammenbauen. Biegen Sie die Lasche so um den Schlüsselring, dass beide Löcher übereinanderliegen und stecken Sie das Unterteil des Niets mit dem Nietstift von hinten durch die Löcher. Der Nietstift ragt nun vorne heraus. Setzen Sie die Nietkappe auf und drücken Sie den Niet mit einem Nietensetzer kräftig zusammen.

EINFACH

Lesezeichen

Lesezeichen zu gestalten macht Spaß, besonders, wenn man ihnen mit einem Namenszug eine persönliche Note verleiht. Es gibt entsprechende Rohlinge zu kaufen, die man nur noch zu brennen braucht, oder man schneidet sie selbst zu. Hier empfehle ich eine Lederstärke zwischen 1,6 und 2,4 mm. Um ein Lederbändchen und eine Verzierung anzuhängen, müssen Sie an einem Ende ein Loch einstanzen.

Benötigtes Material und Werkzeuge

- Blanko-Lesezeichen aus vegetabil gegerbtem Leder, ca. 3,8 x 20 cm
- Mustervorlage für das Lesezeichen (Seite 138)
- Farbe und Pinsel oder Farbstifte (je nach bevorzugtem Farbmittel und nach eigenem Ermessen – nicht zwingend erforderlich)
- Kantenpolierer sowie Tragantgummi oder Nerzölpaste
- Lederfinish nach Belieben
- Pyrographie-Brennstation
- kleine Schreib- und kleine Schattierspitze
- ungewachstes Graphit-Transferpapier
- Antirutschmatte
- weißer Radiergummi oder Knetgummi aus dem Künstlerbedarf
- Rasierklinge
- Klebeband
- Malerband
- Stift
- Schere
- Verzierung nach Belieben
- 3-mm-Locheisen oder Lochzange
- Lederschnur (ca. 3 mm breit und mind. 30 cm lang)
- Perle mit großem Loch

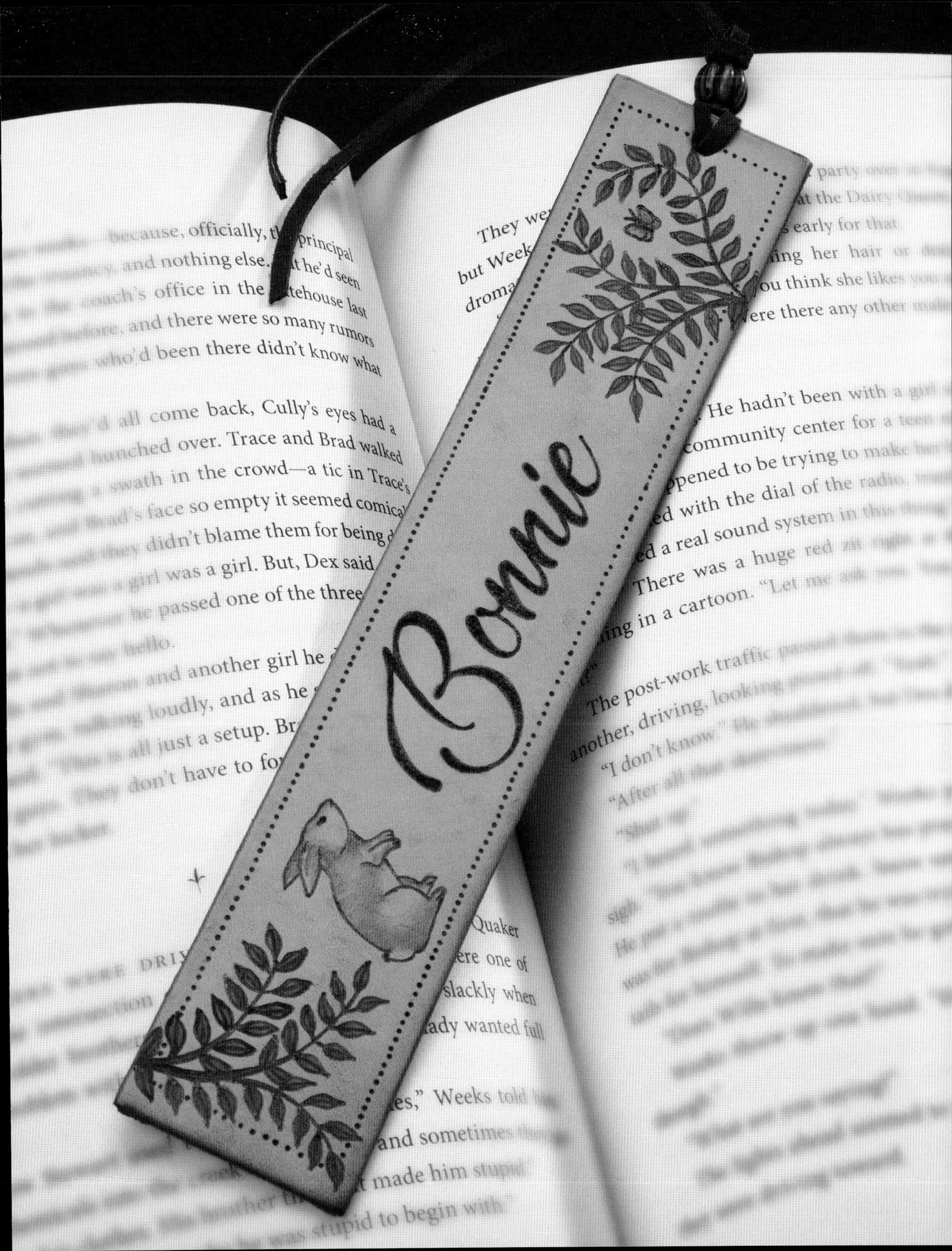
Bonnie

1

Vorbereitung. Kopieren Sie die Mustervorlage von Seite 138. Soll ein Namenszug hinzukommen, drucken Sie ihn am Computer in der gewünschten Größe aus, sodass er aufs Lesezeichen passt. Kleben Sie den Schriftzug auf die Mustervorlage und kopieren Sie das Ganze. Diese Kopie dient nun als Transfervorlage.

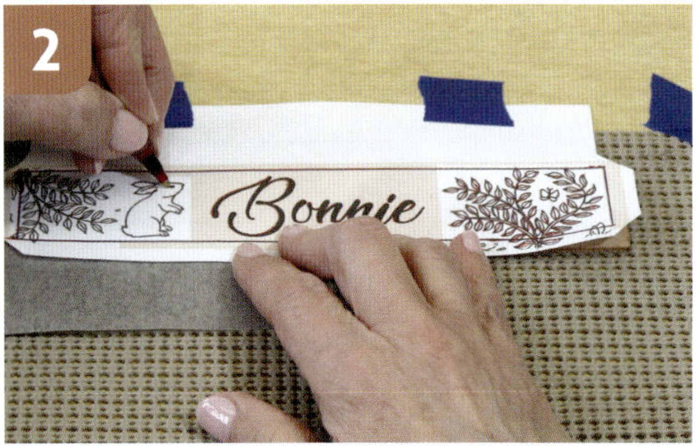

Übertragen der Vorlage. Legen Sie die Vorlage auf das Lesezeichen und befestigen Sie sie an einer Seite mit zwei Stücken Malerband am Tisch. Schneiden Sie die Enden der Vorlage schräg ab, um sie besser auf dem Lesezeichen ausrichten zu können. Legen Sie ungewachstes Kopierpapier mit der Graphitseite nach unten zwischen Vorlage und Leder. Übertragen Sie die Vorlage aufs Leder.

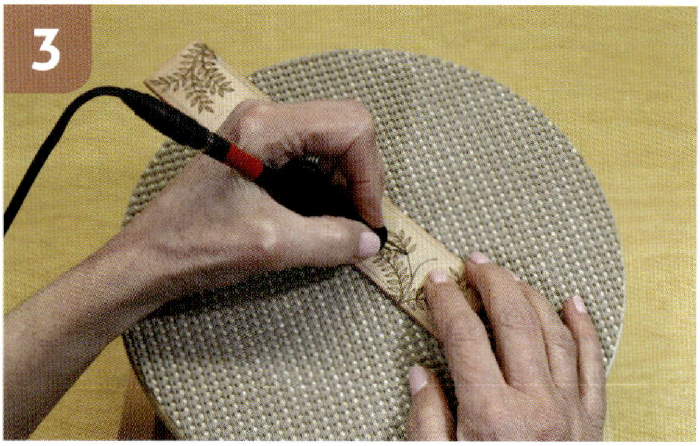

Stiele, Blätter und Beeren brennen. Ziehen Sie mit einer kleinen Schreibspitze (oder Schrägspitze falls gewünscht) die Umrisslinien der Stiele und Blätter nach. Drücken Sie beim Brennen nicht zu sehr auf. Die winzigen Beeren stippen Sie mit dem vordersten Ende der Schreibspitze aufs Leder.

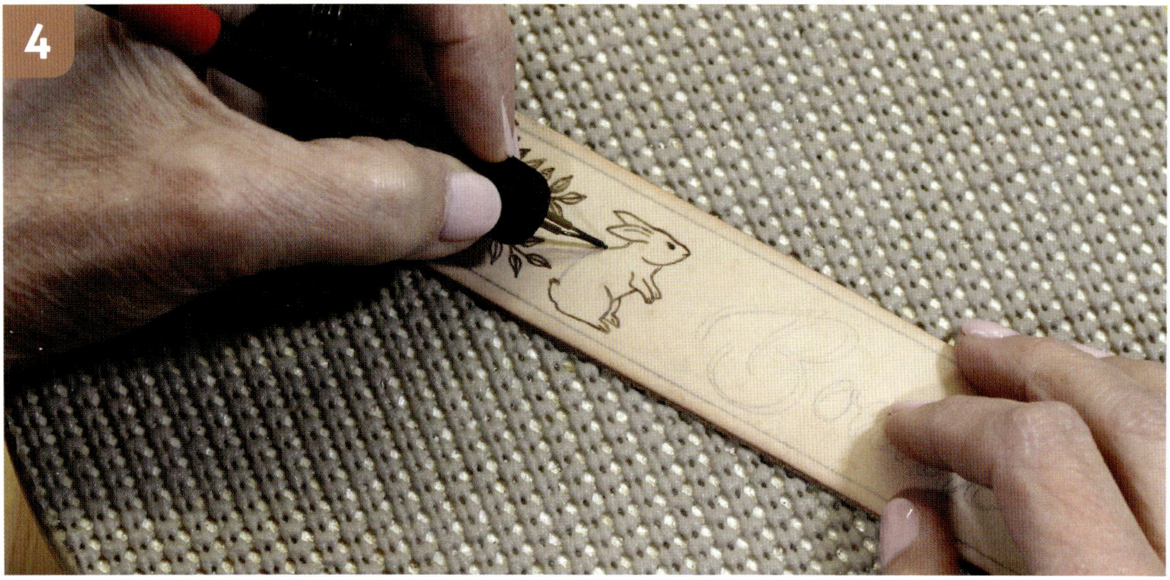

Das Kaninchen brennen. Ziehen Sie nun auch den Umriss des Kaninchens mit einer kleinen Schreibspitze nach.

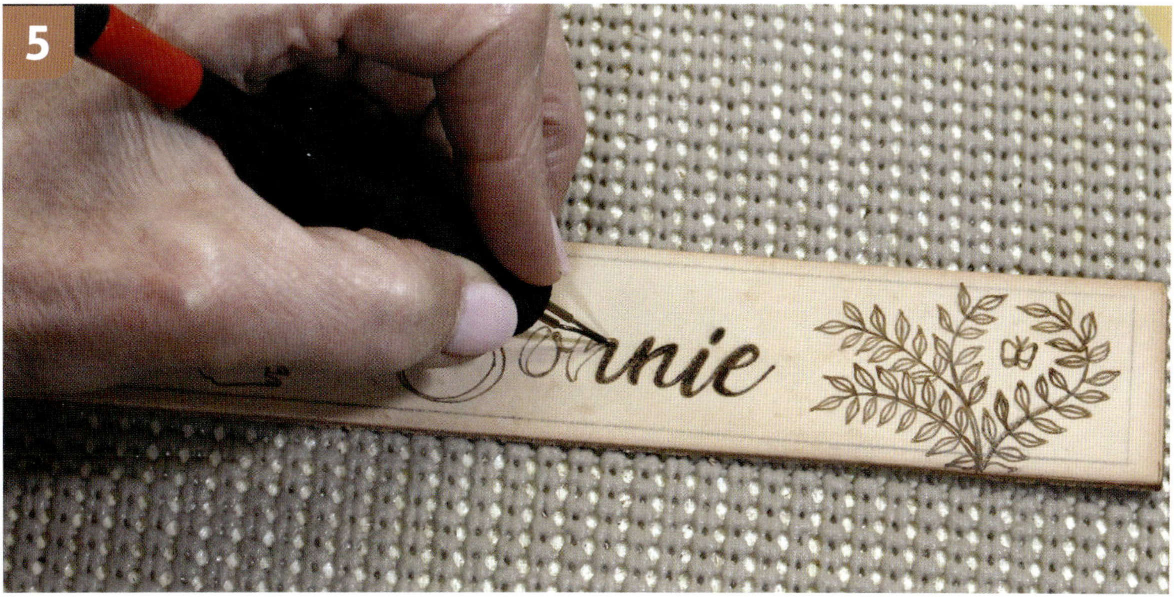

Die Buchstaben brennen (falls gewünscht). Ist ein Schriftzug vorgesehen, ziehen Sie die Umrisse der Buchstaben mit einer kleinen Schreibspitze nach und verwenden diese auch zum Ausfüllen. Falls das Leder beim Ausfüllen hakt und kleine helle Risse entstehen, dann tupfen Sie einfach lauter kleine Brennmarken auf die Lederoberfläche, bis die Schriftfarbe gleichmäßig braun ist.

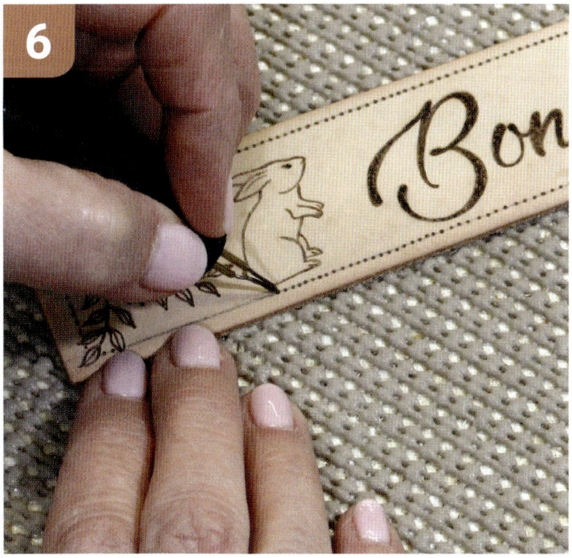

Einen Rand hinzufügen (falls gewünscht). Soll das Lesezeichen einen Rand erhalten, tupfen Sie mit der Schreibspitze entlang der entsprechenden Graphitlinie lauter winzige Pünktchen auf.

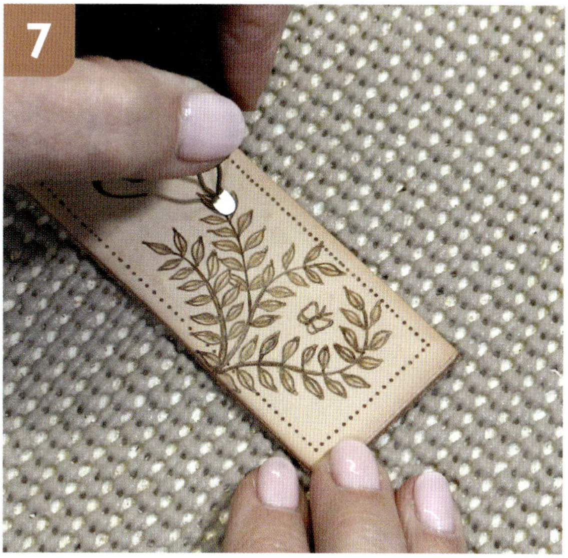

Stiele und Blätter schattieren. Mit einer kleinen Schattierspitze füllen Sie Stiele und Blätter mit einer leichten Schattierung (siehe Untersetzer-Projekt auf Seite 74).

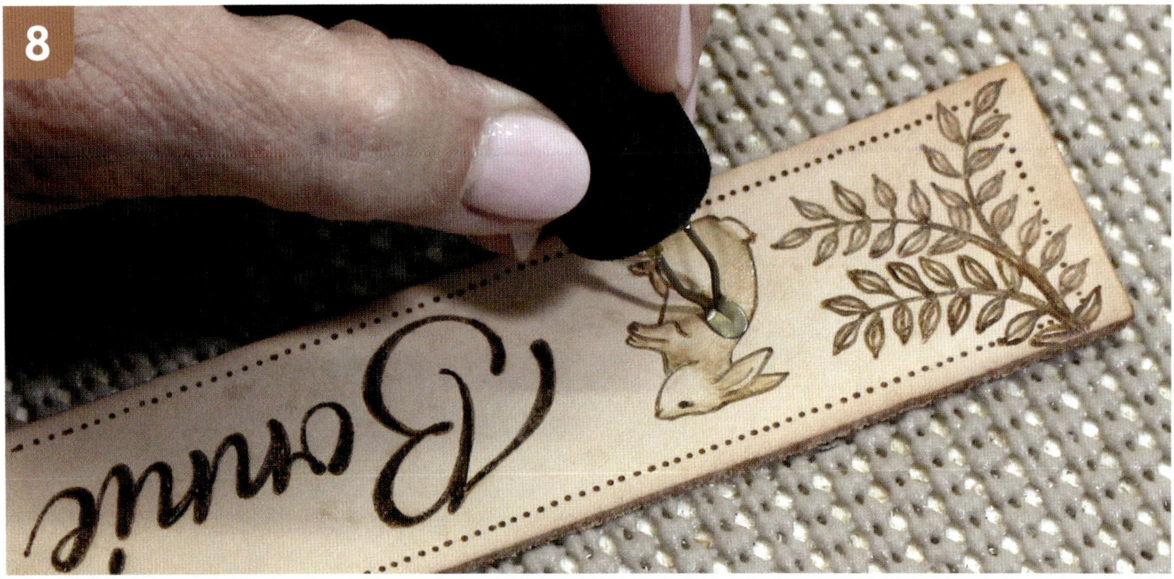

Das Kaninchen schattieren. Mit derselben Schattierspitze wird entsprechend der Vorlage das Kaninchen schattiert. Drehen Sie das Objekt, sodass Sie mit dem abgerundeten Ende der Schattierspitze am inneren Rand der Umrisslinie entlangfahren können. Falls Ihnen der Umgang mit der Schattierspitze nicht liegt, können Sie die Schattierungen tüpfeln oder kringeln.

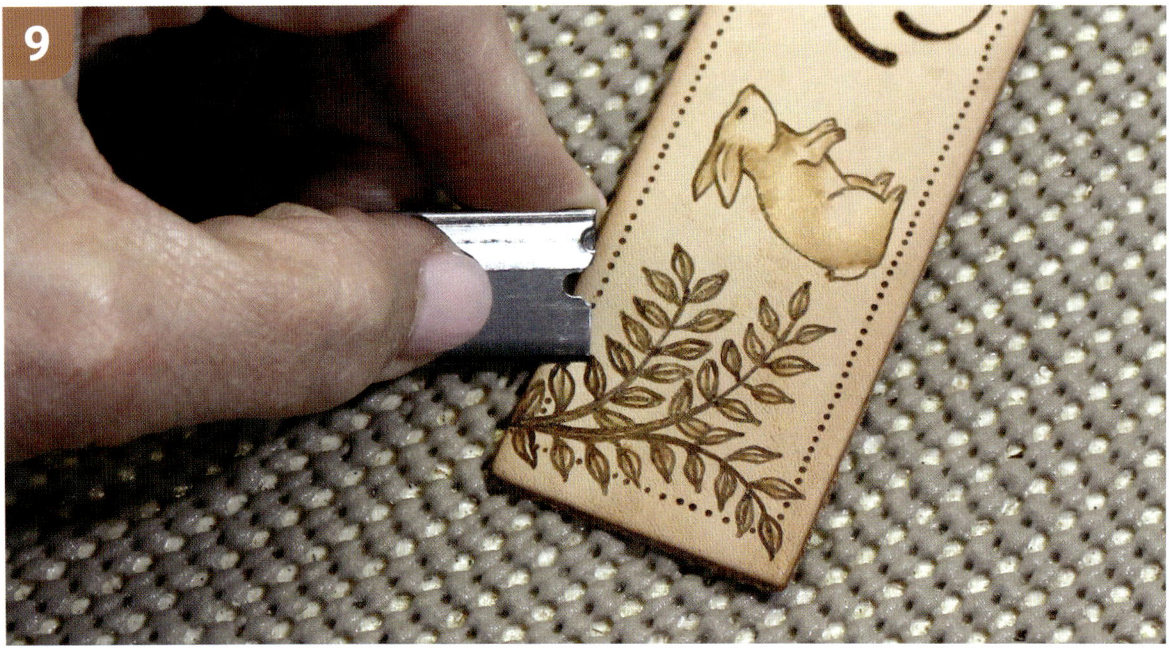

Versäubern und Retusche. Nun werden alle Graphitlinien wegradiert. Unebenheiten an den Linien sowie zu dunkel/fleckig geratene Schattierungen werden sacht mit der Rasierklinge weggekratzt.

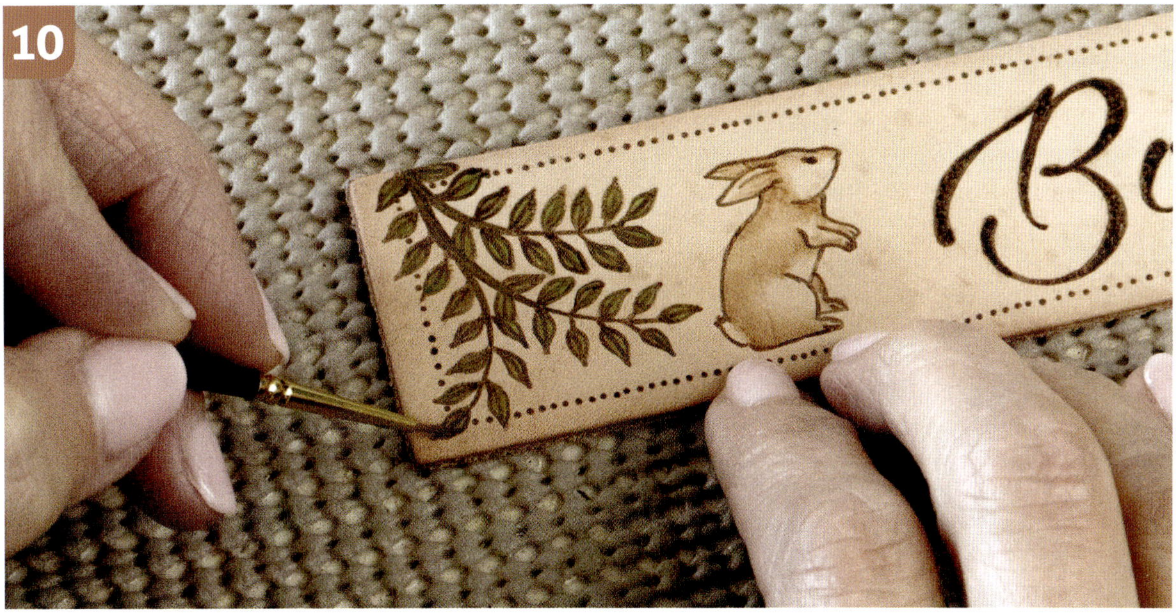

Farbe hinzufügen (falls gewünscht). Optional kann das Brandmalbild farblich gestaltet werden. Ich verwende hier olivgrüne wasserverdünnte Acrylfarbe für die Blätter und einen dunkelrosa Filzstift für den Schmetterling.

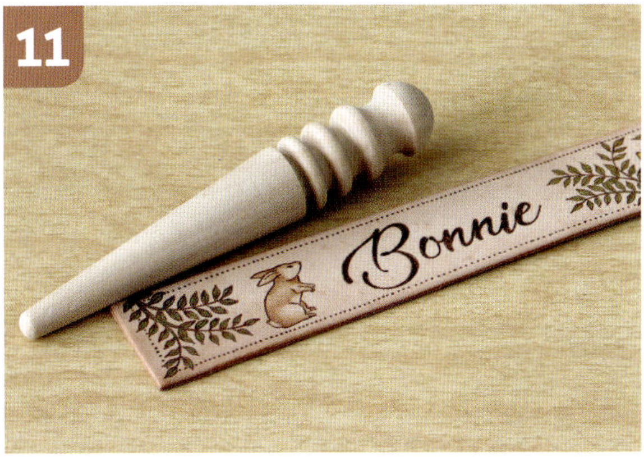

Der letzte Schliff. Sobald die Farbe getrocknet ist, werden die Schnittkanten des Leders mit einem Kantenpolierer geglättet (siehe Untersetzer-Projekt Schritt 9 auf Seite 75). Nachdem Sie ausprobiert haben, wie sich das gewünschte Finish auf Farbe und Leder auswirkt, tragen Sie es aufs Werkstück auf.

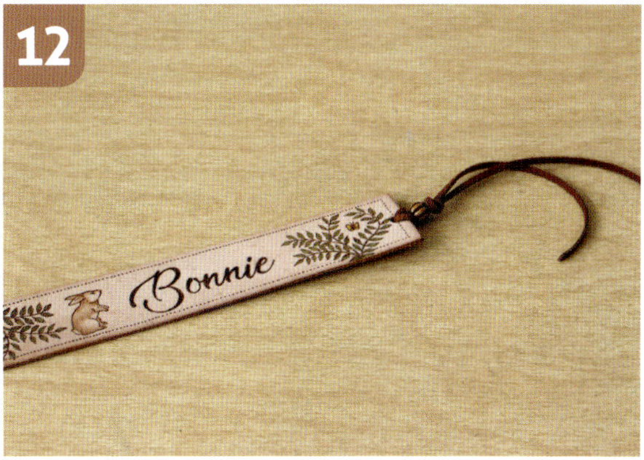

Verzieren (falls gewünscht). Hier verziere ich das Lesezeichen mit einem Lederbändchen und einer Perle. Dazu stanze ich ein 3 mm großes Loch ins Leder und schneide ein 33 cm langes und 3 mm breites Stück Lederband zu. Dieses lege ich mittig zu einer Schlaufe, fädele sie durch das Loch und ziehe dann die beiden Enden durch die Schlaufe. Dann ziehe ich eine Perle mit großem Loch auf und sichere sie mit einem Überhandknoten.

Buchhülle

MITTELSCHWER

Ein Terminkalender, ein Notizbuch, ein Adress- oder ein Tagebuch wirkt gleich viel wertiger, wenn es in einer Lederhülle steckt. Diese lässt sich zudem mit einem eingebrannten Schriftzug personalisieren. Bei diesem Projekt kommen Schreib-, Schräg- und Schattierspitze zum Einsatz. Wer sich mit der Verzierung von Leder bereits auskennt, kann die Buchhülle durch Punzierungen oder Zierstiche an den Rändern noch viel individueller gestalten. Allerdings sollten diese Arbeiten vor dem Brennen erfolgen und das Leder muss danach wieder vollständig getrocknet sein, ehe die Vorlage übertragen und das Leder gebrannt werden kann.

Hinweis: Üben Sie das Muster mit den Zahnrädern auf einem Lederrest. Sollten Ihnen die kleinen Formen Schwierigkeiten bereiten, können Sie einzelne Bestandteile der Vorlage auch vergrößern, innerhalb der restlichen Vorlage platzieren und entsprechend geändert aufs Leder übertragen.

Benötigtes Material und Werkzeuge

- vegetabil gegerbtes Leder, ca. 1,6 mm stark – genug, dass es bequem und mit Umschlagklappe um das einzuschlagende Buch passt, sowie zusätzlich 15 cm für die Einstecktaschen
- ein Terminkalender, Adress-, Tage- oder Notizbuch (ich habe eins mit Ringbindung verwendet)
- Mustervorlagen mit Steampunk-Anleihen für die Buchhülle (Seiten 128 bis 130)
- scharfes Teppichmesser bzw. Cutter
- Metalllineal
- Schneidematte
- Lederklebstoff (z. B. Leather Weld oder ein Kontaktkleber z. B. Pattex oder Kövulfix)
- Nieten- und Ösensetzer sowie 3 Ösen mit 6 mm Basisdurchmesser
- 4-mm-Locheisen oder Lochzange
- schwerer flacher Gegenstand (ich habe meine Granitplatte verwendet, die mir sonst zum Punzieren dient)
- Schraub-Zierniet (Concho)
- Lederband ca. 2,5 mm breit – 1 Stück 30 cm lang und 3 Stücke je 1 m lang
- Farbe und Pinsel oder Farbstifte (je nach bevorzugtem Farbmittel und nach eigenem Ermessen – nicht zwingend erforderlich)
- Kantenpolierer sowie Tragantgummi oder Nerzölpaste
- Lederfinish nach Belieben
- Pyrographie-Brennstation
- kleine Schreib-, mittelgroße oder kleine Schräg- und kleine Schattierspitze
- Brennstempel bzw. Ornamentbrennschleifen in der Form kleiner Kreise (hilfreich, aber nicht unbedingt notwendig)
- ungewachstes Graphit-Transferpapier
- Antirutschmatte
- weißer Radiergummi oder Knetgummi aus dem Künstlerbedarf
- Rasierklinge
- Klebeband
- Malerband
- Bleistift
- Schere

Tom's Planner

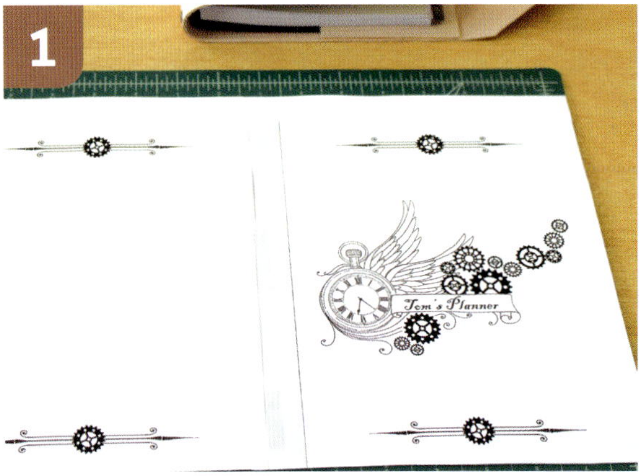

Vorbereitung. Kopieren Sie die Mustervorlagen der Buchhülle auf den Seiten 128 bis 130 und passen Sie die Größe bei Bedarf der Ihres Buches an. Kleben Sie die Vorlagen für Umschlagklappe, Vorder- und Rückseite mit Klebeband zusammen. Die grauen Streifen nicht abschneiden, sondern der Breite des Buchrückens anpassen.

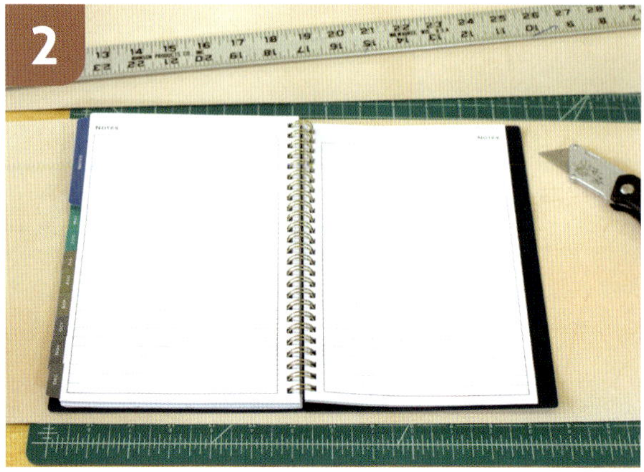

Leder für Buchhülle und Einstecktaschen zuschneiden. Legen Sie das Buch geöffnet so auf die Fleischseite (raue Lederseite), dass rundherum etwas Leder übersteht und an einer Seite etwas mehr Leder für die Umschlagklappe verbleibt. Schneiden Sie das Buch mit einem scharfen Cutter aus, wobei Sie oben und unten jeweils noch 1 cm zugeben. Schneiden Sie zwei weitere Lederrechtecke für die Einstecktaschen zu, je ca. 7,5 cm breit und so hoch wie die soeben zugeschnittene Buchhülle.

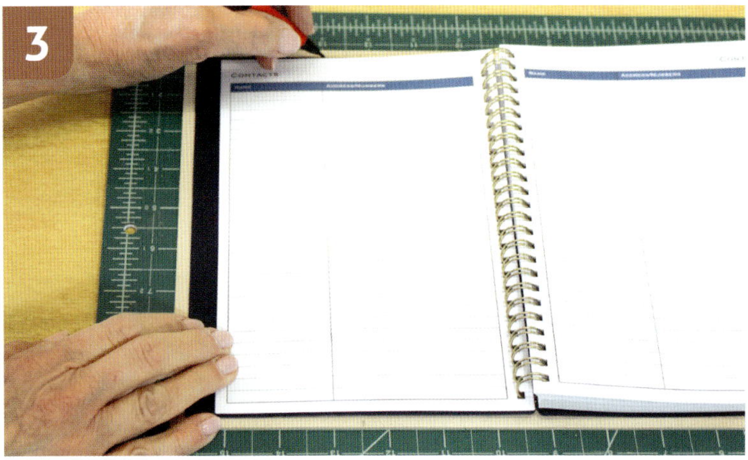

Kleberand für vordere Einstecktasche anzeichnen, Loch für Zierniet anzeichnen und stanzen. Legen Sie das geöffnete Buch so auf das zugeschnittene Lederrechteck, dass oben, unten und links 1 cm übersteht und zeichnen Sie den Rand mit einem Bleistift auf. Messen Sie auf der oberen und unteren Bleistiftlinie jeweils 7,5 cm von der linken Randlinie aus ab und markieren Sie die Stelle. Damit ist der Kleberand markiert. Richten Sie nun die Mustervorlage für das Vorderteil der Buchhülle sorgfältig auf dem Leder aus und markieren Sie die Stelle, an der das Loch für den Zierniet hinkommen soll. Drücken Sie die Markierung durchs Papier aufs Leder. Stanzen Sie mit dem 4-mm-Locheisen ein Loch ins Leder, bringen Sie den Zierniet aber noch nicht an.

TIPP

Wenn Sie den Umriss des Buchs anzeichnen, um die Position der Einstecktaschen zu markieren, müssen Sie nur jeweils 7,5 cm von den Ecken aus nach rechts (bzw. bei der Rückseite nach links) zeichnen. So vermeiden Sie unschöne Bleistiftstriche am fertigen Objekt.

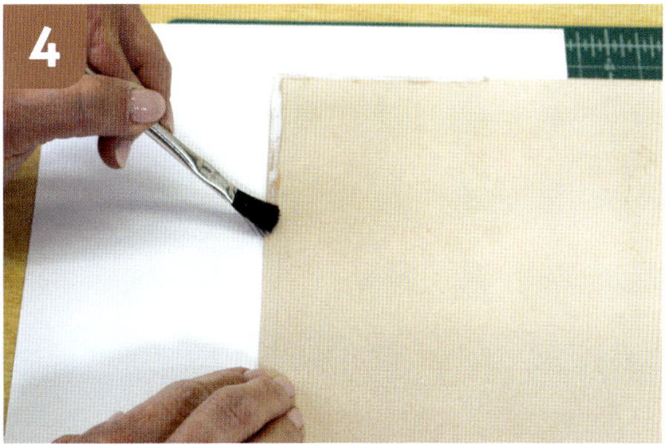

Vordere Einstecktasche aufkleben. Tragen Sie einen nicht wieder ablösbaren Lederkleber auf die mit Bleistift markierten 1 cm breiten Ränder auf. Links komplett, oben und unten aber nur auf einer Länge von 7,5 cm nach rechts hin. Legen Sie das Lederstück für die Einstecktasche exakt darüber und drücken Sie es fest. Beschweren Sie das Ganze und lassen Sie die Verklebung aushärten.

Vorder- und Rückseite der Buchhülle positionieren. Nachdem der Kleber getrocknet ist, stecken Sie den vorderen Buchdeckel in die linke Einstecktasche, die Sie gerade gefertigt haben. Schlagen Sie das Buch zu und positionieren Sie das Leder so, dass der obere und untere Rand von Vorder- und Rückseite genau übereinanderliegen.

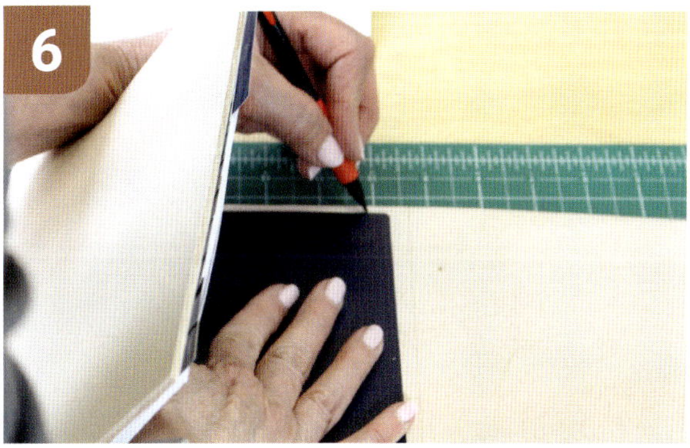

Kleberand für hintere Einstecktasche anzeichnen, Einstecktasche aufkleben. Den rechten Rand der hinteren Einstecktasche markieren Sie auf der Innenseite der Buchhüllenrückseite 1 cm vom rechten Buchrand entfernt mit einer senkrechten Bleistiftlinie. Dann halten Sie den hinteren Buchdeckel fest, klappen die Seiten des Buchs samt vorderem Deckel ein wenig nach oben, damit sie aus dem Weg sind, und zeichnen den oberen, unteren und rechten Rand des Buchs mit dem Bleistift nach. An allen drei Seiten sollte nun ein 1 cm breiter Rand markiert sein, oben und unten nur auf einer Länge von jeweils 7,5 cm. Nehmen Sie das Buch nun aus der Hülle heraus und kleben Sie die hintere Einstecktasche auf, indem Sie, wie bei der vorderen Einstecktasche, Leim auf den 1 cm breiten Rand auftragen. Beschweren Sie das Ganze und lassen Sie den Kleber aushärten.

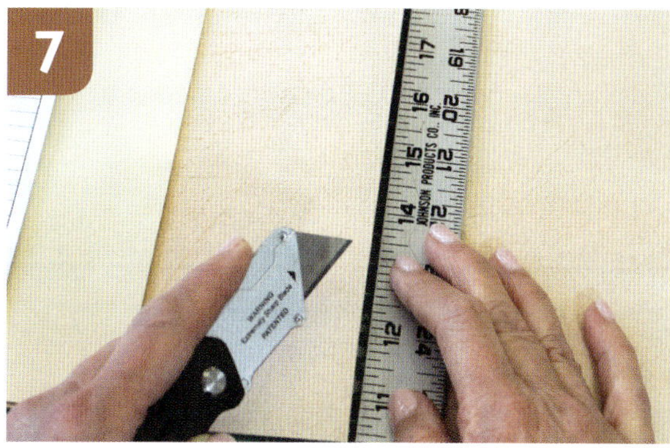

Umschlagklappe zuschneiden. Schneiden Sie das Leder im Abstand von ca. 7,5 cm zum rechten Rand der aufgeklebten hinteren bzw. rechten Einstecktasche ab. Schieben Sie nun die Buchdeckel wieder in die vordere und hintere Einstecktasche und klappen Sie das Buch zu. Überprüfen Sie, ob die Mustervorlage die richtige Größe hat, indem Sie sie auf der Vorderseite anlegen und nach hinten um die Buchhülle und deren Lederbuchrücken herum umschlagen. Klappen Sie das für die Umschlagklappe vorgesehene Lederstück samt Mustervorlage über die Vorderseite der Buchhülle. Sitzt die Mustervorlage richtig? Schließt sie rundherum mit den Lederrändern ab? Wenn alles zu Ihrer Zufriedenheit sitzt, markieren Sie, wie weit die Umschlagklappe unter Umständen zu kürzen ist. Schneiden Sie die Ecken der Klappe entsprechend der ausgegrauten Dreiecke auf der Vorlage schräg ab.

8

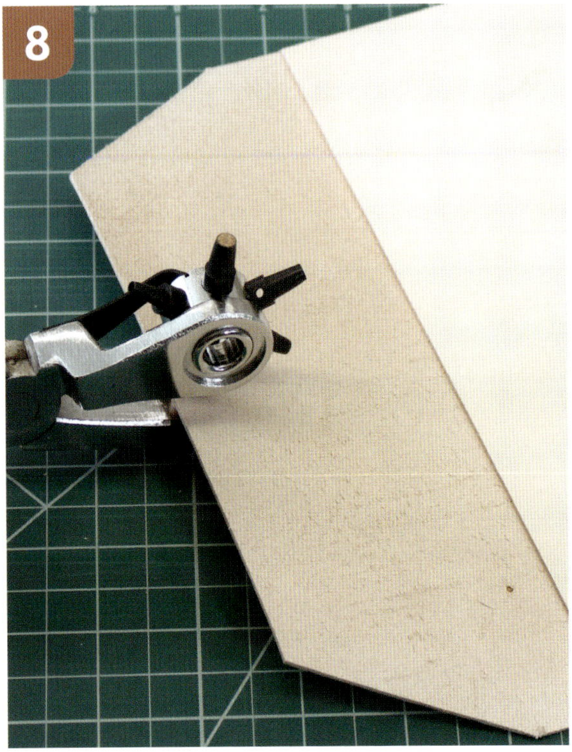

Löcher für die Ösen anzeichnen und stanzen. Das Buch steckt jetzt in der Buchhülle, ist zugeklappt und die Ränder fluchten. Markieren Sie am oberen und unteren Rand die Stelle der Buchrückenmitte auf der Innenseite der Buchhülle. Nehmen Sie das Buch aus der Hülle und überprüfen Sie, ob diese Bleistiftmarkierungen tatsächlich mittig am Buchhüllenrücken liegen. Zeichnen Sie die Stellen für die Ösen im Abstand von jeweils ca. 6 mm vom oberen und unteren Rand an diesen Markierungen an. Dann markieren Sie die Stelle für die Öse auf der Umschlagklappe. Sie sollte mittig zwischen oberem und unterem Rand und im Abstand von ca. 6 mm zum seitlichen Rand liegen. Stanzen Sie mit einem 4-mm-Locheisen bzw. einer Lochzange die drei Löcher ein.

TIPP

Sollten Sie noch nie eine Öse eingeschlagen haben, üben Sie vorab an einem Lederrest.

9

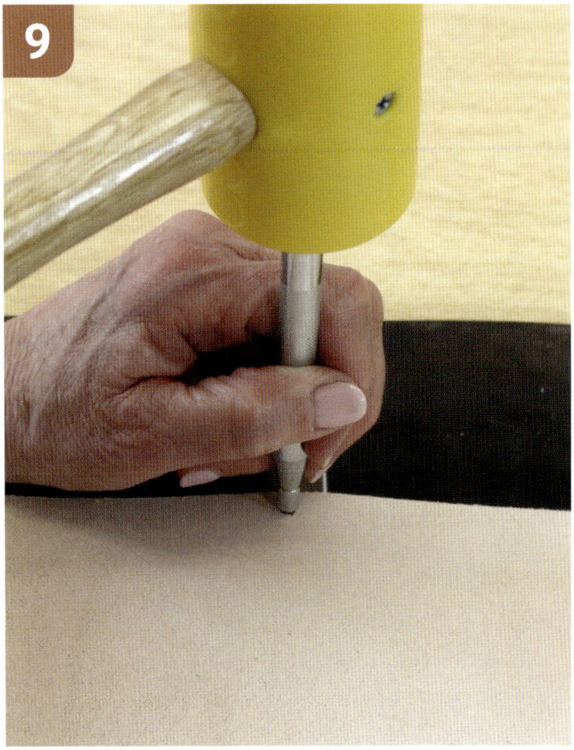

Ösen einschlagen. Mit einem Nieten- und Ösensetzer werden die 6-mm-Ösen so ins Leder eingeschlagen, dass der breite Rand der Öse jeweils auf der Narbenseite liegt – das umzubördelnde Ende hingegen auf der Fleischseite. Setzen Sie dazu den breiten Rand der Öse in die Vertiefung des Nietensetzer-Unterteils (die Narbenseite zeigt nach unten), das Schlageisen setzen Sie senkrecht auf den umzubördelnden Rand auf der Fleischseite und schlagen die Öse flach, bis sich das Blech gleichmäßig um den Rand des Lochs im Leder gelegt hat.

TIPP

Wenn ich ein detailreiches Muster übertrage, bei dem es sehr auf Genauigkeit ankommt, verwende ich anstelle des von mir propagierten roten Stifts einen Druckbleistift mit feiner Mine, weil die Pauslinien damit dünner werden. Man sieht zwar nicht so leicht, welche Linien man bereits durchgepaust hat, aber konzentriertes Arbeiten und methodisches Vorgehen machen das wett.

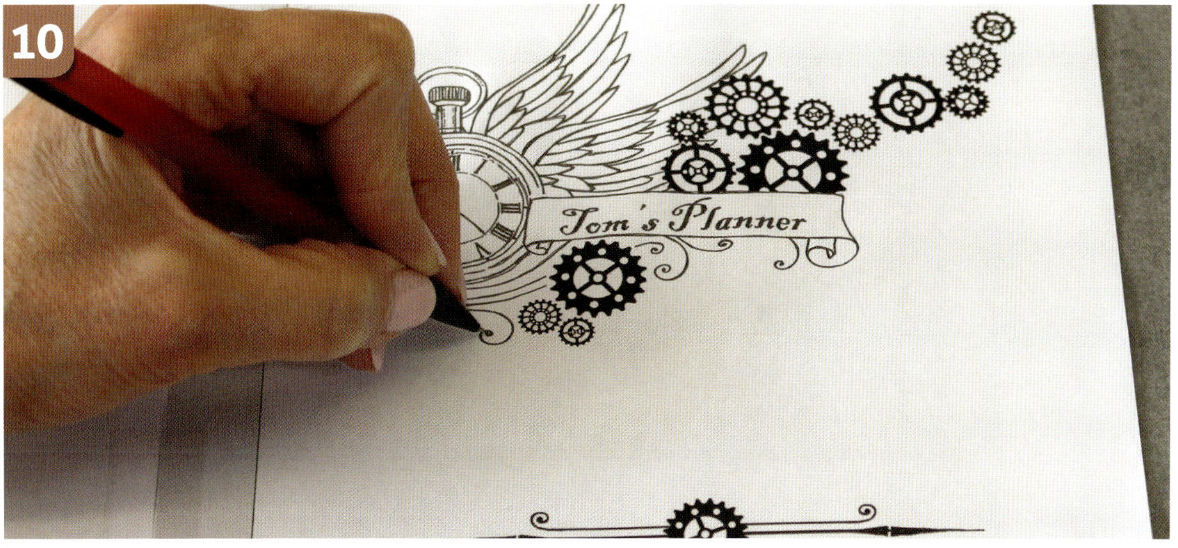

Übertragen der Vorlage. Legen Sie die Vorlage auf die Buchhülle und befestigen Sie sie an einer Seite mit zwei Stücken Malerband am Tisch. Legen Sie ungewachstes Kopierpapier, mit der Graphitseite nach unten, zwischen Vorlage und Leder und befestigen Sie diese am Tisch. Übertragen Sie die Vorlage aufs Leder; bei geraden Linien mit einem Lineal.

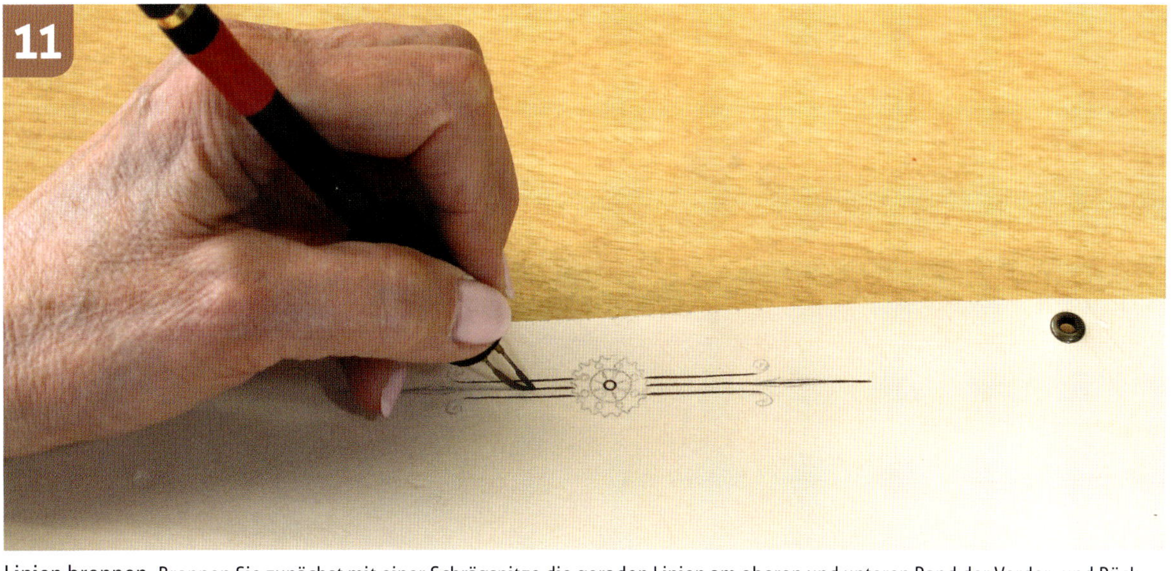

Linien brennen. Brennen Sie zunächst mit einer Schrägspitze die geraden Linien am oberen und unteren Rand der Vorder- und Rückseite. Für die Endkringel können Sie eine kleine Schreibspitze verwenden, ich habe eine Schreibspitze mit Kugel (0,8 mm) verwendet. Drücken Sie mit der Schreibspitze nicht zu sehr auf, damit die Übergänge zwischen Schrägspitzenlinien und Endkringel gleichmäßig geraten. Um mir die Arbeit mit all den kleinen Kreisen an den vielen Zahnrädern zu erleichtern, habe ich sie mit Brennstempeln bzw. Ornamentbrennschleifen in Form kleiner Kreise (1,8 mm und 2,5 mm) gebrannt. Aber natürlich kann man die Kreise auch händisch mit einer Schreibspitze nachmalen.

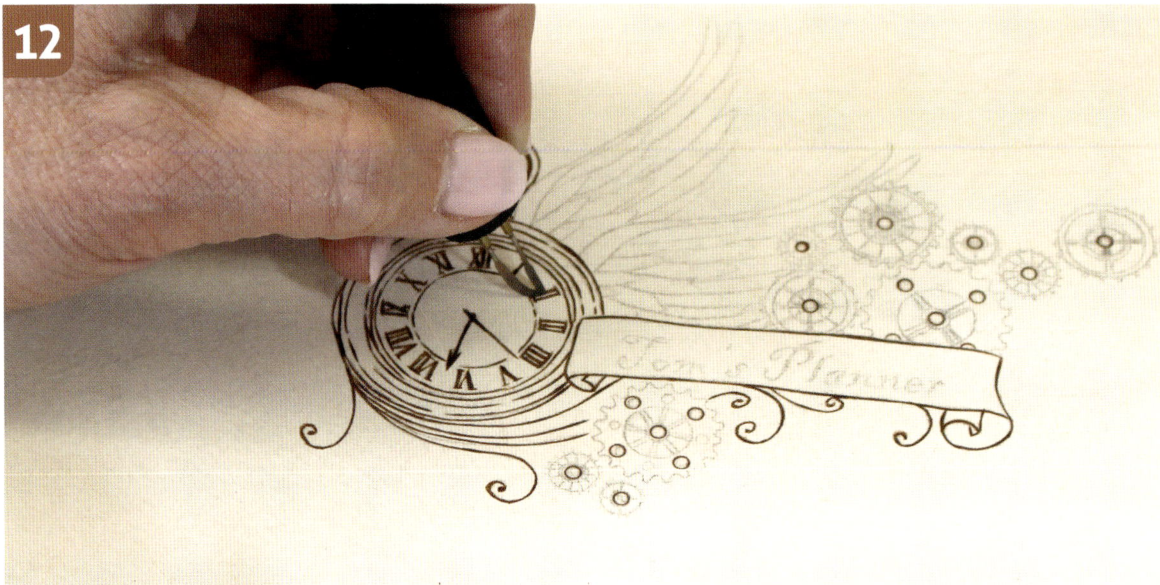

Banner und Ziffernblatt brennen. Die geraden Linien an Banner und Ziffernblatt werden mit einer Schrägspitze gebrannt, ebenso die leicht gebogenen Linien rund um die Uhr. Die Kringel an deren Ende gelingen mit einer kleinen Schreibspitze.

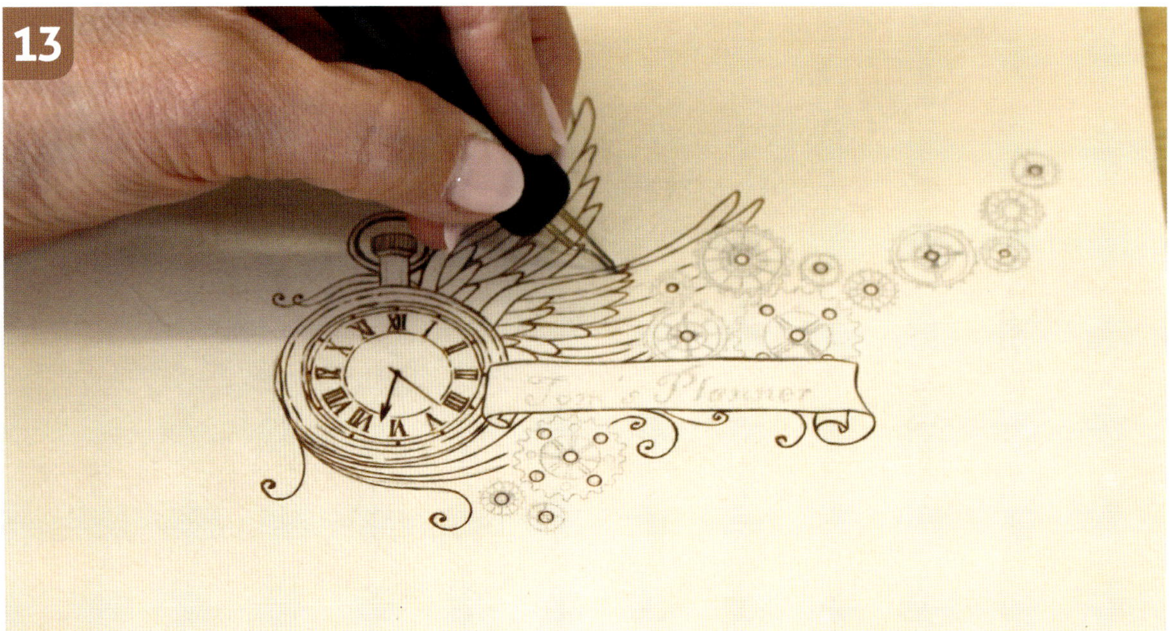

Die Flügel brennen. Mit einer Schrägspitze werden die geraden und leicht gebogenen Linien der Flügel gebrannt. Mit einer Schreibspitze hingegen die engen Kurvenlinien an den Enden der Flügelfedern.

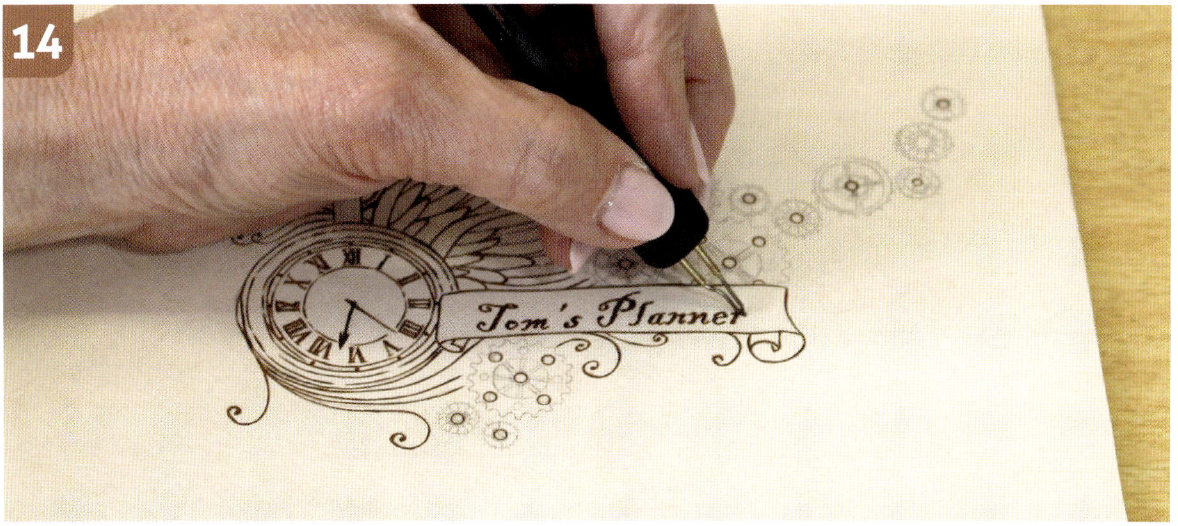

Den Schriftzug brennen. Mit einer kleinen Schreibspitze wird der Titel gestaltet. Soll der Text personalisiert werden, gestaltet man ihn am besten am Computer und überträgt ihn zusammen mit der Mustervorlage. Ich habe hier die Schriftart Blackadder ITC verwendet, die an eine etwas altertümlich anmutende Handschrift angelehnt ist.

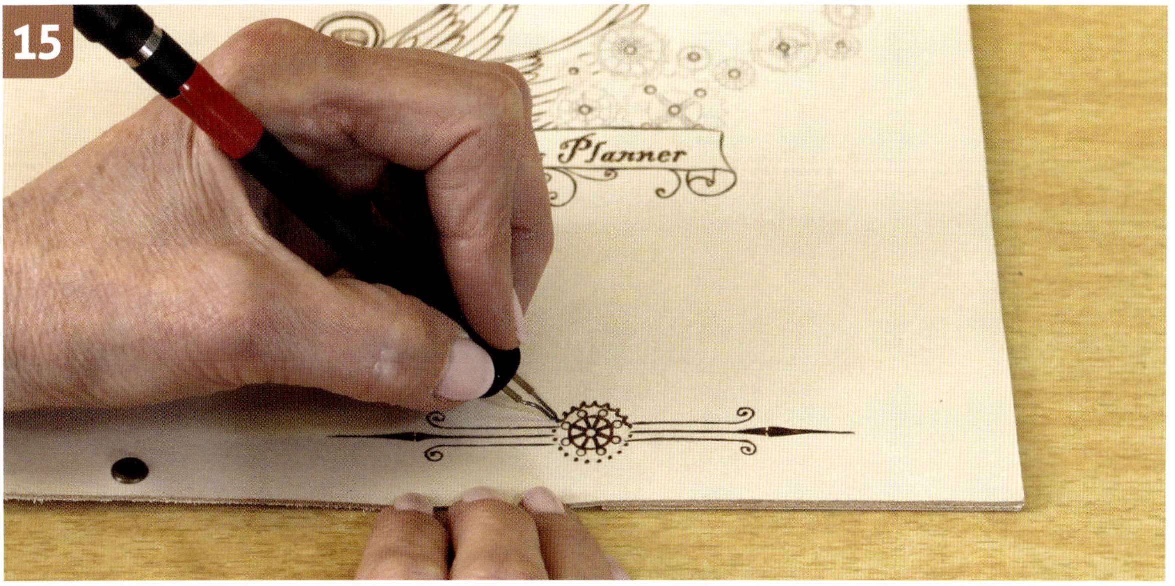

Die Zahnräder brennen. Mit einer kleinen Schreibspitze werden zunächst die Umrisse der Zahnräder gebrannt, ich verwende eine mit Kugel (0,8 mm). Bei den ganz kleinen Zahnrädern habe ich bei den äußeren Umrisskreisen in regelmäßigem Abstand einen kleinen Schlenker nach außen gemacht, um die winzigen Zähnchen entstehen zu lassen. Bei den mittleren und großen Zahnrädern habe ich zwei äußere Kreise gebrannt und diese mit der Schreibspitze ausgefüllt. Außen herum habe ich als Spitzen der Zähne einen Kreis aus Pünktchen gesetzt und diese dann mit nach innen gewölbten Halbkreisen verbunden. Der Rest der Zahnradfläche wird einfach mit der Schreibspitze ausgefüllt.

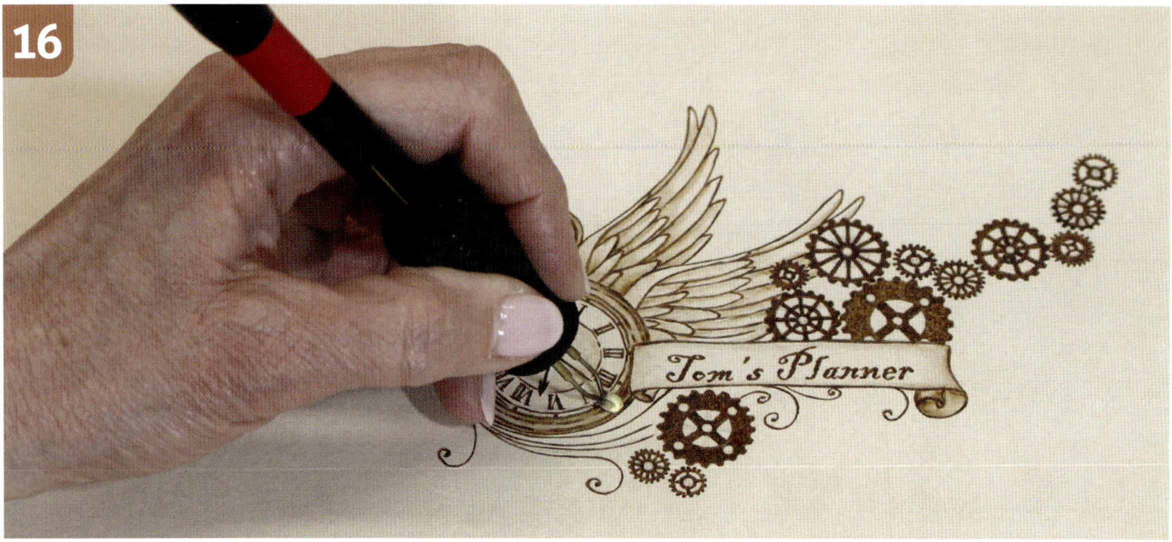

Schattierung hinzufügen. Mit einer kleinen Schattierspitze mit abgerundeter Platte wird der äußere Rand der Uhr schattiert. Auch der innere Rand wird leicht schattiert und ebenso das Banner und die Flügel. Orientieren Sie sich beim Schattieren an der Vorlage. Am Ansatz jeder einzelnen Feder ist die Schattierung etwas dunkler, ebenso an den Federn des hinteren Flügels. Beginnen Sie mit dem Schattieren immer an der dunkelsten Stelle, gleiten sie mit der Schattierspitze übers Leder und heben Sie sie zum Schluss leicht an. So gelingen fließende Übergänge.

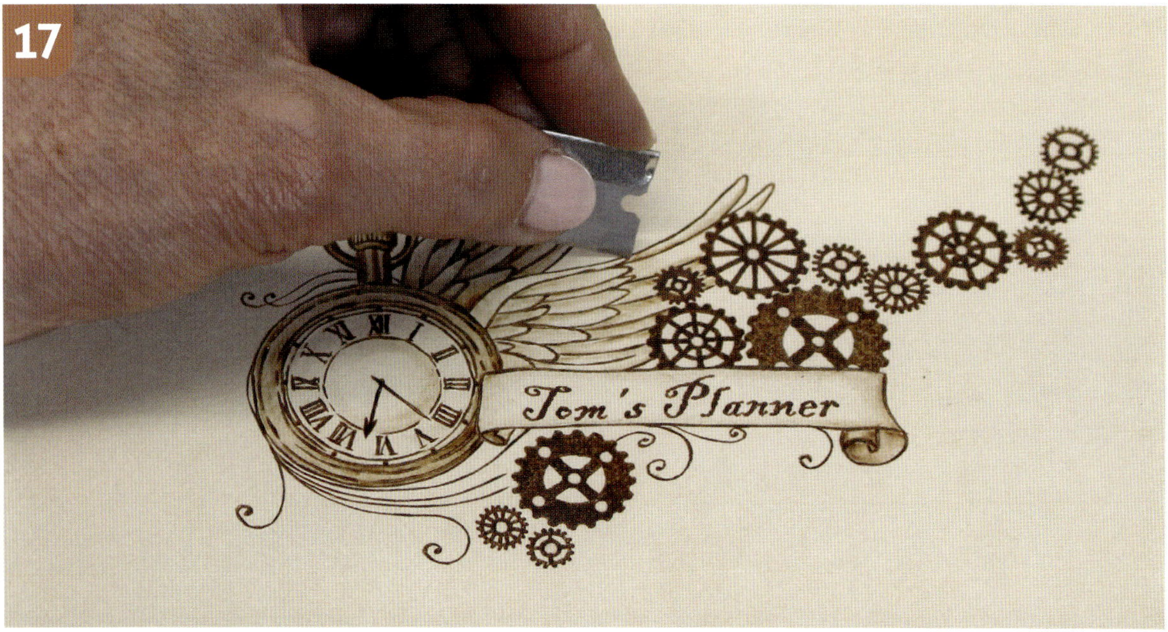

Versäubern und Retusche. Nun werden alle Graphitlinien wegradiert. Unebenheiten an den Linien sowie zu dunkel/fleckig geratene Schattierungen werden sacht mit der Rasierklinge weggekratzt (siehe S. 55f.).

18

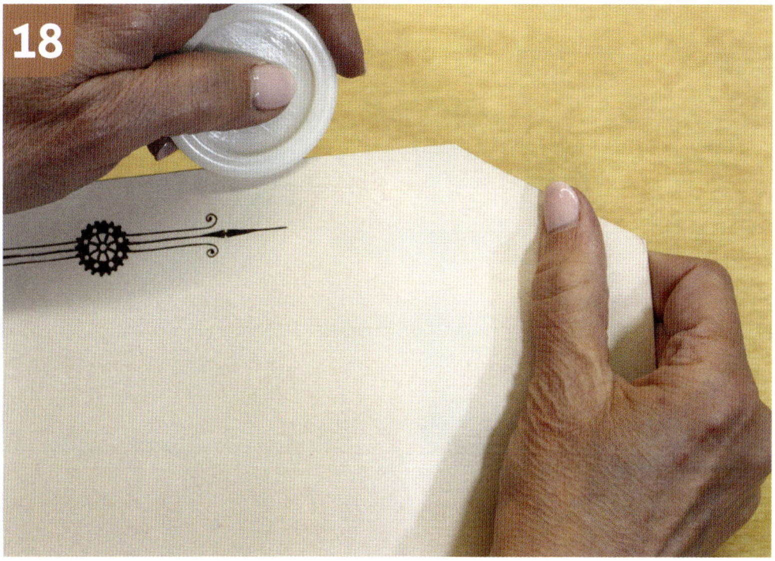

Kanten polieren. Die Schnittkanten der Buchhülle werden befeuchtet oder es wird ein Poliermittel wie Tragantgummi oder Nerzölpaste aufgetragen. Mit einem Kantenpolierer werden sie dann geglättet, indem man mit der Nut mehrmals hin und her reibt, bis die Lederkante blank ist.

TIPP

Falls Sie das Objekt farblich gestalten möchten, ist die Farbe, egal ob mit Pinsel, Stift oder anderweitig, auf alle Fälle vor dem Finish aufzutragen. Probieren Sie die Farben vorher auf einem Lederrest aus. Danach testen Sie unbedingt auch noch, wie sich das bevorzugte Finish auf die Farben auswirkt.

19

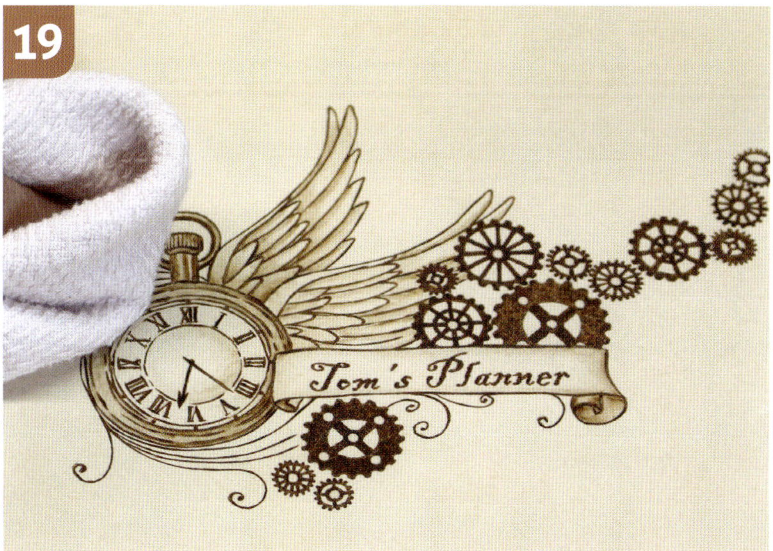

Der letzte Schliff. Tragen Sie nun das Finish Ihrer Wahl auf, um das Leder zu schützen. Ich verwende für meine Buchhüllen gerne Fiebing's Saddle Lac. Dieses Spray verändert die Lederfarbe zu einem antik wirkenden Bernsteinton und verhärtet die Oberfläche, was das Leder vor dem Verschleiß täglichen Gebrauchs schützt.

TIPP

Ziernieten, Schraubnieten, Conchos und dergleichen werden in allen möglichen Ausführungen angeboten. Ich habe hier ein Zierniet zum Einschrauben in Form eines Zahnrads gewählt, weil es gut zur Steampunk-Anmutung der Brandmalerei passt. Wer keinen Zierniet verwenden möchte, lässt das entsprechende Loch weg und lässt einfach das Lederband an der Umschlagklappe so lang, dass es ein- oder auch mehrmals um das Buch gewickelt und mit sich selbst verknotet werden kann.

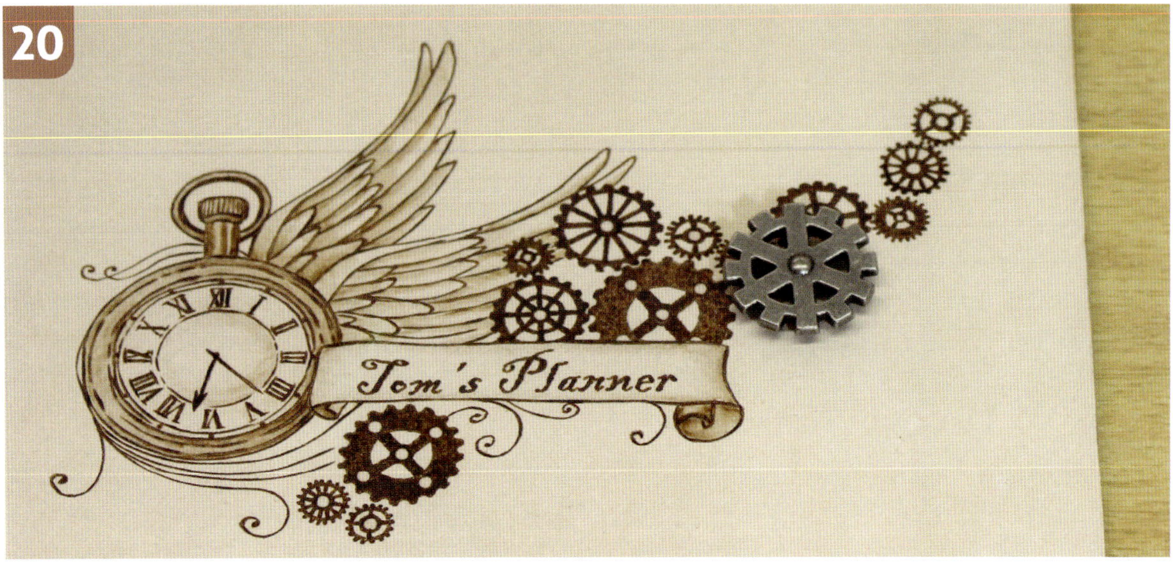

Zierniet einschrauben. Der Zierniet wird in das Loch der Buchhüllenvorderseite eingeschraubt, indem man das Nietoberteil samt Schraubhülse von oben durch das Loch steckt und die Befestigungsschraube von hinten (im Innern der Einstecktasche) fest einschraubt. Wenn Sie das Buch in die Hülle schieben, achten Sie darauf, die in der Einstecktasche liegende Schraube des Niets ein wenig nach außen zu drücken, damit sie sich nicht am Buch verfängt.

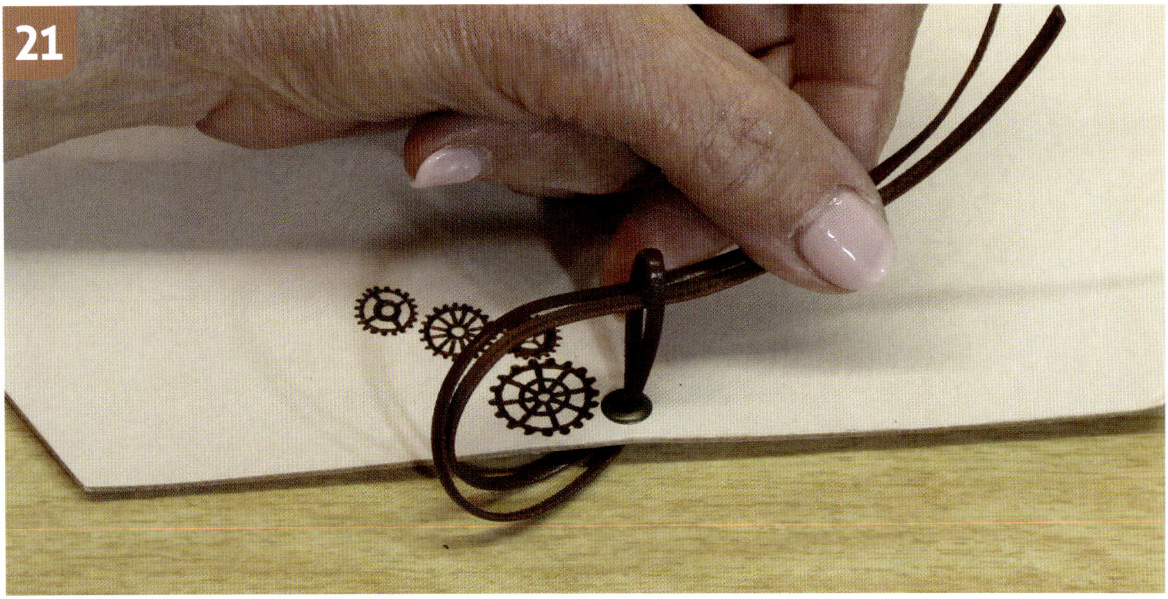

Lederband an Umschlagklappe befestigen. Schneiden Sie ein mindestens 30 cm langes Stück Lederschnur zu. Legen Sie diese zur Hälfte zusammen und fädeln Sie die Schlaufe durch die Öse in der Umschlagklappe. Fädeln Sie die Enden durch die Schlaufe und ziehen Sie sie vorsichtig fest. Schneiden Sie eins der Enden gegebenenfalls so ab, dass beide gleichlang sind.

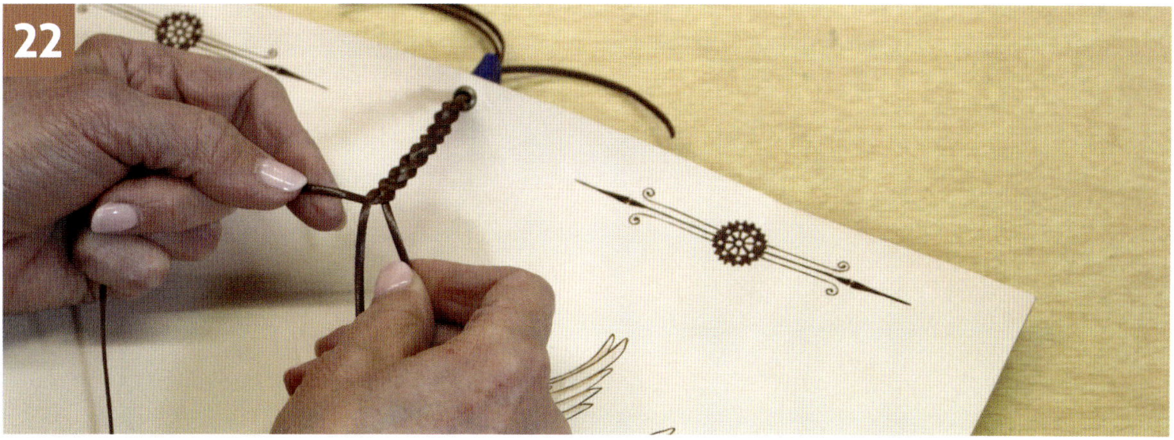

Rückenschnur flechten. Schneiden Sie drei jeweils 1 m lange Lederbänder zu. Legen Sie sie an einem Ende so übereinander, dass bei allen dreien die Narbenseite nach oben zeigt. Fädeln Sie diesen Endenstapel von außen nach innen durch die obere Öse am Rücken der Buchhülle und ziehen Sie ihn auf eine Länge von ca. 10 cm nach innen durch. Umwickeln Sie dieses Ende mit etwas Malerband, sodass es nicht durch die Öse zurückgleiten kann. Flechten Sie nun die drei langen Lederschnüre auf der Außenseite der Buchhülle zu einem gleichmäßigen Zopf, achten Sie darauf, dass die Narbenseite aller drei Schnüre immer nach oben zeigt. Flechten Sie solange, bis die Öse am unteren Rand des Buchhüllenrückens erreicht ist. Wickeln Sie provisorisch etwas Malerband um den Zopf.

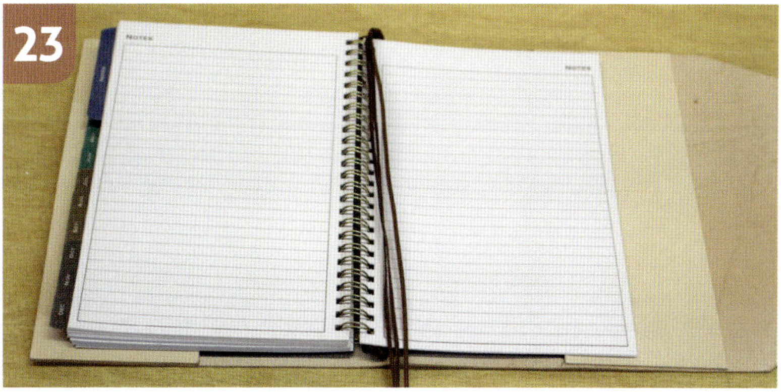

Rückenschnur und Lesebändchen fertigstellen. Fädeln Sie die drei Enden von außen nach innen durch die untere Öse am Buchhüllenrücken. Achten Sie darauf, dass sich weder das geflochtene Lederband noch die Einzelschnüre dabei verdrehen. Schieben Sie das Buch in die Lederhülle und fädeln Sie die drei langen Enden von unten nach oben durch die Ringbindung bzw. durch den Hohlraum zwischen Buchrücken und Buchblock und ziehen Sie sie leicht straff. Entfernen Sie das Malerband vom kürzeren Ende (Anfang von Schritt 22), binden Sie einen Überhandknoten, der direkt an der Öse sitzt, und ziehen Sie ihn straff. Arbeiten Sie dazu die Enden auch einzeln durch, der Knoten soll so kompakt wie möglich werden. Schieben Sie dann die kürzeren Enden in die Ringbindung, um sie zu verbergen. Die langen Enden legen Sie nun zwischen die Seiten des Buches und führen sie als Lesebändchen wieder nach unten. Schneiden Sie sie in der gewünschten Länge ab.

TIPP

Am leichtesten lassen sich die drei Enden der Schnüre durch die Ringbindung fädeln, wenn das Buch auf dem Kopf stehend senkrecht gehalten wird, sodass die Spiralfeder aufrecht steht. Nun lassen Sie die Schnüre einzeln von oben durch die Spirale fallen. Am besten das Buch fest geschlossen halten und die leicht gebogenen Enden an den Buchseiten entlanggleiten lassen.

ANSPRUCHSVOLL

Fransenkissen

Dieses Projekt ist wegen des Motivs eher für fortgeschrittene Brandmaler geeignet. Das Bild wird fast ausschließlich mit Schattierspitzen gestaltet, die jedoch von allen Brennspitzen am schwierigsten zu beherrschen sind. Mit etwas Übung und Erfahrung, um den richtigen Winkel sowie die optimale Temperatureinstellung und Brenngeschwindigkeit hinzubekommen, kann man gleichmäßig flächige Schattierungen erzeugen.

Wenn Ihnen die Arbeit mit Schattierspitzen schwerfällt, Sie aber dennoch das Pferd brennen möchten, dann tüpfeln oder kringeln Sie die Schattierungen doch einfach (siehe Kasten auf Seite 46).

Bei diesem Projekt kommt vegetabil gegerbtes Leder zum Einsatz, das in einem speziellen Walk- oder Millfass bearbeitet wurde, wodurch es besonders weich und geschmeidig ist. Zum Prägen und Punzieren eignet sich gemilltes Leder weniger, für die Brandmalerei jedoch hervorragend.

Benötigtes Material und Werkzeuge

- Vegetabil gegerbtes, gemilltes Leder vom Hals, ca. 1,2 bis 1,6 mm stark, entweder ein Stück 46 x 64 cm oder zwei Stücke je 46 x 33 cm, sowie zwei Stücke je ca. 15,5 x 31 cm für die Fransen
- Polyester-Füllwatte
- Mustervorlagen für die Nietenpositionen (Seite 131 unten) und das galoppierende Pferd (Seite 134)
- scharfes Teppichmesser bzw. Cutter oder robuster Rollschneider für Leder
- Schneidematte
- Metalllineal
- Kantenpolierer sowie Tragantgummi oder Nerzölpaste
- Lederfinish nach Belieben
- Lederklebstoff (wie beispielsweise Leather Weld oder ein Kontaktkleber wie Pattex oder Kövulfix) für dauerhafte Verbindungen
- ein Brett ca. 50 x 100 mm
- Nietensetzer sowie 40 kleine Hohlnieten mit 6 mm Kopfdurchmesser (56 Nieten, falls das Kissen nicht aus einem, sondern aus zwei Lederstücken gefertigt wird)
- 3-mm-Locheisen oder Lochzange
- Fransen-Schneidschablone aus Metall und ein Rollschneider für Leder oder eine scharfe Schneiderschere
- Pyrographie-Brennstation
- kleine und mittelgroße Schreib- und Schattierspitzen
- ungewachstes Graphit-Transferpapier
- Knetgummi aus dem Künstlerbedarf
- Rasierklinge
- Malerband
- Stift mit roter Mine
- Schere
- Papierklammern (sog. Foldback-Klammern)

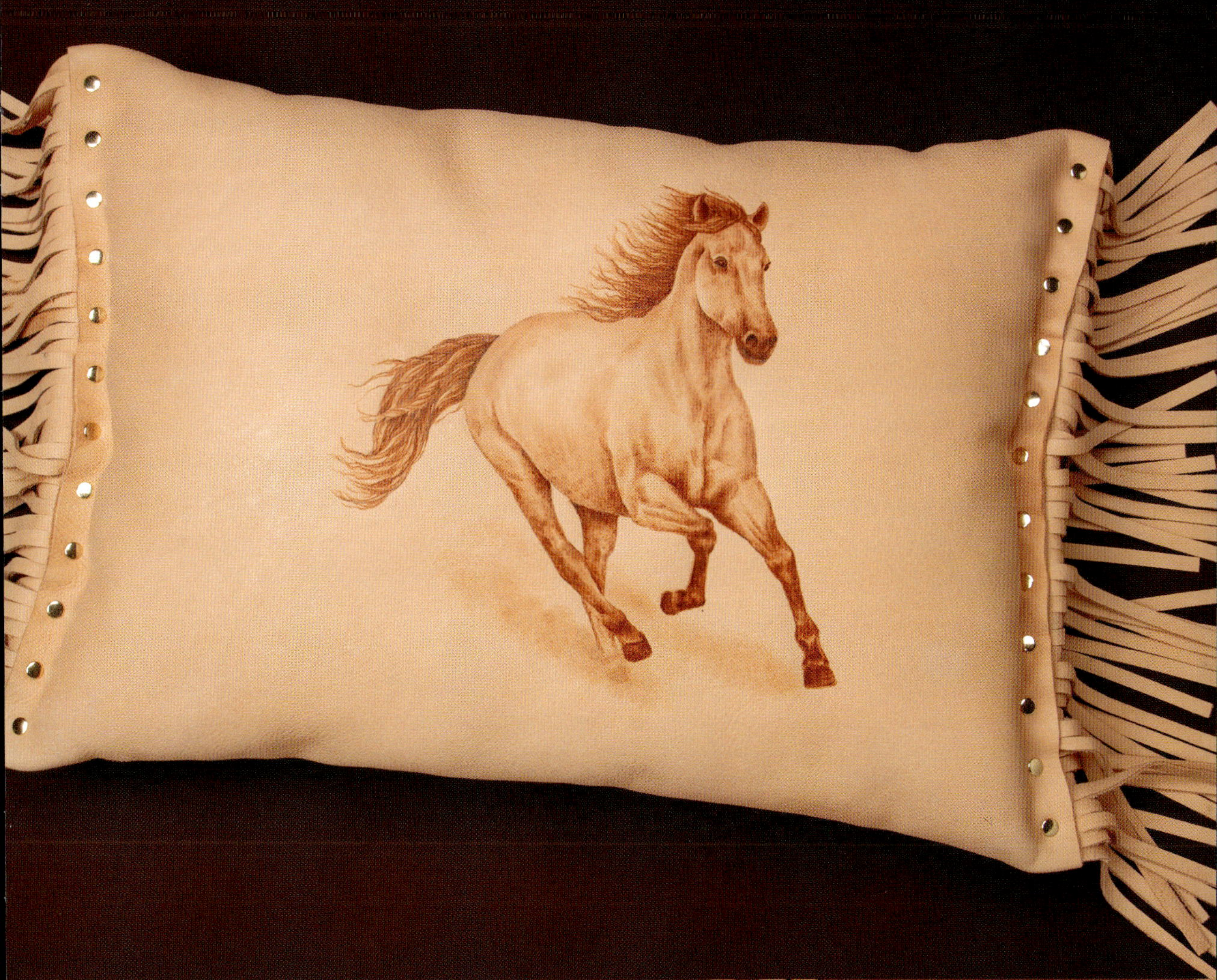
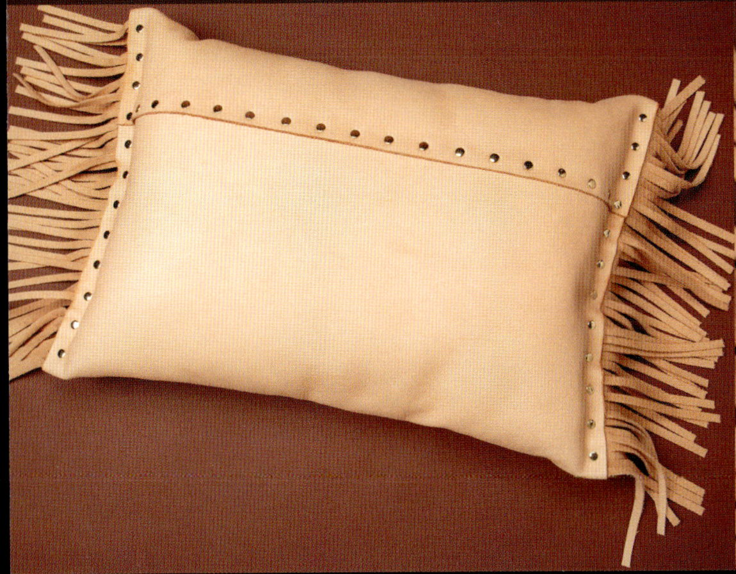
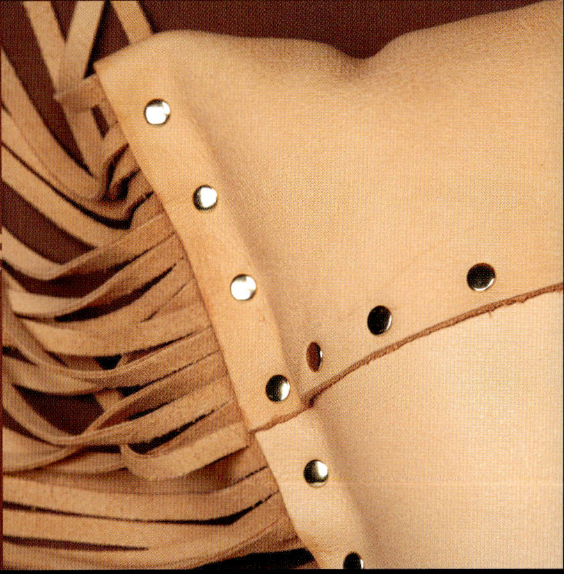

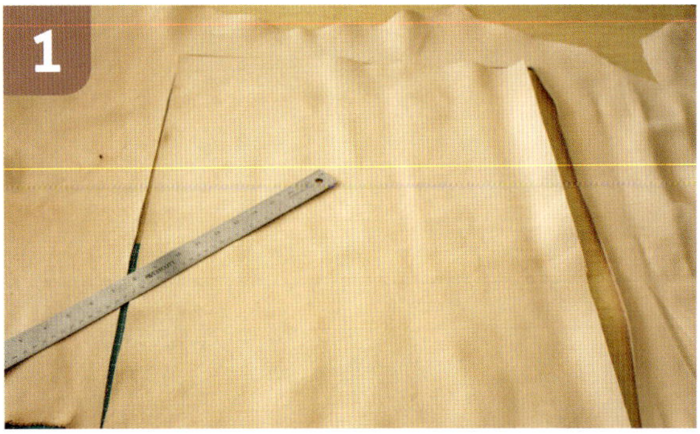

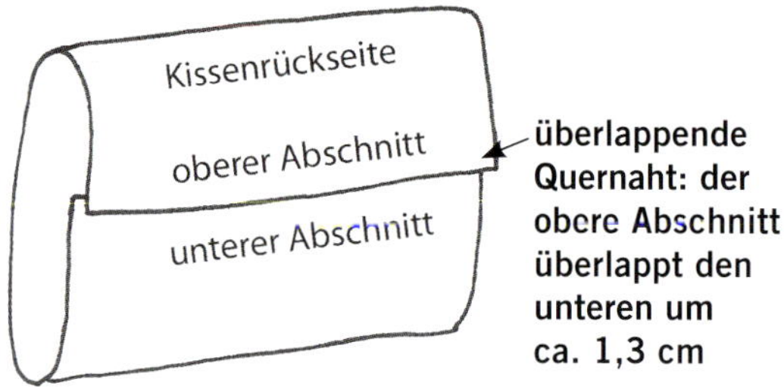

Kissen – Schematische Darstellung 1

Vorbereitung. Kopieren Sie die Mustervorlagen (Nietenpositionen und Pferd) auf den Seiten 131 und 134. Schneiden Sie das Leder für die Kissenhülle mit einem scharfen Cutter oder Rollschneider auf einer Schneidematte an einem Metalllineal entlang aus. Falten Sie es wie in der Zeichnung oben dargestellt, die beiden Kanten sollen sich ca. 1,3 cm überlappen. Übertragen Sie zunächst nur die Nietpunkte der überlappenden Quernaht aufs Leder, indem Sie mit einer kleinen Schreibspitze im Mittelpunkt jedes Kreises einen Punkt durchs Papier brennen. Achtung: Sollten Sie mit zwei kleinen (je 46 x 33 cm) anstelle eines großen Lederstücks (46 x 64 cm) arbeiten, müssen Sie oben und unten je eine Quernaht aus Nieten setzen, anstelle einer Quernaht mitten auf der Kissenrückseite.

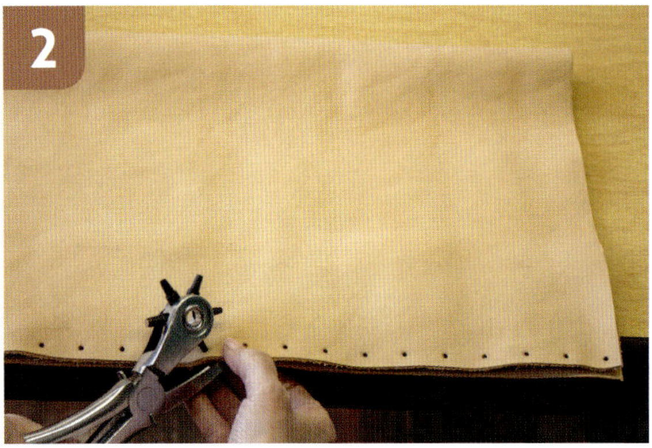

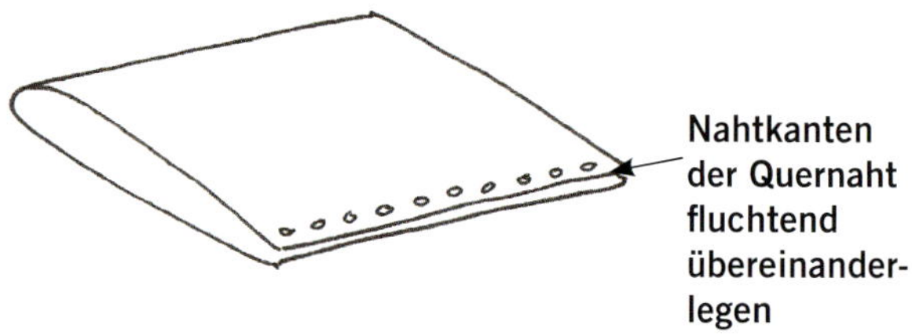

Kissen – Schematische Darstellung 2

Löcher für Quernaht stanzen. Mit der Lochzange werden 3 mm große Löcher an den in Schritt 1 angezeichneten Stellen entlang der oberen Kante eingestanzt. Danach falten Sie das Leder so, dass beide Kanten genau übereinanderliegen (wie in Zeichnung 2 dargestellt). Stanzen Sie durch jedes Loch hindurch ein neues entlang der unteren Kante. So passen die Löcher exakt übereinander.

TIPP

Anders als bei normalem Blankleder verschmieren auf gemilltem Leder die Graphitlinien des Transferpapiers beim Wegradieren. Hier hilft nur ein Knetgummi aus dem Künstlerbedarf. Sollten Sie keinen zur Hand haben, versuchen Sie es mit einem Stück Malerband, das Sie auf die Graphitlinie kleben und dann mit einem Ruck abziehen – so oft, bis alle verwischten und dunklen Pauslinien hell und so gut wie verschwunden sind.

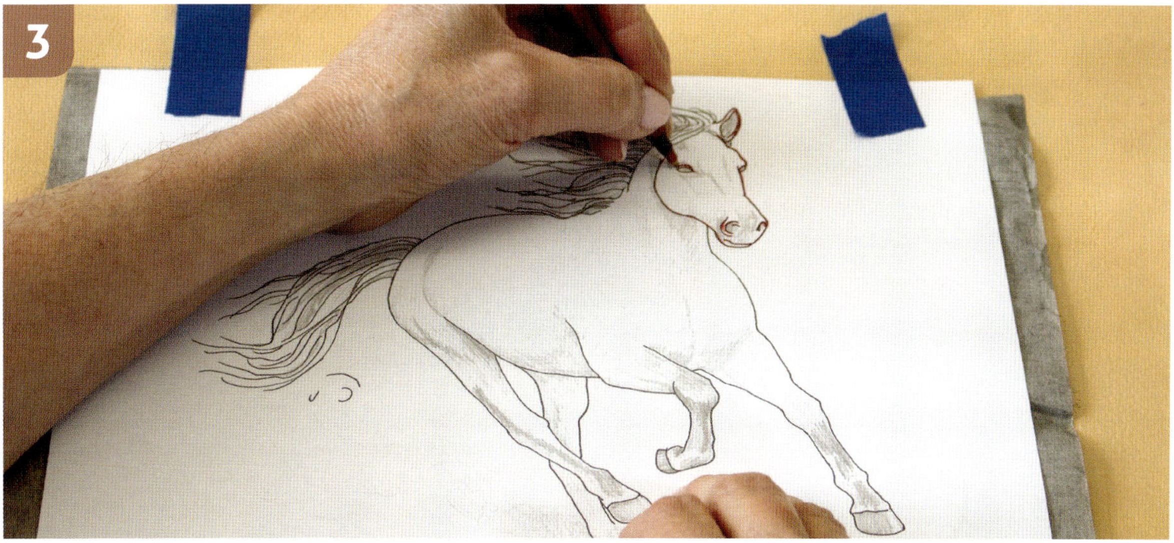

Übertragen der Pferde-Vorlage. Falten Sie das Leder nun wieder so wie in Skizze 1. Die glatte Narbenseite zeigt nach außen, die obere und untere Kante verbindet sich überlappend zur Quernaht auf der Kissenrückseite, wobei die Löcher beider Teile exakt übereinanderliegen. Wo genau die Quernaht verläuft, ist unerheblich, bei mir sitzt sie oberhalb der Mittellinie, weil ich einen Fehler im Leder auf die Kissenrückseite verbannen wollte. Sobald die Position der Quernaht feststeht und die Löcher fluchten, stecken Sie das Leder an den Kanten mit Papierklammern fest. So kann nichts verrutschen, wenn Sie die Kissenhülle umdrehen, denn die Schauseite des Kissens muss zum Übertragen der Vorlage nach oben zeigen. Legen Sie die Vorlage mittig darüber und befestigen Sie die Oberkante mit zwei Stücken Malerband am Tisch. Legen Sie ungewachstes Kopierpapier mit der Graphitseite nach unten zwischen Vorlage und Leder. Ziehen Sie die wichtigsten Linien mit einem Stift mit roter Mine nach, so sehen Sie auf einen Blick, was Sie bereits übertragen haben. Überprüfen Sie nach ein paar Strichen, ob die Graphitlinien auch wirklich auf dem Leder landen und nicht etwa auf der Rückseite der Vorlage, und wie hell oder dunkel sie erscheinen, damit Sie den Druck beim Übertragen entsprechend anpassen können.

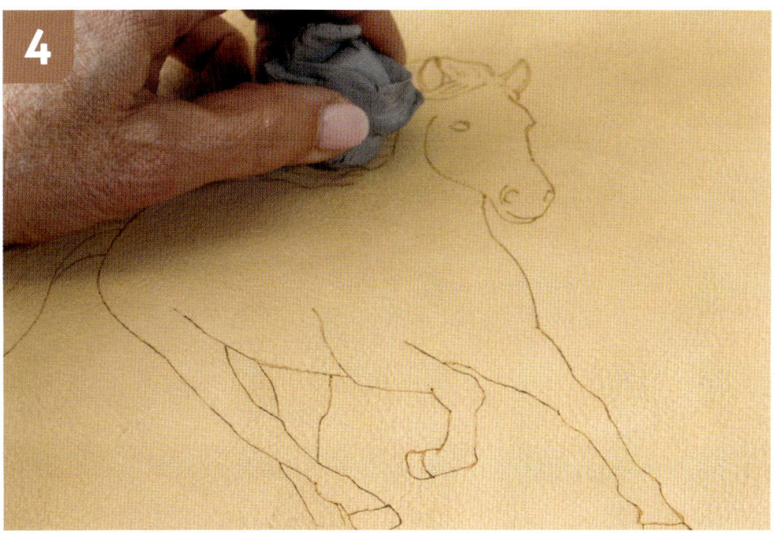

Die Umriss- und Orientierungslinien brennen. Nachdem die Vorlage auf die Schauseite des Kissens übertragen ist, sollten Sie das Leder wieder auseinanderfalten, um es ohne Überlappung besser brennen zu können. Da Graphitlinien auf gemilltem Leder leicht verwischen, ziehe ich zunächst einmal die wichtigsten Linien mit einer sehr kleinen Kugelschreiberspitze (0,8 mm) sehr hell nach. So hell, dass die Linien später durch das Schattieren unsichtbar werden. Dann werden die Graphitlinien, ehe sie verschmieren, mit einem Knetgummi oder mit Klebeband entfernt (siehe Tipp auf Seite 102).

TIPP

Wenn Sie eine drehbare Arbeitsfläche mit Antirutschoberfläche verwenden, legen Sie ein glattes Stück Holz derselben Größe zwischen Drehteller und Leder. So drückt sich das Waffelmuster der Antirutschoberfläche nicht durch das weiche Leder und die Schattierungen geraten gleichmäßiger.

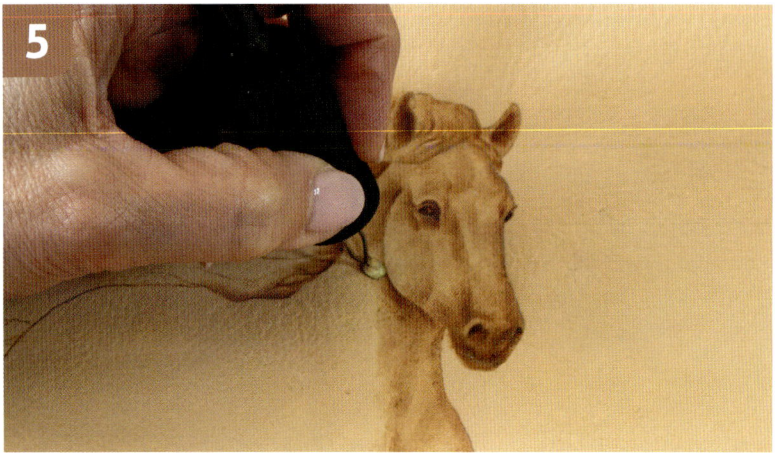

Das Pferd brennen. Brennen Sie die Augen und die Umrisse der Ohren und Nüstern mit einer kleinen Schreibspitze. Mit einer kleinen, vorne abgerundeten Schattierspitze wird das Innere der Ohren und Nüstern abgedunkelt. Um sehr kleine Flächen zu schattieren, hält man die Schattierspitze steiler und schattiert nur mit dem vorderen Ende. Den Pferdekörper schattiert man, indem man an der zarten Umrisslinie ansetzt und nach innen zieht, sodass das Braun der Brennmarken ganz allmählich heller wird.

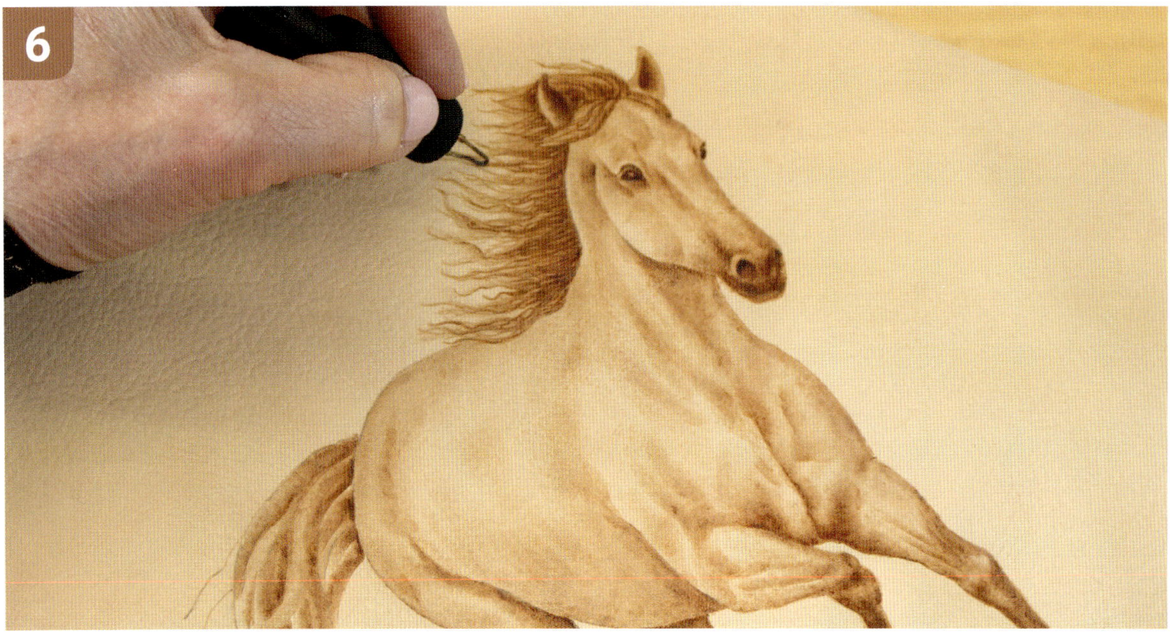

Mähne und Schweif brennen. Mit einer kleinen, vorne abgerundeten Schattierspitze werden Mähne und Schweif dem Muster folgend zunächst grundiert. Man beginnt immer am Körper und zieht die Striche der wehenden Haare vom Pferdekörper weg. Mit einer mittleren Schreibspitze werden die Linien einzelner Haare in Mähne und Schwanz wie zufällig darübergesetzt, so als ob sie sich im Hintergrund und gegen Ende verlieren würden.

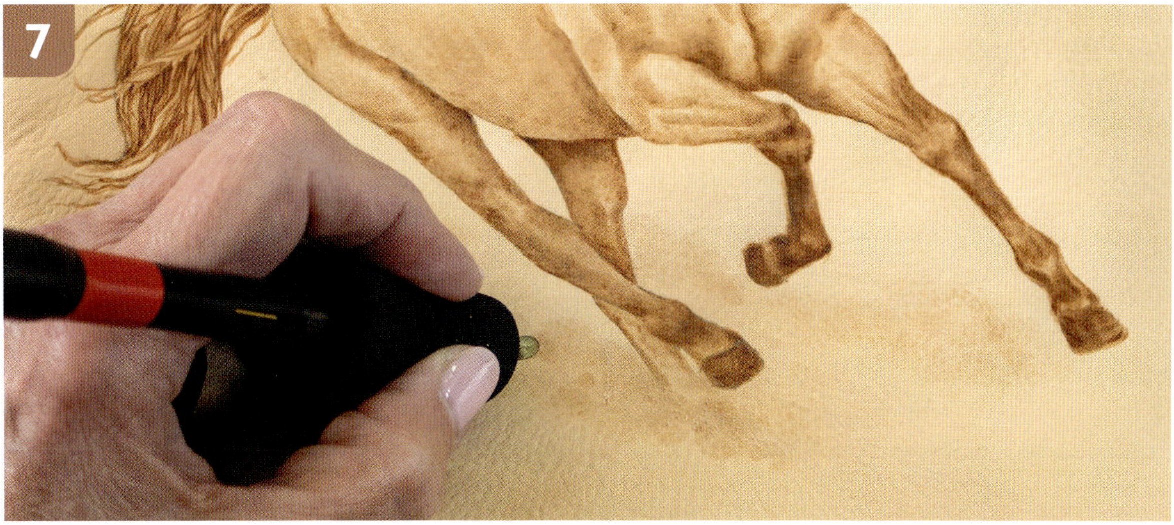

Die Staubwolke brennen. Mit der kleinen, vorne abgerundeten Schattierspitze werden entsprechend dem Muster Staubwolken unter den Hufen des Pferdes angedeutet. Hier ist die Temperatur niedrig einzustellen, damit die Brennmarken nur wie ein wolkiger Hauch wirken. Mit kreisenden Bewegungen wird im Bogen gebrannt, so als würde man eine Kurve über einem O schattieren.

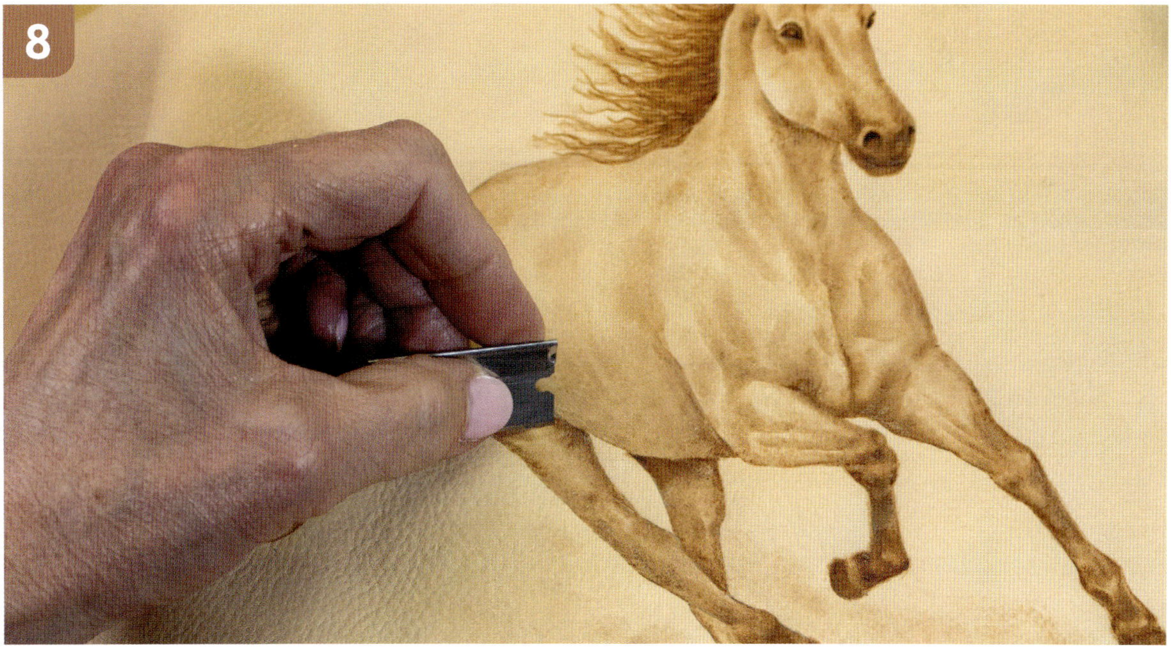

Retusche. Unebenheiten an den Linien sowie zu dunkel/fleckig geratene Schattierungen werden sacht mit der Rasierklinge weggekratzt (siehe Seite 55f.).

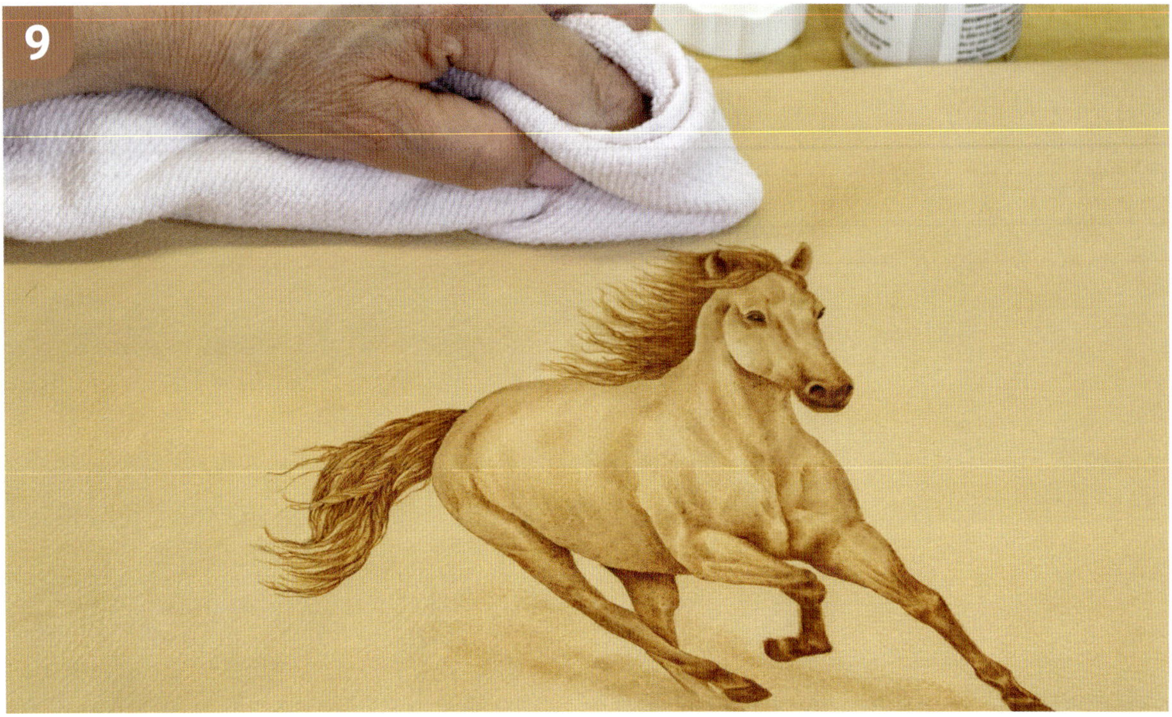

Der letzte Schliff. Nachdem das Bild fertig gebrannt ist, werden die Lederkanten behandelt. Tragen Sie zum Glätten ein Kantenmittel wie Tragantgummi oder Nerzölpaste auf die Schnittkanten auf. Tragen Sie dann das Finish Ihrer Wahl auf die Narbenseite aller Lederteile auf. Wenn es getrocknet ist, werden Tragantgummi oder Nerzölpaste auf die Rück- bzw. Fleischseite der beiden Lederstücke aufgetragen, aus denen die Fransen entstehen sollen, und in die Fasern einpoliert, um auch diese Lederseite zu glätten. Das verhindert ein Verschleißen des gemillten Leders beim täglichen Gebrauch.

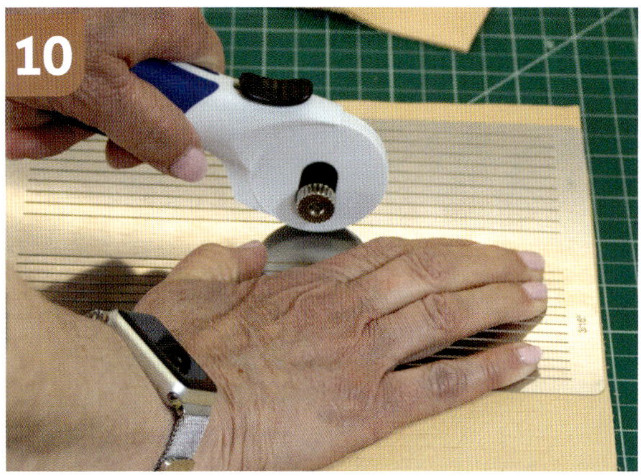

Fransen schneiden. Wenn das Leder, aus dem die Fransen entstehen sollen, getrocknet ist, werden parallel zu den kurzen Seiten 6 mm breite Fransen geschnitten. Lassen Sie entlang einer der beiden langen Kanten einen 1,3 bis 1,6 cm breiten ungeschnittenen Rand stehen. Mir hat eine Fransenschablone aus Metall sehr geholfen, aber man kann die 6 mm breiten Streifen natürlich auch mit einem Lineal anzeichnen und mit einer scharfen Schere schneiden.

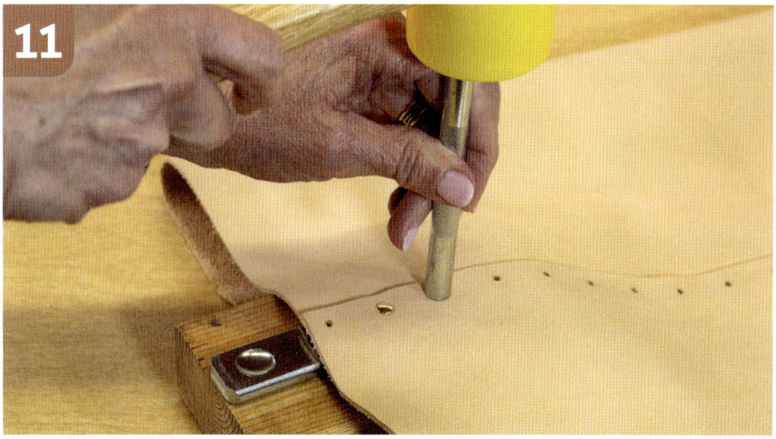

> **TIPP**
>
> Sobald Sie die Nietkappe auf den Nietstift setzen und sie einrastet, fällt der Niet nicht mehr auseinander. Es empfiehlt sich also, mehrere Nieten in einer Reihe zusammenzuheften und dann in einem Arbeitsgang alle nacheinander mit dem Nietensetzer festzuschlagen.

Die erste Nietenreihe setzen. Falten Sie das Leder mit der Narbenseite nach außen. Die Quernaht muss sich auf der Kissenrückseite so überlappen, dass der obere Teil über dem unteren liegt. Tragen Sie Lederkleber auf den Rand des unteren Teils zwischen den Nietenlöchern auf und kleben Sie den Rand des oberen Teils darauf fest. Achten Sie darauf, dass alle Löcher exakt übereinanderliegen. Nun können die Nieten gesetzt werden. Lassen Sie die beiden äußersten Löcher vorerst noch frei. Stecken Sie das Unterteil des Niets mit dem Nietstift von unten, also vom Innern des Kissens aus, durch beide Lederlagen, sprich durch beide (verklebten) Löcher. Setzen Sie die Kappe auf den Nietstift. Positionieren Sie das Nietunterteil in der passenden Vertiefung der Nietplatte und das Setzeisen mit der Wölbung auf der Nietkappe. Schlagen Sie mit einem Punzierhammer (meiner ist ein einfacher aus Kunststoff) darauf. Ich habe zum Schutz der Kissenvorderseite beim Einschlagen des Niets ein Brett (ca. 50 x 100 mm) unter die Nietplatte gelegt, weil meine Schlagunterlage zu groß war und nicht in die Kissenhülle gepasst hat.

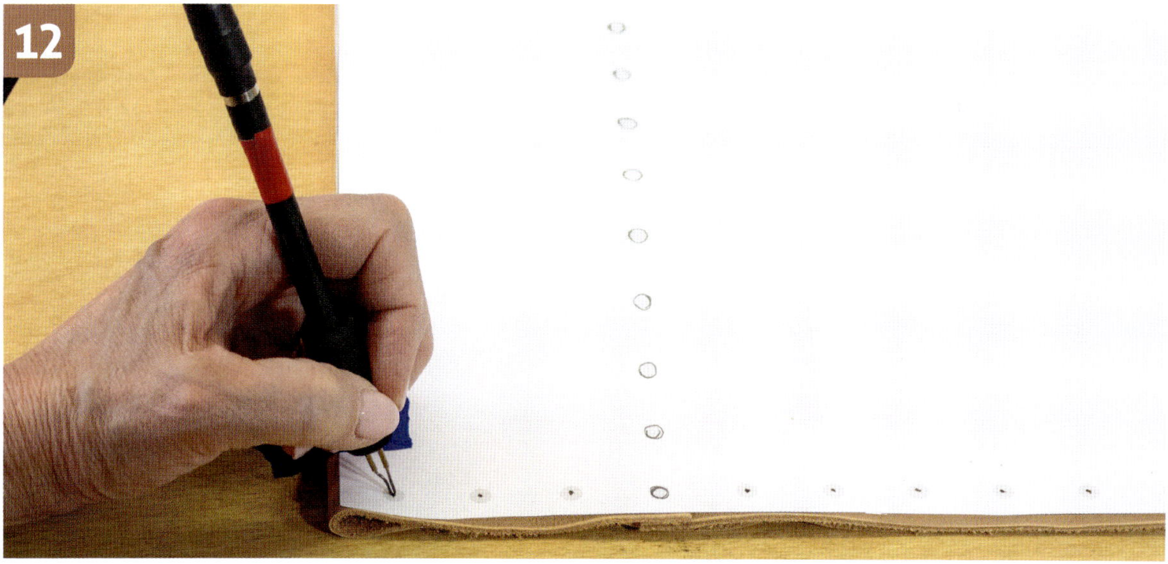

Die Vorlage für die Seitennähte übertragen. Sie müssen die Vorlage für die Nietenlöcher nur auf die Rückseite der Kissenhülle übertragen, nicht auf die Vorderseite. Legen Sie sie so auf, dass die Kreuzungspunkte genau über den beiden Löchern am Ende der Quernaht liegen. Übertragen Sie die Lage der Nietenlöcher mit einer kleinen Schreibspitze, mit der Sie mittig ein Pünktchen durchs Papier brennen.

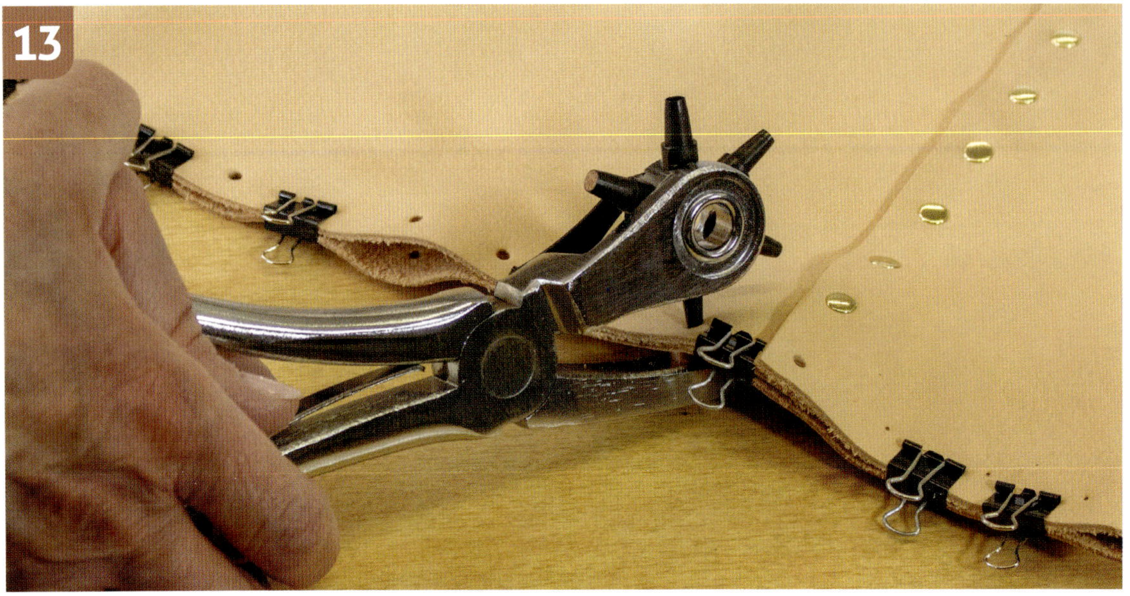

Löcher für die Seitennähte stanzen. Klammern Sie Vorder- und Rückseite der Kissenhülle bündig zusammen und stanzen Sie dann gleich mit einem Mal durch beide Lederlagen. So stellen Sie sicher, dass alle Löcher exakt übereinanderliegen.

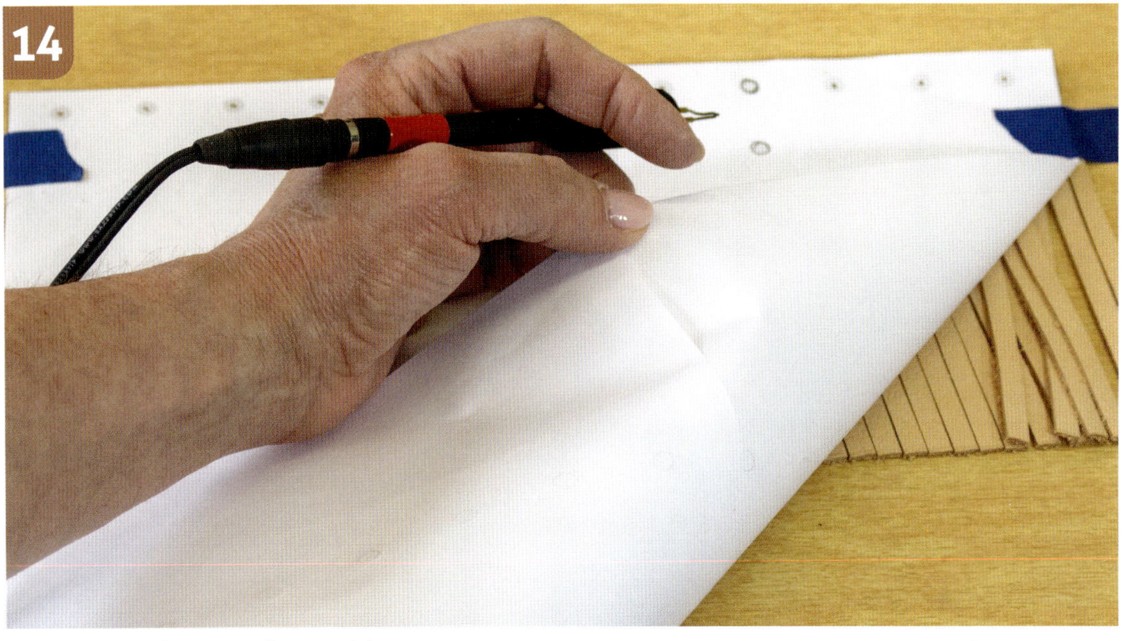

Nietenlöcher auf Fransenteilen anzeichnen. Legen Sie die Vorlage für die Nietenlöcher der Seitennaht so auf die Narbenseite des ungeschnittenen Fransenteil-Randes, dass die Kanten fluchten. Übertragen Sie die Lage der Nietenlöcher auch hier mit der kleinen Schreibspitze und brennen Sie durchs Papier. Stanzen Sie an den kleinen Brennpünktchen Löcher ein.

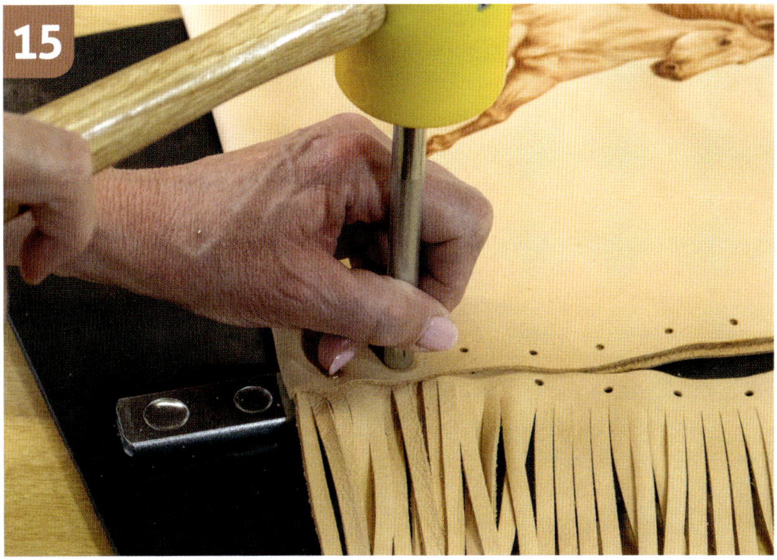

TIPP

Die zweite Seitennaht kann erst geschlossen werden, wenn das Kissen gefüllt ist. Das fällt leichter, wenn Sie die Naht zum Nieten ein wenig anheben, indem Sie ein Brett (ca. 50 x 100 mm) unter die Nietplatte legen.

Fransen an einer Seite des Kissens anbringen. Schieben Sie je einen Nietstift von hinten durch drei Lederlagen: durch das Loch auf der Kissenrückseite, das im Fransenteil und das auf der Kissenvorderseite, wobei die Narbenseite des Fransenteils nach vorne zeigt. Setzen Sie die Nietkappe auf und schlagen Sie den Niet mit Nieteisen und Hammer ein. So schließen Sie Niet für Niet die erste Seitennaht.

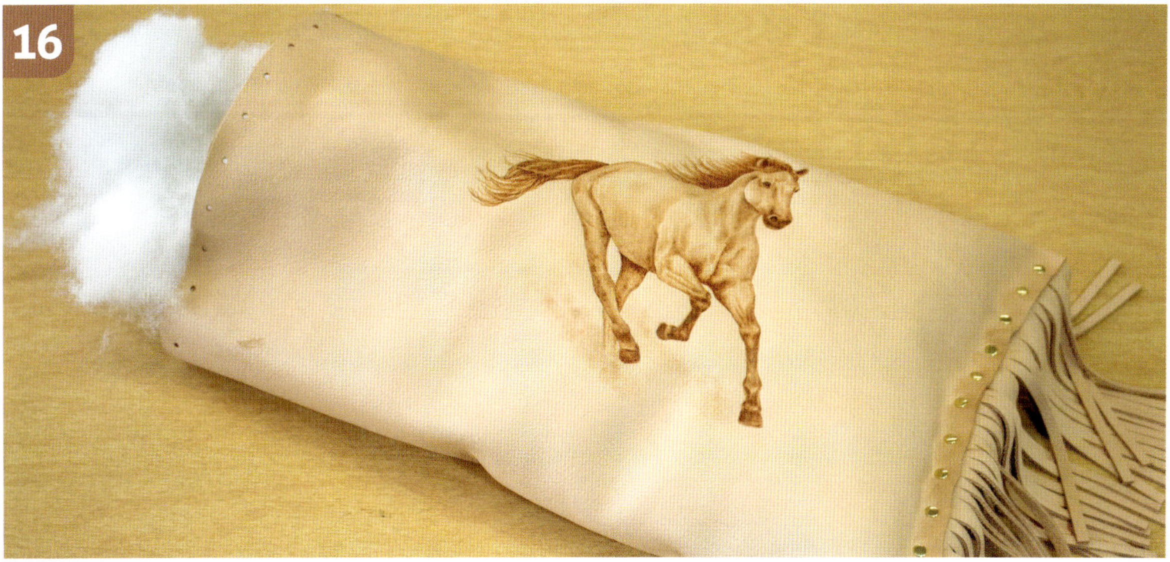

Kissen fertigstellen. Füllen Sie das Kissen mit Polyester-Füllwatte. An der noch offenen Seitennaht lassen Sie noch Luft und stopfen noch nicht so viel hinein. Bringen Sie nun auch an der zweiten Seitennaht die Fransen an und beginnen Sie an einer Ecke, die Naht mit Nieten zu schließen. Wenn ca. drei Nieten gesetzt sind, wird auch diese Ecke ausgestopft. Setzen Sie wieder ein paar Nieten und füllen Sie noch mehr Watte hinein und so weiter, bis nur noch drei Nieten übrig sind. Nun die letzte Füllwatte hineingeben und die letzten Nieten schließen, fertig!

Schopfwachtel, dreidimensional

ANSPRUCHSVOLL

Das Brennen auf einer rundlichen, dreidimensionalen Oberfläche ist schwieriger als die Brandmalerei auf einer ebenen Fläche, weil man den Brennwinkel, den Änderungen der Oberfläche folgend, immer wieder anpassen muss (siehe Seite 51f.). Ich habe die Form einfach gehalten und nur Kopf, Brust und Schwanz als Relief herausgearbeitet. Füße und Baumstamm sind flach, ebenso der Hintergrund. So haben Sie ein schönes Übungsobjekt für das Brennen auf dreidimensionalen Oberfläche. Sollten Sie jedoch bereits Erfahrung mit dem Formen und Modellieren von Leder haben, können Sie natürlich das gesamte Bild dreidimensional gestalten.

Benötigtes Material und Werkzeuge

- vegetabil gegerbtes Kalbsleder, ca. 0,8 bis 1,2 mm stark, groß genug für den Bilderrahmen plus knapp 4 cm Zugabe an allen vier Seiten
- Mustervorlagen zu Nietenpositionen (Seite 131 oben) und Schopfwachtel (Seite 132)
- rustikaler Bilderrahmen (meiner misst 25,5 x 25,5 cm)
- Sperrholz 3 mm stark in der Größe des Rahmens (ich habe Birkensperrholz verwendet)
- Kunststoffeimer oder -schüssel zum Einweichen des Leders
- ofenhärtende Modelliermasse
- Backblech, Aluminiumfolie und ein Backofen
- flache schwere Gegenstände zum Beschweren (ich habe zwei schwere Ordner voller Akten genommen)
- Modelliereisen: ein löffelförmiges und eins mit scharfer Kante
- Lederklebstoff (wie beispielsweise Leather Weld oder ein Kontaktkleber wie Pattex oder Kövulfix) für dauerhafte Verbindungen
- Nietensetzer und 44 kleine Hohlnieten (6 mm Kopfdurchmesser)
- 3-mm-Locheisen
- Bohrmaschine und Bohrer 3 mm
- Lederfinish nach Belieben
- Polyester-Füllwatte
- Pyrographie-Brennstation
- kleine und mittelgroße Schreibspitze, kleine Schattierspitze mit vorne abgerundeter Platte, dünne Schrägspitze mit abgerundeter Ferse
- ungewachstes Graphit-Transferpapier
- Antirutschmatte ca. 30 x 30 cm
- weißer Radiergummi oder Knetgummi aus dem Künstlerbedarf
- Rasierklinge
- Malerband
- Stift
- Schere
- Metalllineal
- scharfes Teppichmesser bzw. Cutter oder robuster Rollschneider für Leder
- Schneidematte

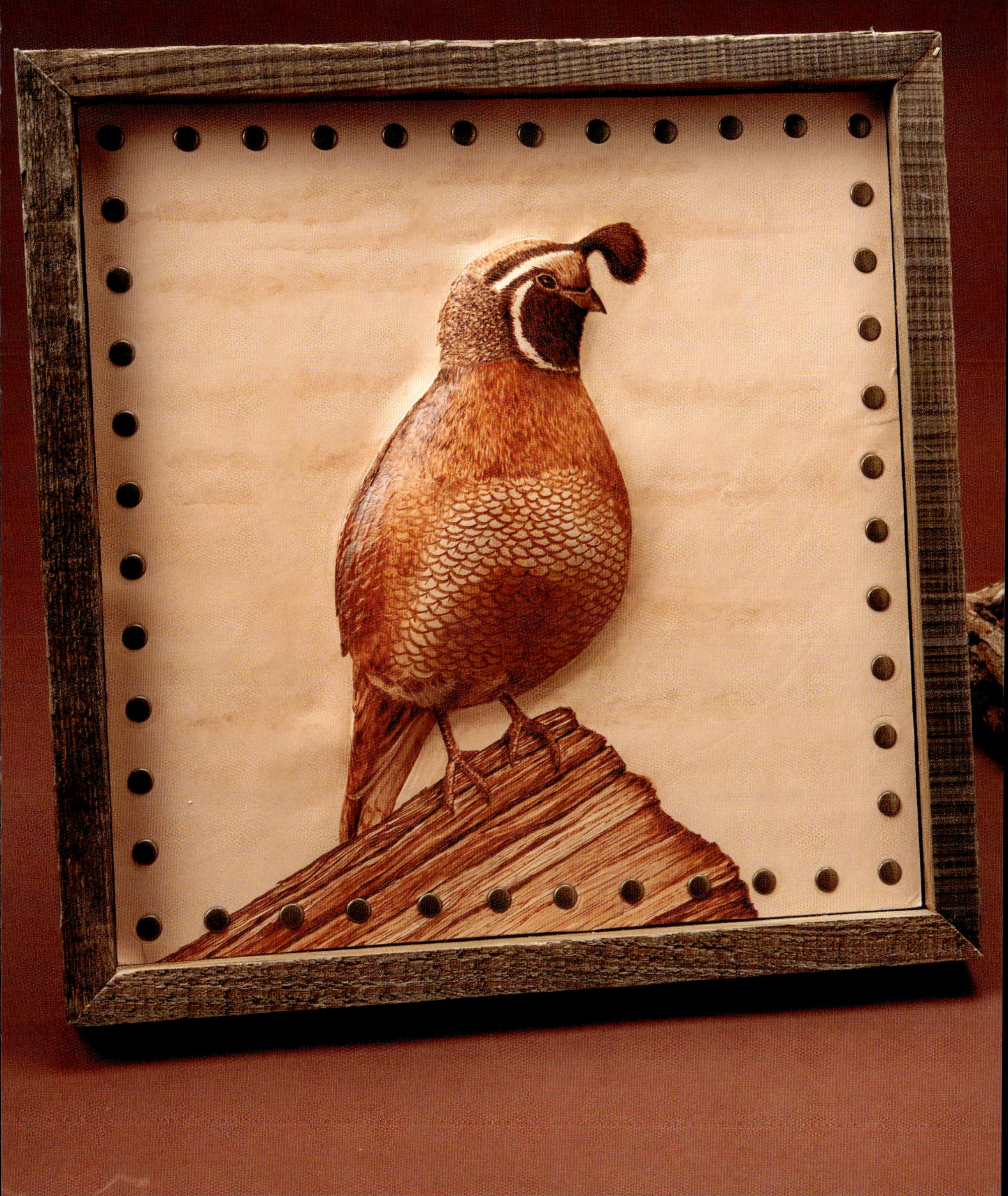

1 Vorbereitung. Vier Dinge sind für dieses Projekt vorzubereiten: 1) Machen Sie zwei Kopien der Schopfwachtel-Vorlage auf Seite 132 in einer Größe, die in Ihren Rahmen passt. 2) Schneiden Sie das Sperrholz in der Größe der Rahmenrückwand zu, also größer als der Teil des Bildes, den man sieht, wenn das Bild hängt. 3) Machen Sie eine Kopie der Nietenvorlage auf Seite 131 in einer Größe, die den Innenmaßen des Rahmens bzw. des Passepartouts entspricht. Sollten Sie die Seiten zu einem Rechteck verlängern wollen, machen Sie eine zweite Kopie und schneiden und kleben Sie sie entsprechend zurecht oder messen Sie mit einem Lineal die Lochabstände aus und zeichnen Sie selbst eine Vorlage. 4) Schneiden Sie ein Stück Kalbsleder zurecht, knapp 4 cm größer als das Sperrholz.

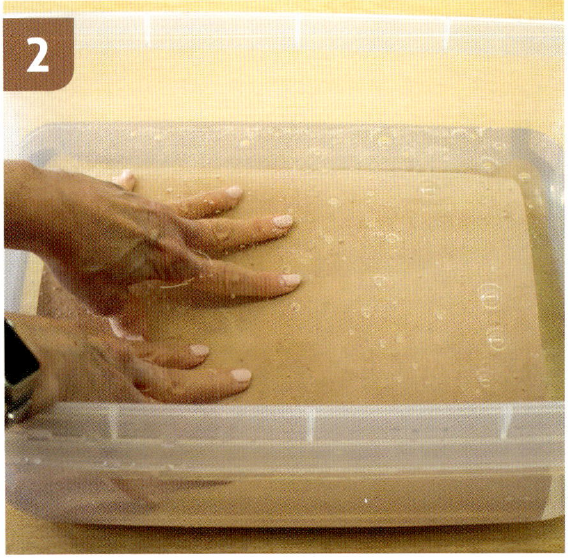

2 Das Leder einweichen. Füllen Sie klares Wasser in eine Plastikschüssel, legen Sie das Leder hinein und halten es so lange untergetaucht, bis keine Blasen mehr aufsteigen. Dann nehmen Sie es heraus, schütteln überschüssiges Wasser ab und legen es auf eine flache, nicht poröse Oberfläche, ein Punzierstein aus Granit oder eine Küchenarbeitsplatte wären geeignet. Streichen Sie es zum Trocknen glatt. Nach ein paar Stunden sollte die Oberfläche noch nass wirken, sobald man eine Ecke anhebt. Die richtige Restfeuchte zum Verformen hat es, wenn die Lederfarbe noch dunkel ist, sich das Leder sehr kühl und feucht anfühlt, aber keine Nässe mehr sichtbar ist, wenn man eine Ecke anhebt.

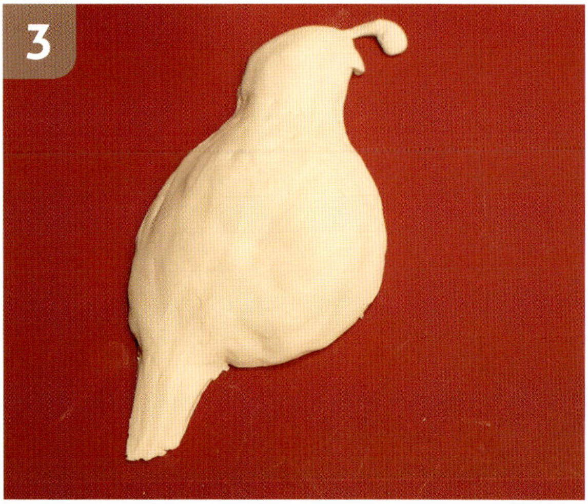

3 Die Form für die Schopfwachtel modellieren. Während das Leder weicht, legen Sie eine der Wachtel-Kopien auf ein Backblech, gerne mit einer Trennschicht darunter (Backfolie aus Silikon, Alufolie oder Backpapier). Bauen Sie die Form mit ofenhärtender Modelliermasse auf der Vorlage auf. Es ist zu empfehlen, an der dicksten Stelle zerknüllte Alufolie als Füller zu verwenden und die Masse darüberzumodellieren, sofern der Körper dicker als 1,3 cm werden soll. Man nimmt einen Klumpen Modelliermasse, knetet ihn solange, bis er weich und geschmeidig ist und drückt ihn dann innerhalb der Umrisslinien auf die Vorlage. Das Alufolienpolster muss bedeckt sein, Kopf, Schopf, Körper und Schwanz müssen ausgearbeitet werden. In der Mitte ist die Form am dicksten und läuft zu den Rändern hin flach auf dem Papier aus. Glätten Sie die Oberfläche, damit keine Klümpchen bleiben. Härten Sie die Masse gemäß der Anleitung auf der Verpackung im Backofen und lassen Sie sie danach abkühlen.

TIPP

Mein Rahmen ist recht tief und darum gut für 3D-Objekte geeignet, deshalb habe ich ihn von vorn befüllt. Bei einem ganz normalen Bilderrahmen wird das Objekt zwischen Rahmen und Rückwand befestigt, wie man es auch mit einem flachen Bild machen würde. Das Sperrholzbrett würde dann genauso groß zugeschnitten wie das Beispielbild, das jedem Rahmen beim Kaufen beiliegt. Als Richtlinie beim Anpassen der Vorlagengröße dienen die Innenmaße des Rahmens bzw. des Passepartouts.

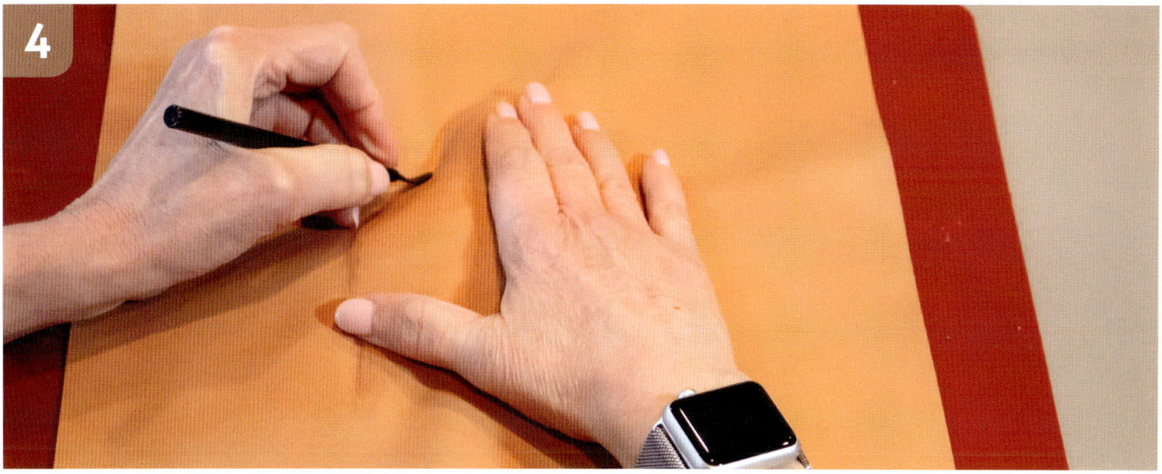

Das Leder über die Form legen. Sobald das Leder die richtige Restfeuchte aufweist, legen Sie es über die ausgekühlte Form. Ziehen und dehnen Sie das Leder bis es passt. Beginnen Sie am höchsten Punkt der Form und streichen Sie es mit beiden Händen nach unten – mehrere Male und rundherum. Dann halten Sie das leicht gedehnte Leder mit einer Hand oben auf der Form fest und drücken mit einem löffelförmigen Modellierwerkzeug den Rand rund um die erhabene Form nach unten, um einen markanten Übergang zwischen Unterlage und modellierter Form zu schaffen.

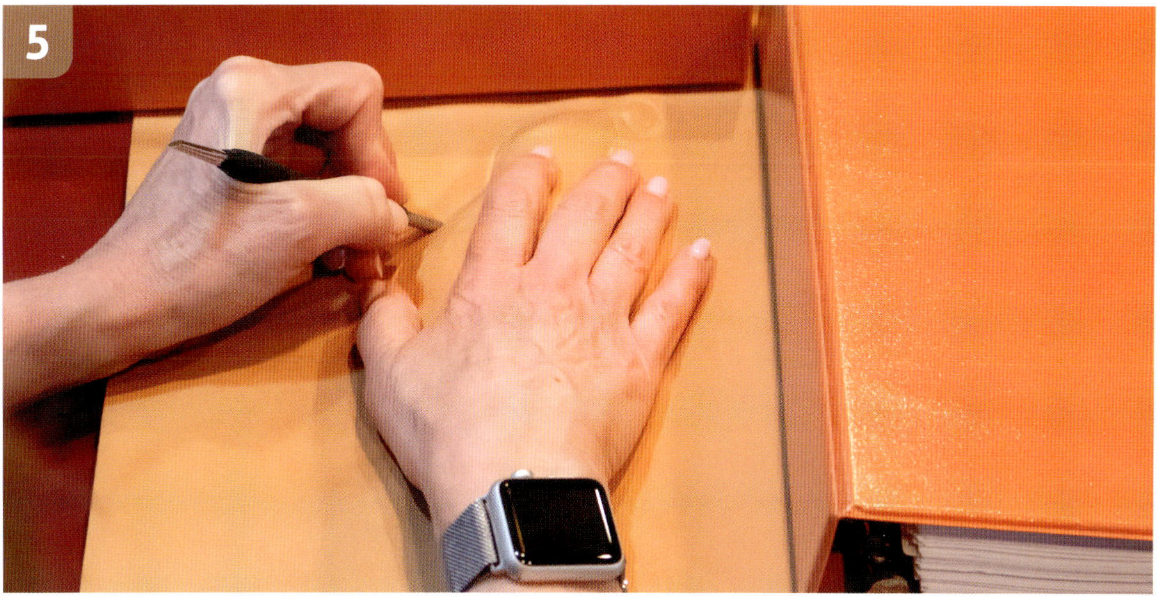

Das Formen abschließen. Wiederholen Sie Letzteres von Schritt 4 mit einem scharfkantigen Modelliereisen, um den Falz zwischen erhabener Form und Tischplatte noch deutlicher und schärfer abzusetzen. Lassen Sie das Leder trocknen. Da es rund um die erhabene Form völlig flach aufliegen soll, ist es ratsam, es am Rand zu beschweren. Ich habe dazu schwere Aktenordner verwendet. Achten Sie darauf, dass das Leder unter den Büchern keinerlei Falten schlägt. Sollte sich doch eine Falte gebildet haben, benetzen Sie einen Finger mit Wasser und streichen Sie damit die Falte glatt.

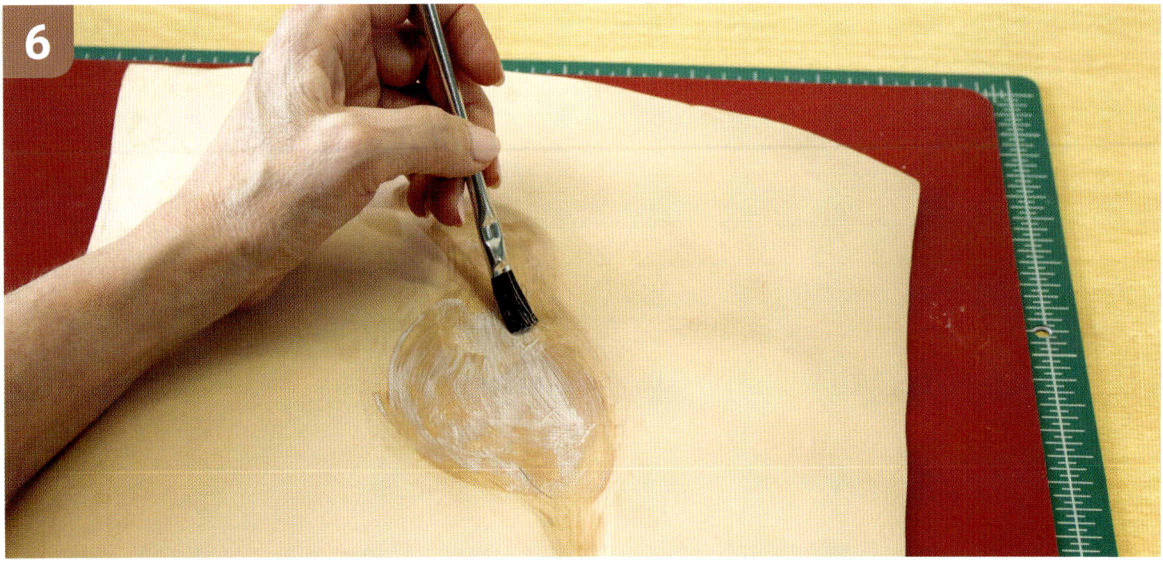

Stabilisieren des geformten Leders. Sobald das Leder durchgetrocknet ist, tragen Sie mit einem Pinsel Leim auf die Rückseite (Fleischseite) auf. Ich habe den Kleber Leather Weld verwendet, weil er schnell trocknet und dennoch klebrig bleibt. Als Nächstes wird das Leder auf das Sperrholzbrett aufgeklebt. Streichen Sie dafür zunächst nur die Hälfte des Leders von einem Seitenrand bis zur modellierten Form mit Leim ein, positionieren Sie es auf dem Sperrholz und beschweren Sie die flachen Ränder.

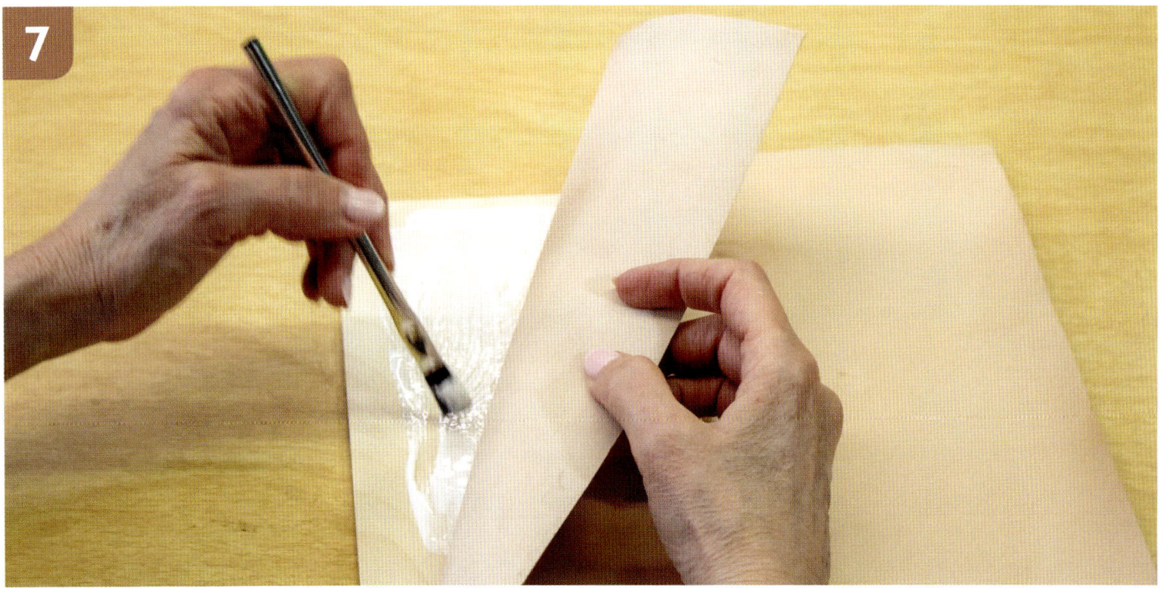

Ausstopfen der Hohlform. Wenn der Leim getrocknet ist, heben Sie die kleberlose Seite leicht an und füllen den Hohlraum unter der Vogelform mit etwas Polyester-Füllwatte aus, aber ohne zu sehr zu stopfen. Kleben Sie nun auch die andere Hälfte auf dem Sperrholz fest. Beschweren und trocknen lassen.

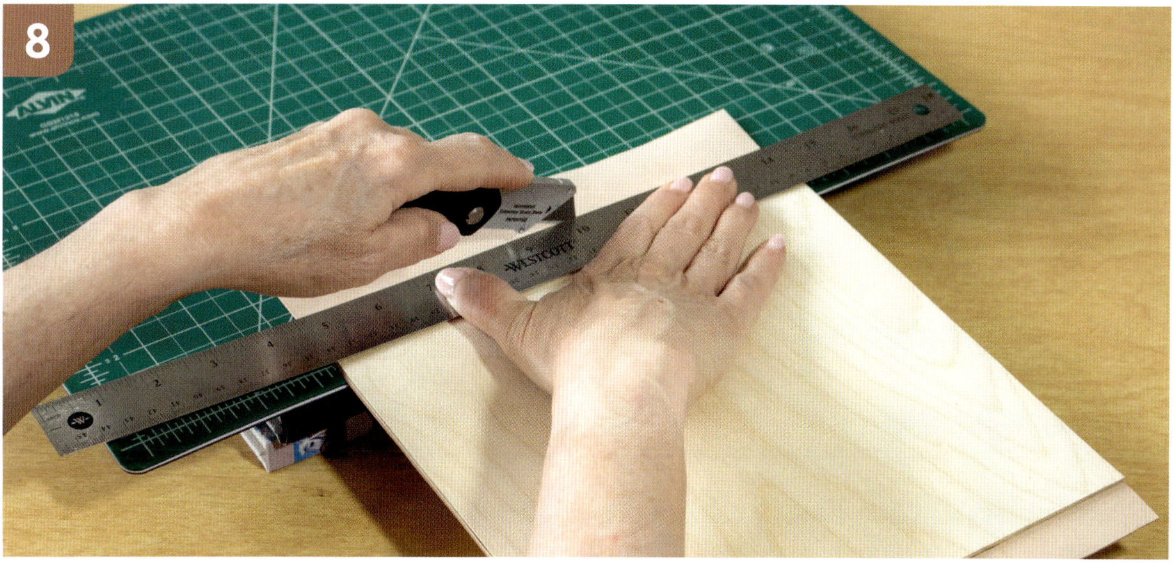

Passend schneiden. Wenn der Kleber getrocknet ist, wird der über das Sperrholzbrett hinausragende Lederrand abgeschnitten. Um die modellierte Lederform dabei nicht einzudrücken, habe ich ein paar gebundene Bücher unter die Schneidematte gelegt und die modellierte Form über den Rand hinaushängen lassen. Zum Schneiden habe ich ein scharfes Teppichmesser und ein Metalllineal verwendet.

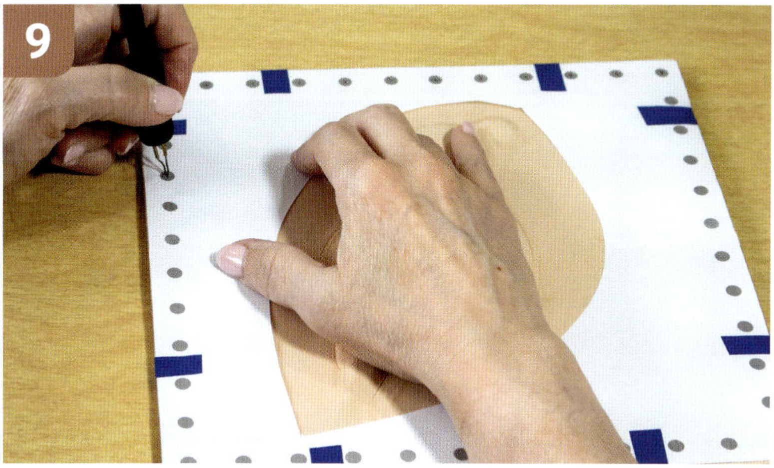

TIPP

Klebeband hat manchmal die unschöne Eigenschaft, Flecken auf Leder zu hinterlassen. Probieren Sie es vorher aus oder schneiden Sie die Vorlage so zu, dass das Papier am Rand übersteht und direkt am Tisch festgeklebt oder um die Sperrholzkante nach hinten herumgeklebt werden kann.

Nietenlöcher anzeichnen. Da in meinem Beispiel das Leder von vorne im Rahmen befestigt wird, setze ich die Nieten entlang der Lederkante. Wenn das Projekt allerdings von hinten in den Bilderrahmen eingefügt werden soll, müssen die Nieten weiter innen sitzen, entlang der inneren Rahmenkante bzw. des Passepartouts. Passen Sie die Vorlage für die Nietenpositionen (Seite 131) bzw. die selbsterstellte Vorlage entsprechend Ihrem Rahmen so an, dass die Nieten parallel zur Lederkante oder innerhalb des Passepartouts parallel zu dessen Rand verlaufen. Wenn Sie richtig liegt, befestigen Sie sie mit Malerband und überprüfen noch einmal anhand des Rahmens, ob die Nieten an der richtigen Stelle sitzen. Übertragen Sie die Lage der Nietenlöcher mit einer kleinen Schreibspitze, mit der sie mittig ein Pünktchen durchs Papier brennen.

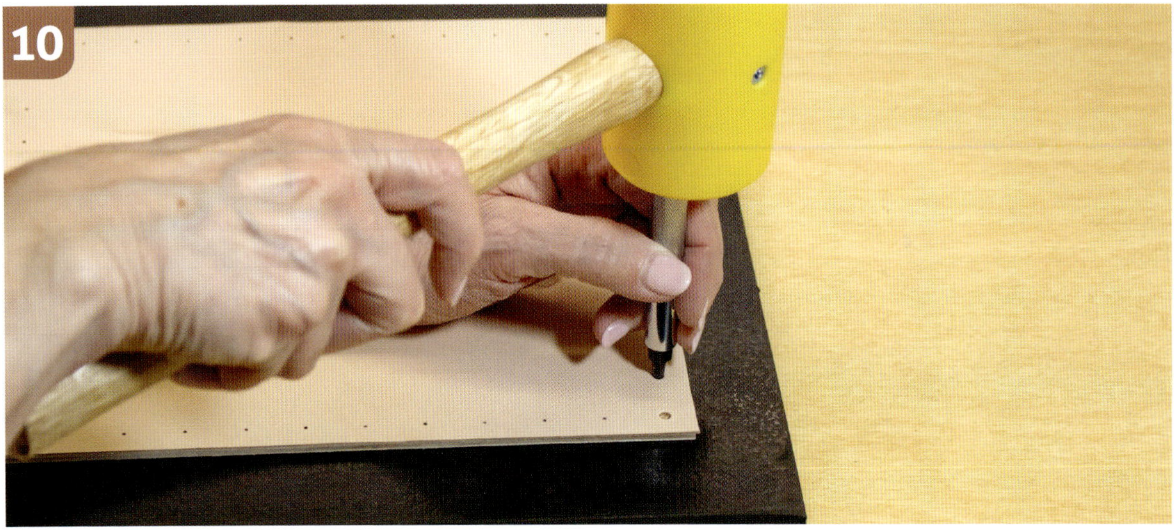

Nietenlöcher stanzen. An den eingebrannten Markierungspünktchen werden nun mit einem 3-mm-Locheisen Löcher ins Leder geschlagen. Da Sperrholz untergeklebt ist, kommt eine Lochzange nicht in Frage. Zum Schutz von Locheisen und Arbeitstisch empfiehlt sich hierbei eine Stanz- bzw. Schlagunterlage.

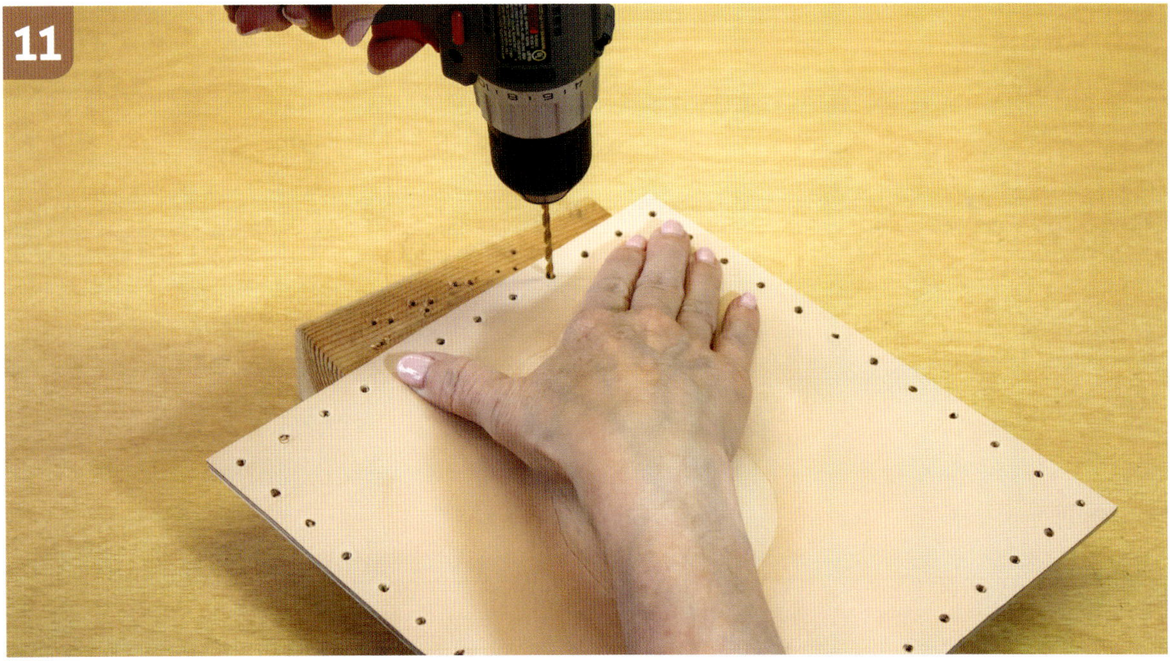

Nietenlöcher bohren. Bohren Sie mit einem 3 mm starken Bohrer mittig durch die Löcher im Leder ins Sperrholz. Legen Sie zum Schutz der Arbeitsplatte als Bohrunterlage ein einfaches Holzstück unter.

12

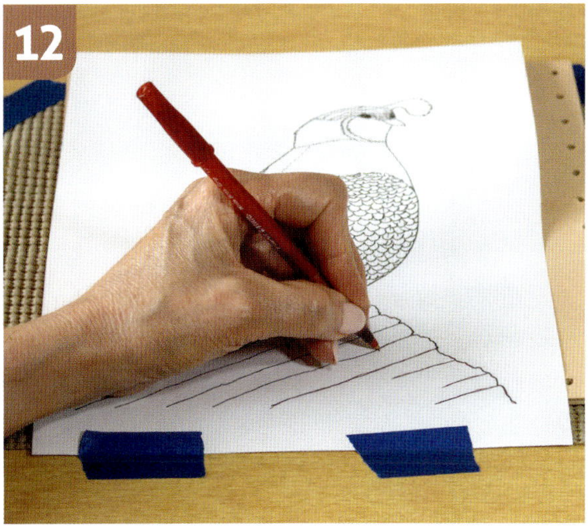

Vogelfüße und Baumstamm übertragen. Legen Sie das Lederobjekt auf eine Antirutschmatte, die Sie mit Klebeband am Arbeitstisch befestigen. Die zweite Kopie der Vogelvorlage dient Ihnen nun zum Übertragen. Legen Sie sie so auf das Leder, dass die Füße unterhalb der erhabenen Form ansetzen, der ausgeformte Schwanz dient dabei als Richtlinie. Befestigen Sie die Unterkante der Vorlage mit zwei Klebebandstücken am Tisch. Legen Sie ungewachstes Kopierpapier mit der Graphitseite nach unten zwischen Vorlage und Leder und ziehen Sie Füße und Baumstamm mit einem Stift nach. Verschmierte Stellen und zu dunkel geratene Graphitlinien können mit einem Knetgummi wegradiert bzw. aufgehellt werden.

13

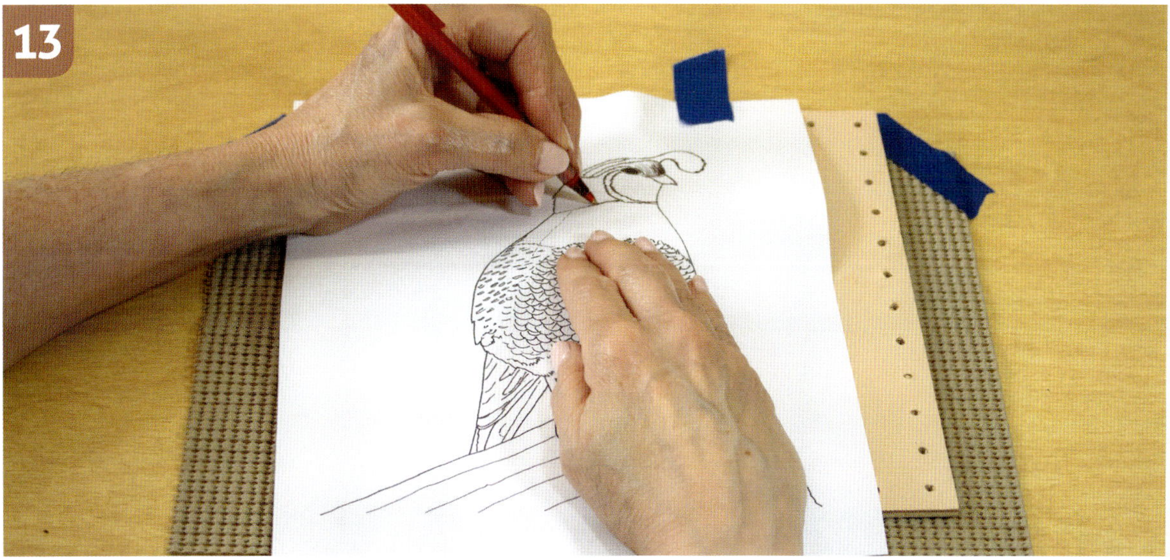

Vogelkopf und -körper übertragen. Vergleichen Sie die Vorlage mit der modellierten Vogelform. Mitunter passen beide nicht mehr eins zu eins übereinander, da sich die Oberfläche durch die Dreidimensionalität leicht vergrößert. Ist der Unterschied nur sehr klein, dann richten Sie die Vorlage über dem modellierten Vogel aus, befestigen die obere Papierkante mit zwei Stücken Malerband am Tisch und legen ungewachstes Kopierpapier mit der Graphitseite nach unten zwischen Vorlage und Leder. Beginnen Sie in der Mitte von Körper und Kopf, die Linien nachzuziehen. Dann halten Sie die Vorlage in der Mitte fest und arbeiten sich weiter zu den Seiten hin vor. Drücken Sie nicht zu stark auf. Wenn Sie alle Linien übertragen haben, können verschmierte Stellen und zu dunkel geratene Graphitlinien mit einem Knetgummi wegradiert bzw. aufgehellt werden. Sollte der Unterschied zwischen Vorlage und erhabener Form zu groß sein, dann übertragen Sie entweder nur den mittleren Teil und zeichnen die Linien an den Seiten mit einem weichen Bleistift (2B oder weicher) freihand direkt aufs Leder vor, oder Sie nehmen die Vorlage von vornherein nur als visuelle Anregung und zeichnen ganz freihändig mit dem weichen Bleistit direkt auf dem Leder an, wo welche markante Stellen und Muster hinkommen sollen.

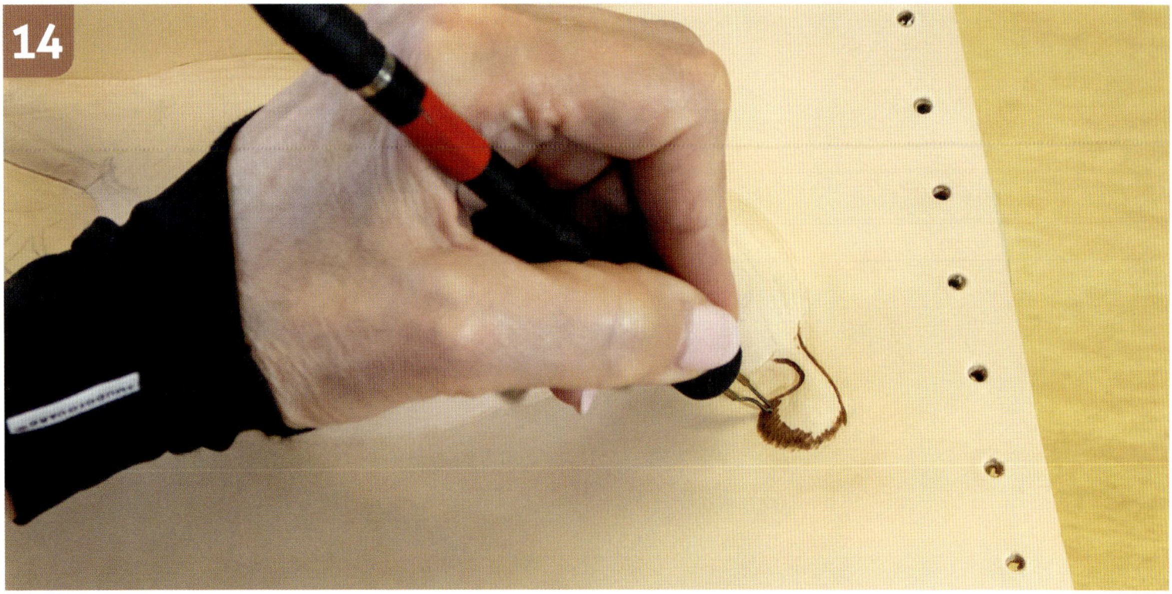

Den Kopf brennen: Schopf. Beginnen Sie mit dem Schopf, den die Wachtel auf dem Kopf trägt. Arbeiten Sie den Umriss mit einer kleinen Schreibspitze heraus, ich verwende eine mit Kugel (0,8 mm). Die Linien sollten am Schopfende sehr dünn auslaufen, wie lauter kleine Federn. Der Rest des Schopfes wird mit parallelen Strichen ausgefüllt, die der Bogenform des Schopfes folgen.

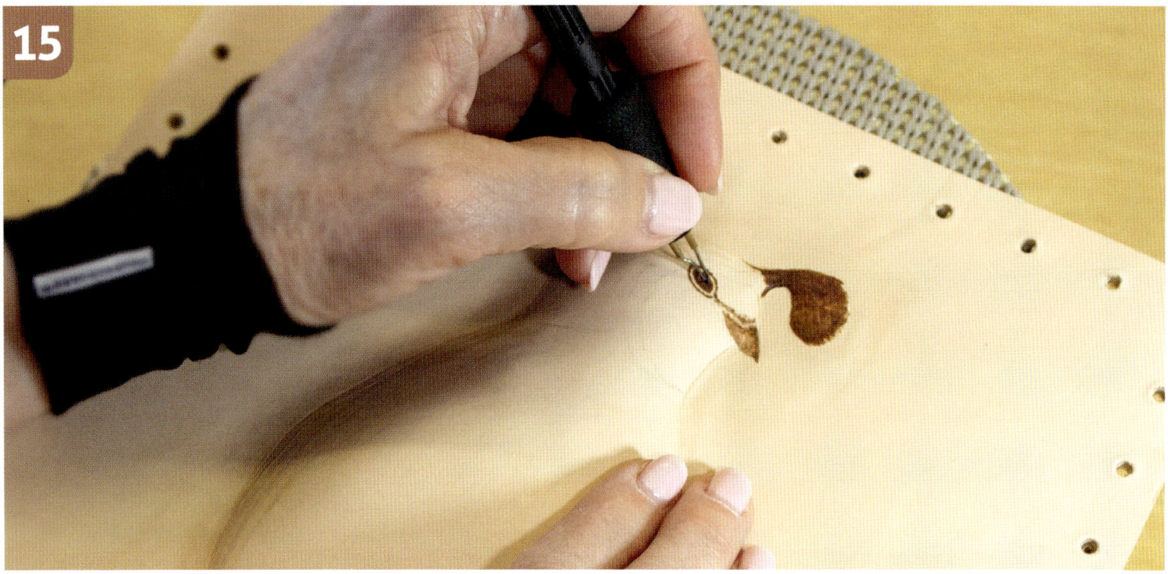

Den Kopf brennen: Schnabel und Auge. Brennen Sie den Umriss des Schnabels mit einer kleinen Schreibspitze und füllen Sie ihn der Vorlage gemäß mit unterschiedlich dunklen, überlappenden Strichen aus. Dann zeichnen Sie mit derselben Spitze den Umriss des Auges und die Lider (achten Sie beim Ausfüllen auf den Lichtreflex im Auge).

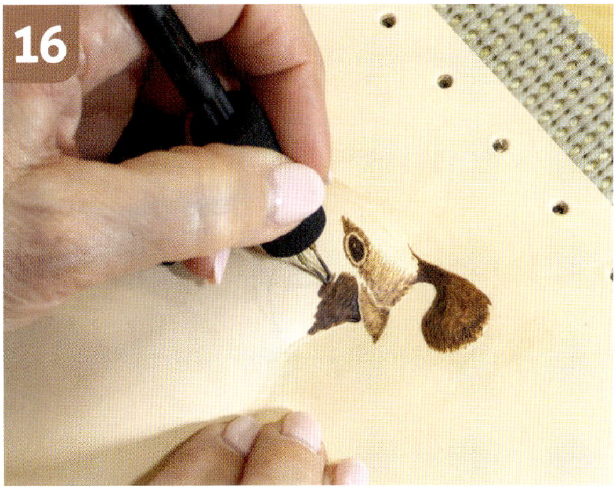

Den Kopf brennen: Kehle und Stirn. Mit der kleinen Schreibspitze brennen Sie entsprechend der Vorlage helle Striche vom Schnabel aufwärts zur Stirn. Mit einer mittelgroßen Schreibspitze wird die dunkle Fläche unterhalb des Schnabels bis hin zum weißen Kehlband ausgefüllt. Brennen Sie hier sehr dunkle überlappende Striche, die leicht im Bogen diagonal verlaufen und die Kurve des weißen Kehlbands spiegeln. Beginnen Sie unter dem Auge und arbeiten Sie sich nach außen und zum unteren Rand des dunklen Bereichs hin vor.

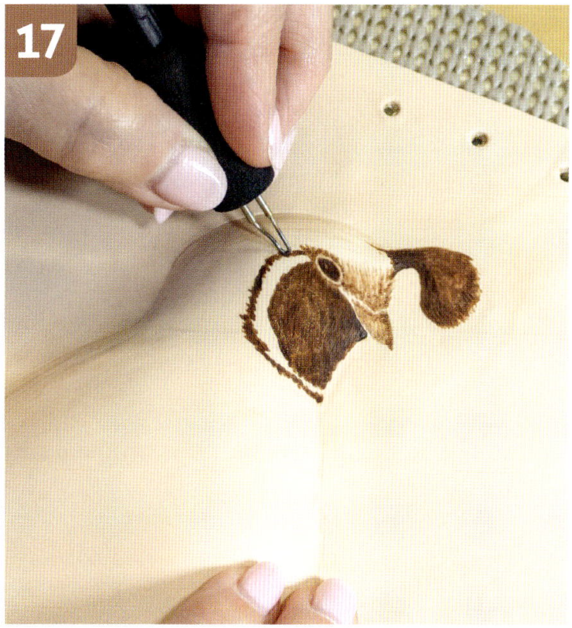

Den Kopf brennen: Wange. Mit derselben mittleren Schreibspitze entstehen am äußeren Rand des weißen Kehlbands sehr kurze, gestrichelte parallele Linien.

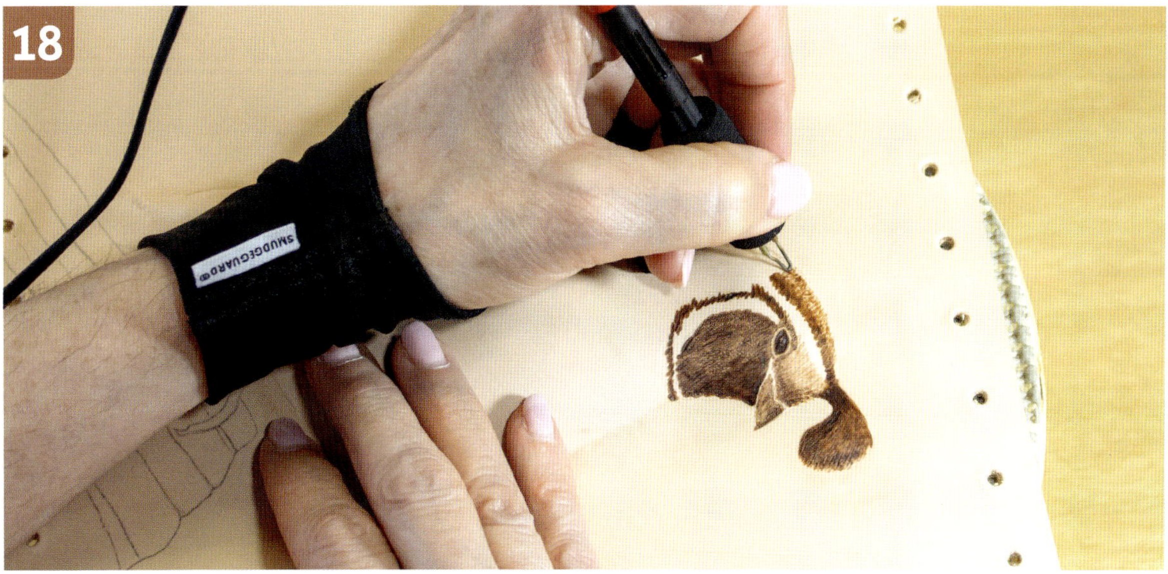

Den Kopf brennen: Scheitel. Mit derselben mittleren Schreibspitze zeichnen Sie auch auf dem Scheitel sehr kurze, gestrichelte parallele Linien. Die Reihe unmittelbar über der weißen Gesichtszeichnung ist von dunkler, die nächste von mittlerer Tönung.

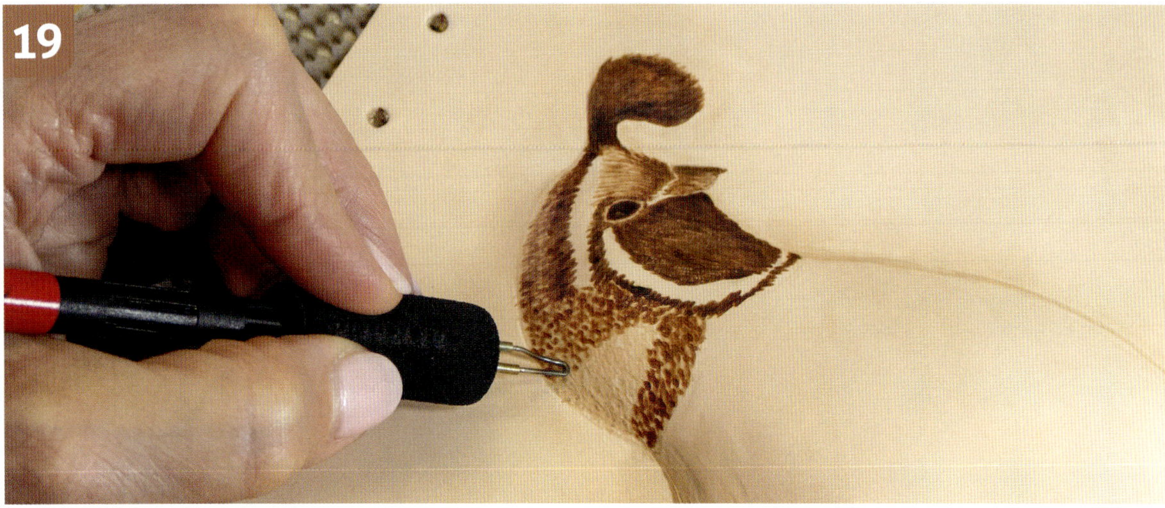

Den Kopf brennen: Hinterkopf. Um das gesprenkelte Federkleid am Hinterkopf anzudeuten, füllen Sie die Fläche mithilfe der kleinen Schreibspitze mit sehr hellen, kleinen runden Kringeln. Dann gehen Sie noch einmal darüber und brennen Kringel in einem mittleren Ton. Achtung, hier besteht die Textur fast überall aus Kreisen, aber zum Rücken und Bauch hin nehmen die Kringel eine eher ovale Form an.

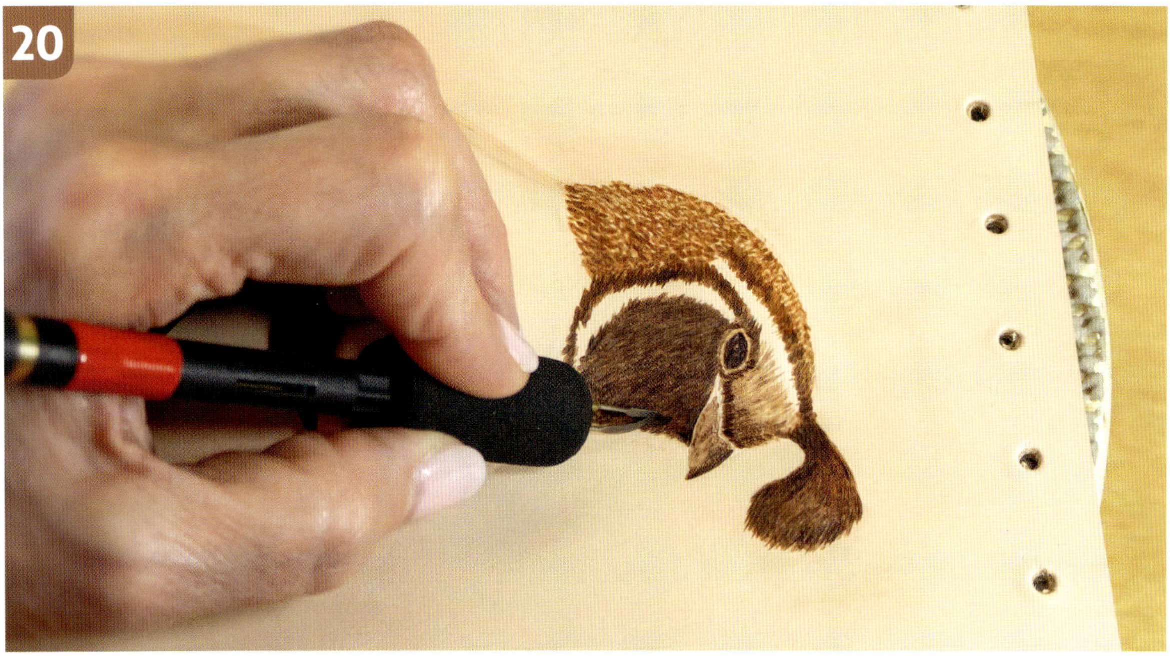

Den Kopf brennen: Textur hinzufügen. Nun müssen Sie die dunklen Bereiche an Kehle und Schopf noch mit einer feinen Struktur versehen. Mit einer dünnen kleinen oder mittleren Schrägspitze werden kurze Striche in derselben Richtung gebrannt, in der zuvor die Fläche mit der Schreibspitze gefüllt wurde. Drücken Sie nur ganz wenig auf, damit die Striche dünn bleiben.

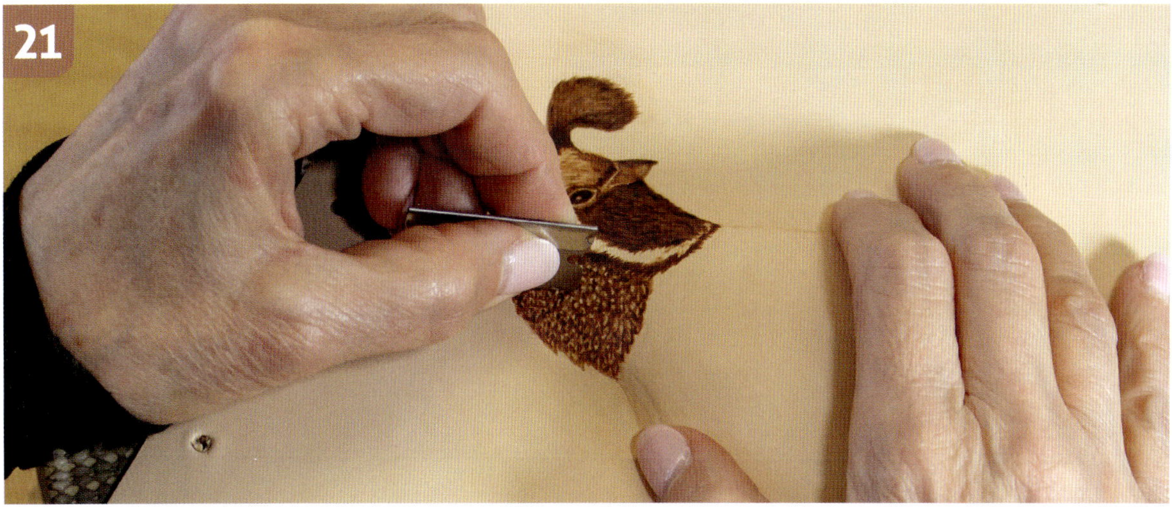

Den Kopf brennen: Helle Pünktchen herausarbeiten. Kringeln Sie mit der kleinen Schreibspitze eine letzte Schicht sehr dunkler Kreise und Ovale auf den Hinterkopf. Mit einer Rasierklinge werden dann die hellen Pünktchen im Innern der Kreise und Ovale so herausgearbeitet, dass sie deutlich abgesetzt erscheinen.

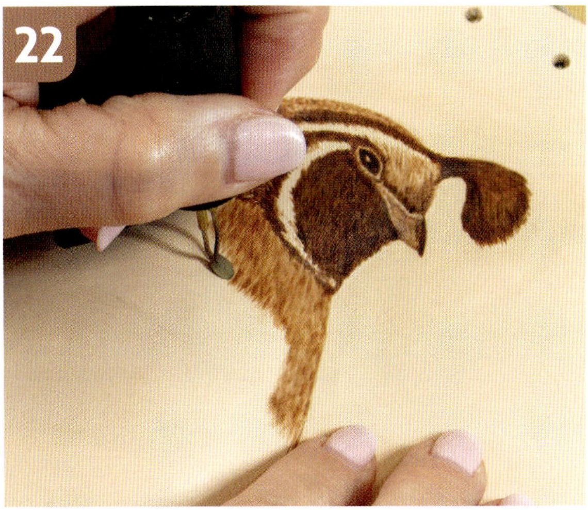

Den Körper brennen: Brust. Mit einer kleinen, vorne abgerundeten Schattierspitze wird die Brust des Vogels texturiert. Halten Sie den Griffel steiler als normal, damit beim Brennen nur der vordere Rand der Schattierspitze aufliegt. Bewegen Sie diese in kurzen, vertikalen Zickzackstrichen über das Leder, als ob Sie hin- und herwischen. Füllen Sie die Fläche mit überlappenden Reihen und verleihen Sie der so schattierten Fläche mit einer dünnen Schrägspitze mit runder Ferse bei geringer Temperatur Struktur.

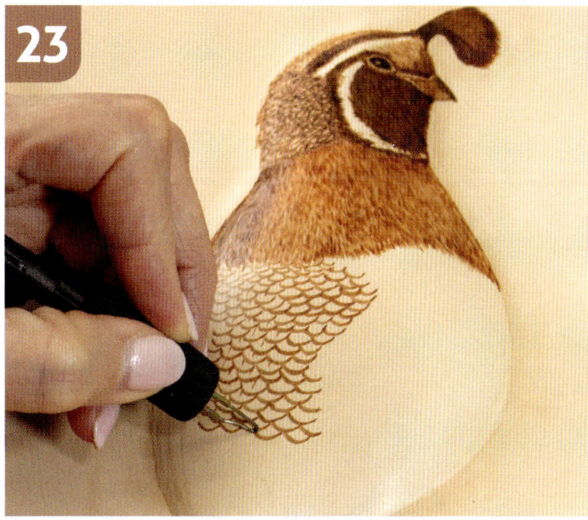

Den Körper brennen: Bauch. Am Bauch weist die Schopfwachtel eine Schuppenzeichnung auf. Mit der mittleren Schreibspitze wird diese gemäß der Vorlage gebrannt. Die Bögen der Federn sind Reihe für Reihe um die Hälfte versetzt angeordnet. Bei einigen dieser Federn ist der Schaft in der Mitte der Feder durch jeweils einen einfachen kurzen, dunklen Strich angedeutet.

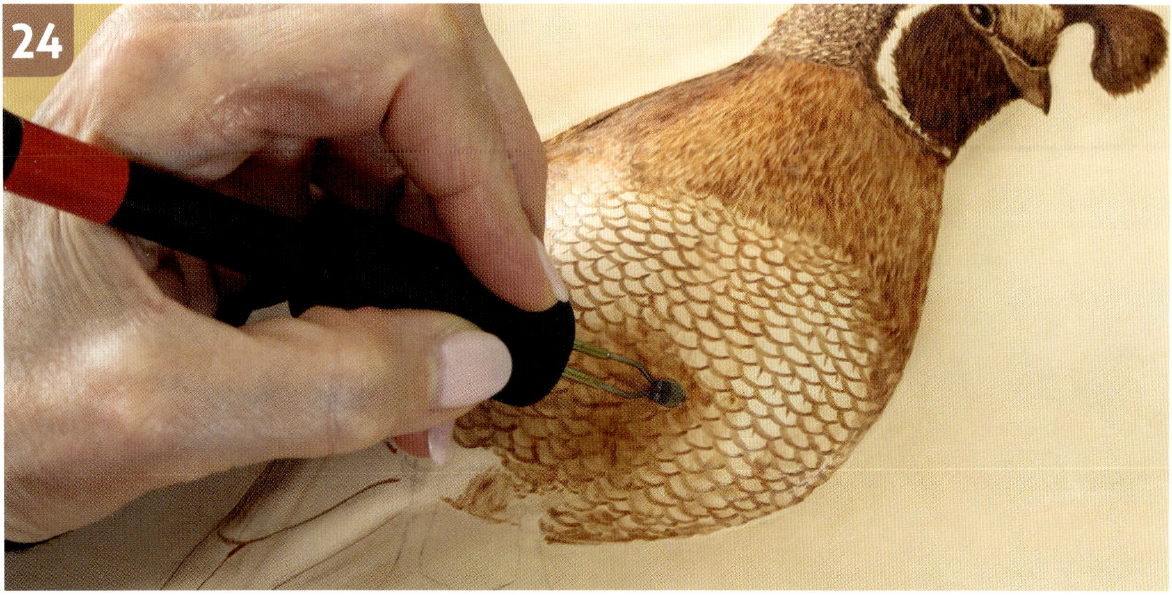

Den Körper schattieren: Bauch. Mit der kleinen, vorne abgerundeten Schattierspitze werden die Bauchfedern entsprechend der Vorlage schattiert. An den Seiten und am Oberbauch nur leicht, in der Mitte des Unterbauches hingegen dunkler.

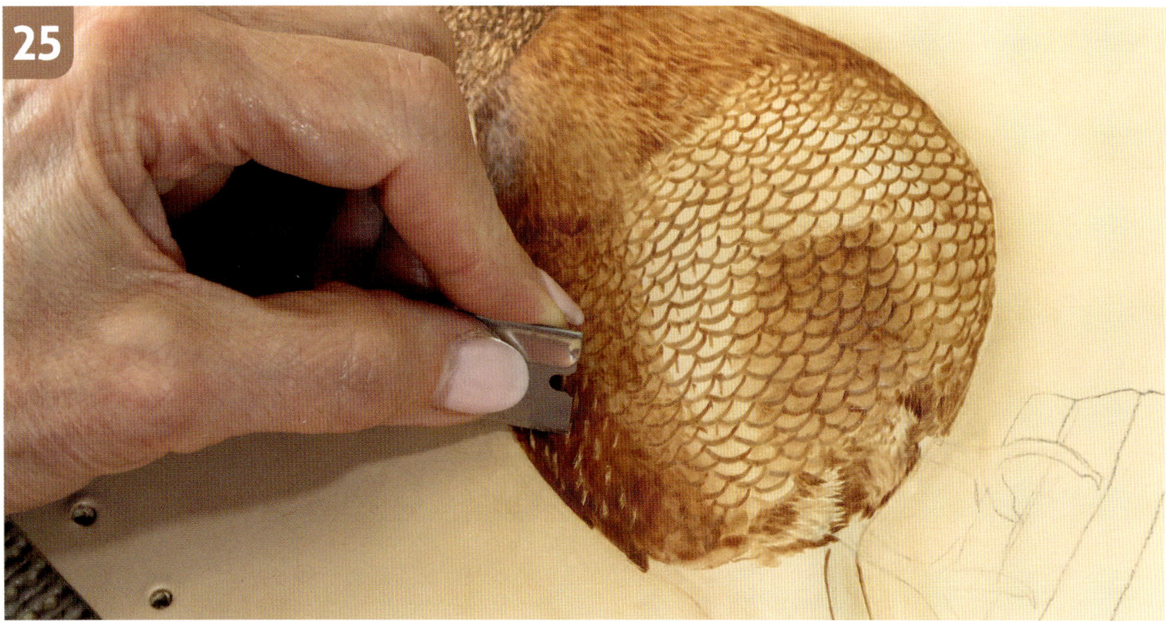

Den Körper brennen: Flanken. Die Flügel an den Flanken werden mit einer kleinen Schattierspitze gebrannt. Die hellen Stellen an den Flügelfedern sind mit der Rasierklinge der Vorlage folgend wegzuschaben.

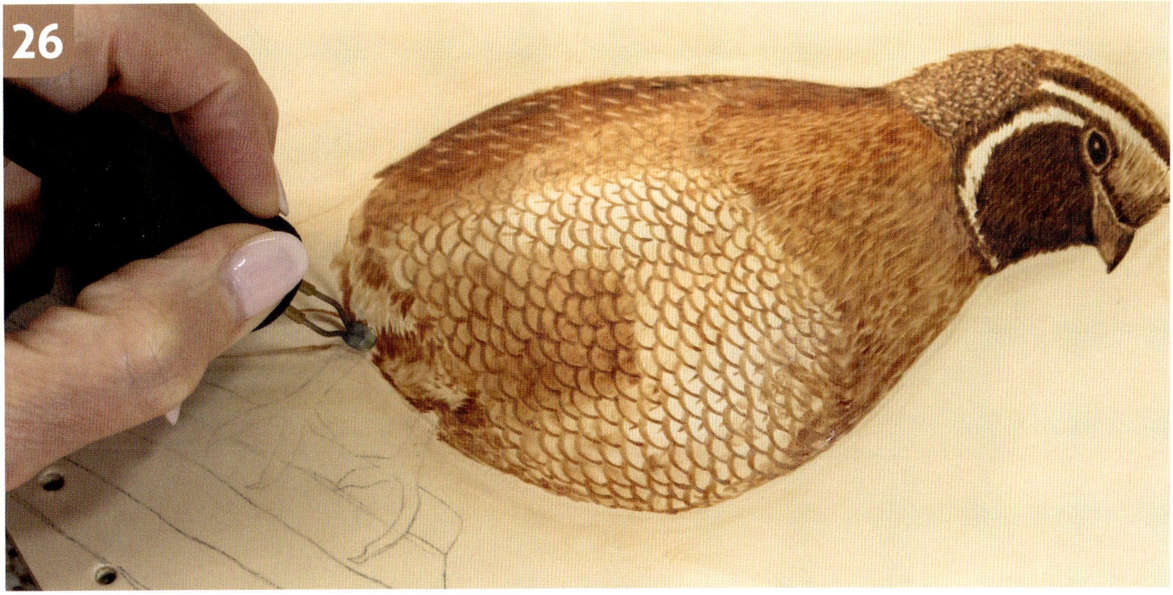

Den Körper brennen: Unterbauch. Mit einer kleinen Schattierspitze kann man die Daunenfedern am Unterbauch gestalten, dort, wo die Beine ansetzen. Um die Illusion zu erzeugen, dass weiße Daunenfedern in den dunklen Bereich hineinragen, werden zunächst die dunklen Stellen gebrannt und dann mit dem vorderen Ende der Schattierspitze dunkle Streifen in die weißen Bereiche hineingezogen.

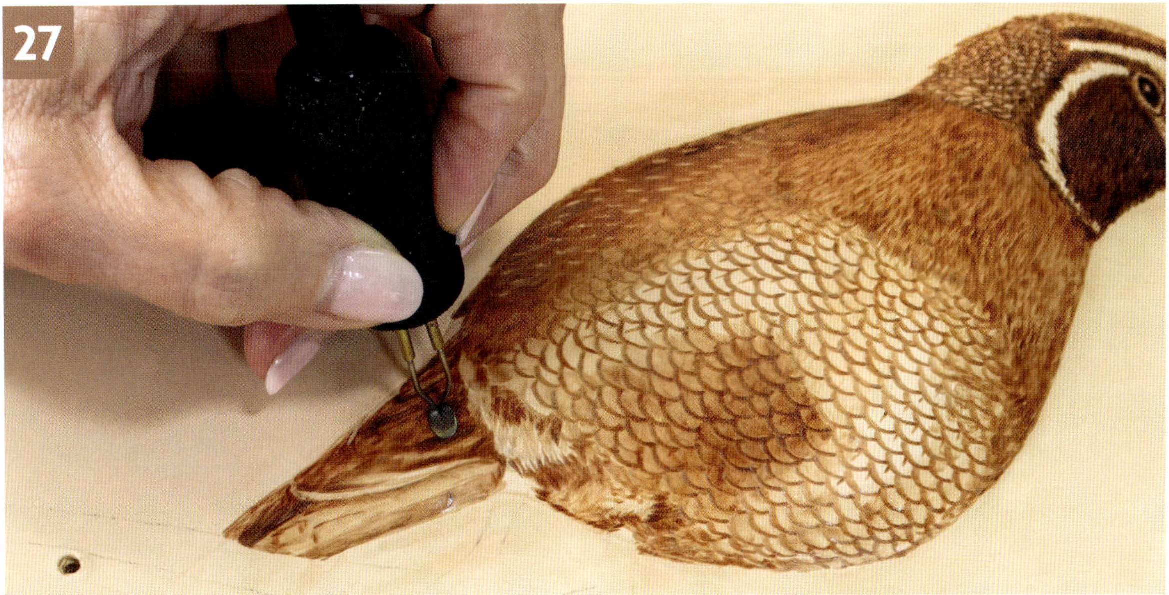

Den Schwanz brennen. Die Schwanzfedern werden gemäß der Vorlage mit einer kleinen Schattierspitze gebrannt. Mit einer Schreibspitze arbeitet man Details heraus und betont den Kontrast zwischen den einzelnen Federn.

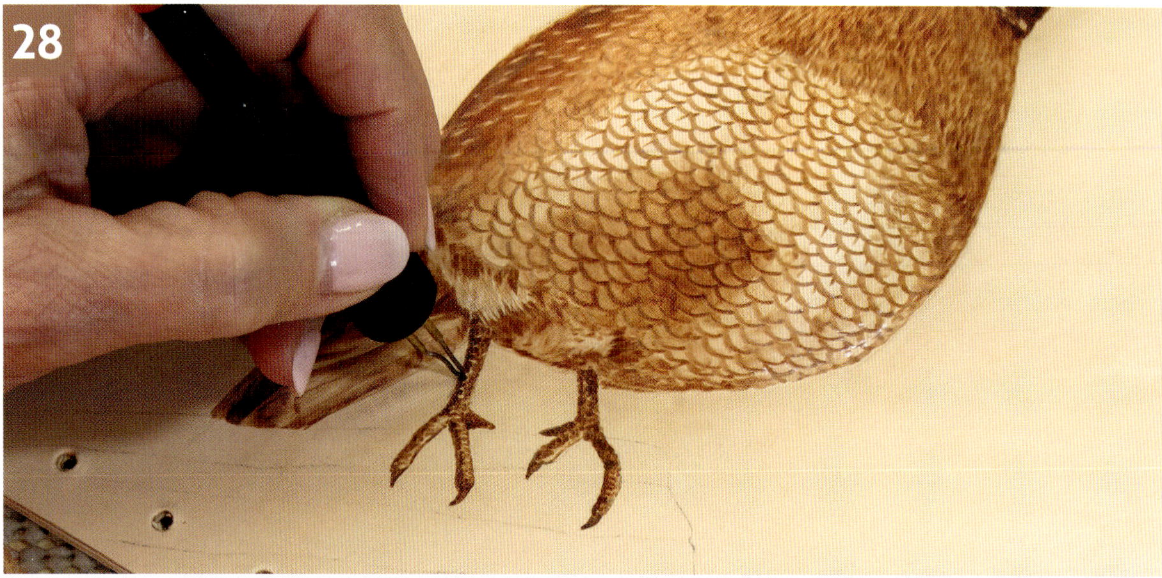

Die Füße brennen. Mit einer kleinen Schreibspitze gestaltet man die Füße des Vogels, folgen Sie bei den Linien und der Schattierung der Vorlage.

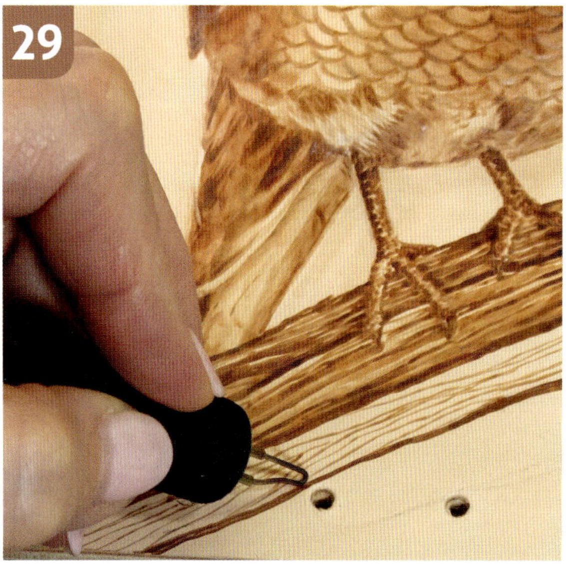

Den Baumstamm brennen: Umrisse. Mit der mittelgroßen Schreibspitze werden die Umrisse und die dunkle Holzmaserung des Baumstamms leicht angedeutet und die Graphitlinien anschließend wegradiert. Nun werden die breiten Streifen des Holzes in dunkleren und die feinen Linien zwischen den dunklen Streifen in helleren Tönen gebrannt.

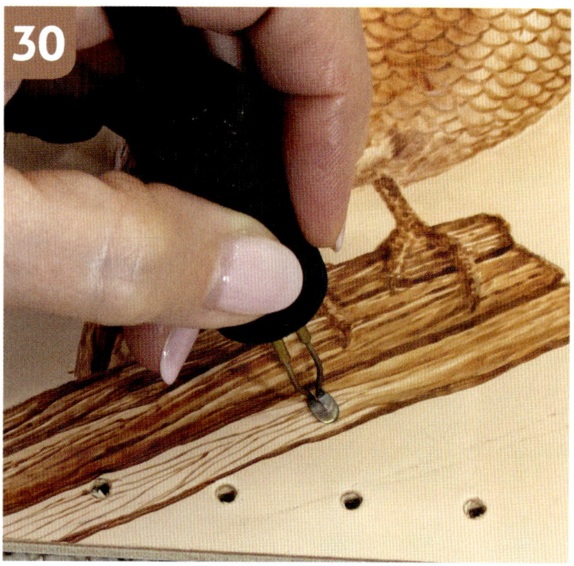

Den Baumstamm brennen: Schattierung. Mit der kleinen, vorne abgerundeten Schattierspitze schattiert man entsprechend der Vorlage das Holz des Baumstamms zwischen den dunklen Streifen. Folgen Sie hierbei der Holzmaserung.

31

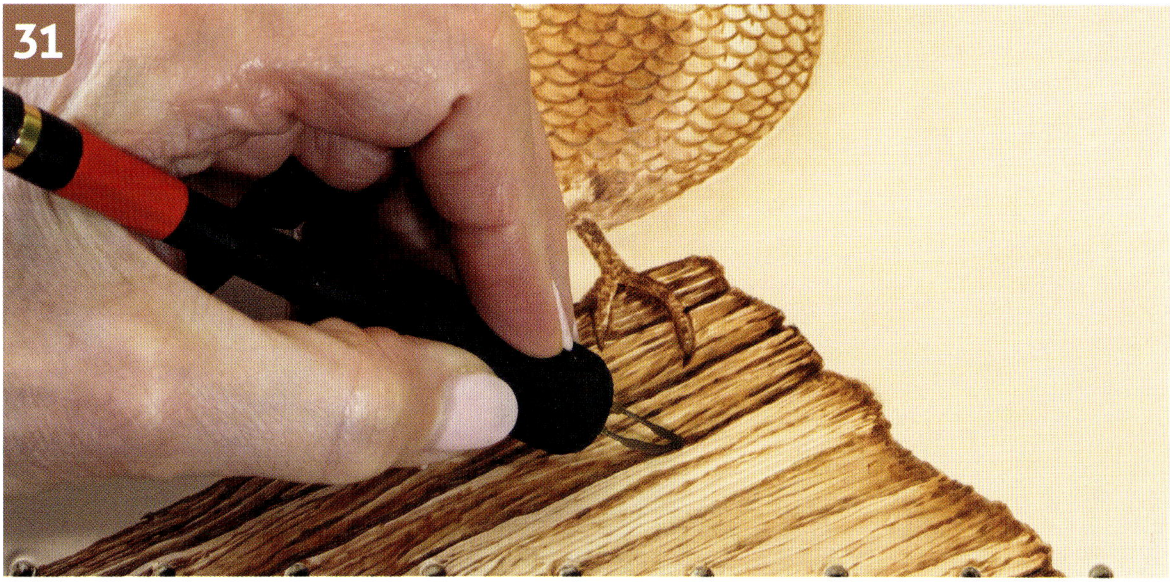

Den Baumstamm brennen: Detailarbeit. Mit der Schrägspitze mit abgerundeter Ferse arbeiten Sie die dunklen Streifen stärker heraus und fügen der Holzmaserung ein paar differenzierte Linien hinzu.

32

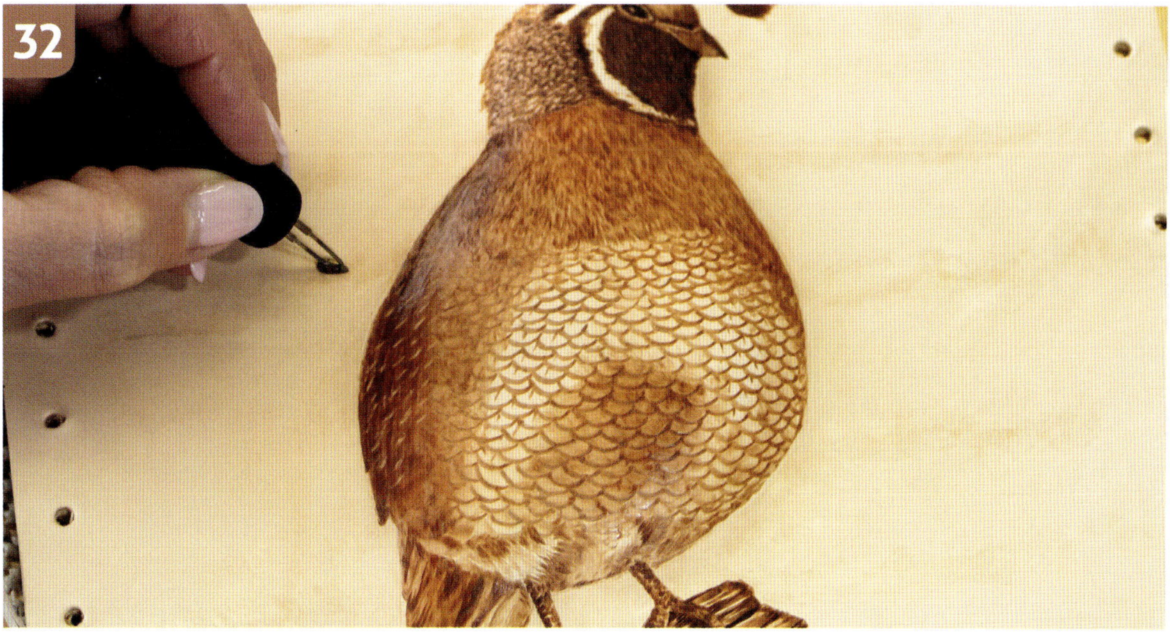

Wolken brennen. Gestalten Sie ein paar sehr helle Wolkenstreifen im Hintergrund, indem Sie eine Schattierspitze in kreisender Bewegung über das Leder gleiten lassen. Ich habe eine Schattierspitze mit einer flachen Platte verwendet, die wie ein winziges Bügeleisen aussieht. Deren Kanten sind leicht abgerundet und hinterlassen keine scharf abgesetzten Brennmarken auf dem Leder.

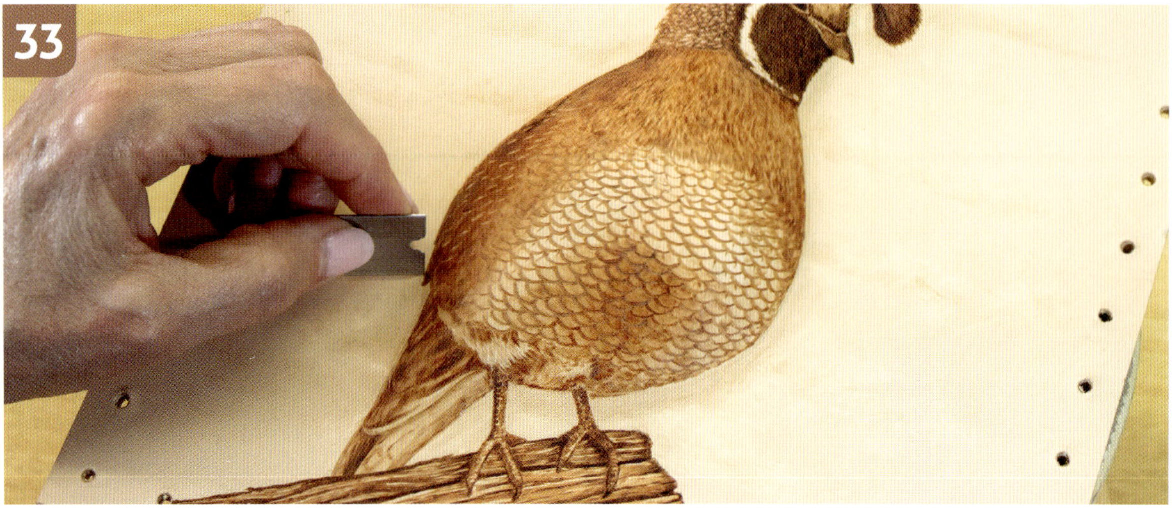

Versäubern und Retusche. Nun werden alle verbliebenen Graphitlinien wegradiert. Unebenheiten an den Linien sowie zu dunkel/fleckig geratene Schattierungen werden sachte mit der Rasierklinge weggekratzt (siehe Seite 55f.).

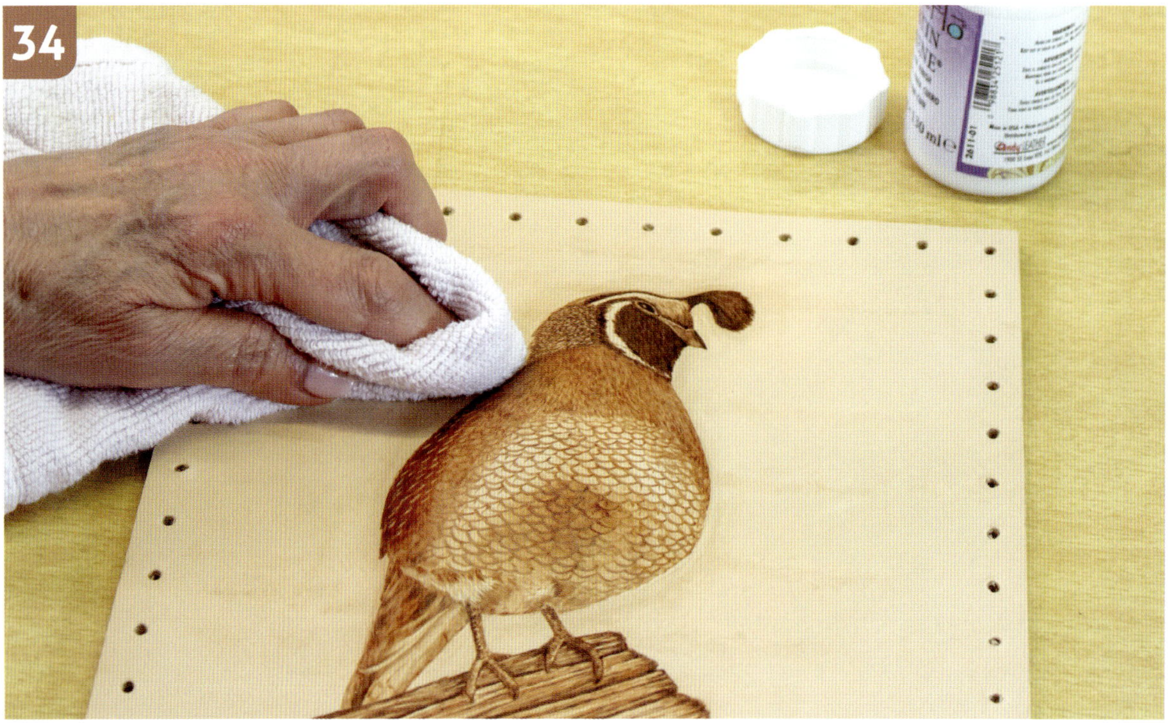

Der letzte Schliff. Die Lederkanten müssen nicht geglättet und poliert werden, da sie vom Rahmen verdeckt werden. Tragen Sie zum Schutz ein Lederfinish auf.

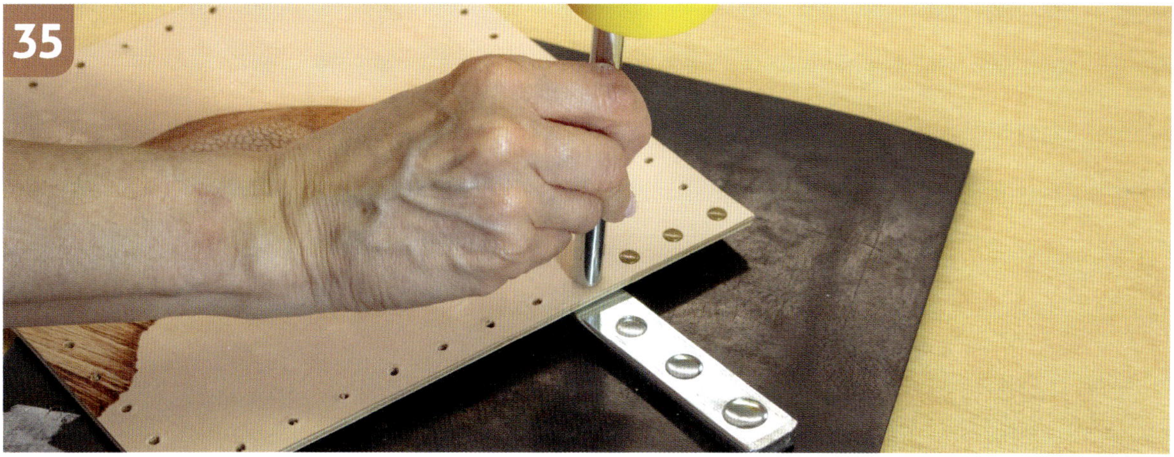

35 Nieten setzen. Wenn das Finish getrocknet ist, schlagen Sie rund um den Vogel Nieten in die vorbereiteten Löcher ein. Stecken Sie dazu das Unterteil des Niets mit dem langen Nietstift von hinten durch Sperrholz und Leder. Setzen Sie die Kappe auf den Nietstift. Positionieren Sie das Nietunterteil in der passenden Vertiefung der Nietplatte und das Setzeisen mit der Wölbung auf die Nietkappe. Schlagen Sie mit einem Punzierhammer darauf.

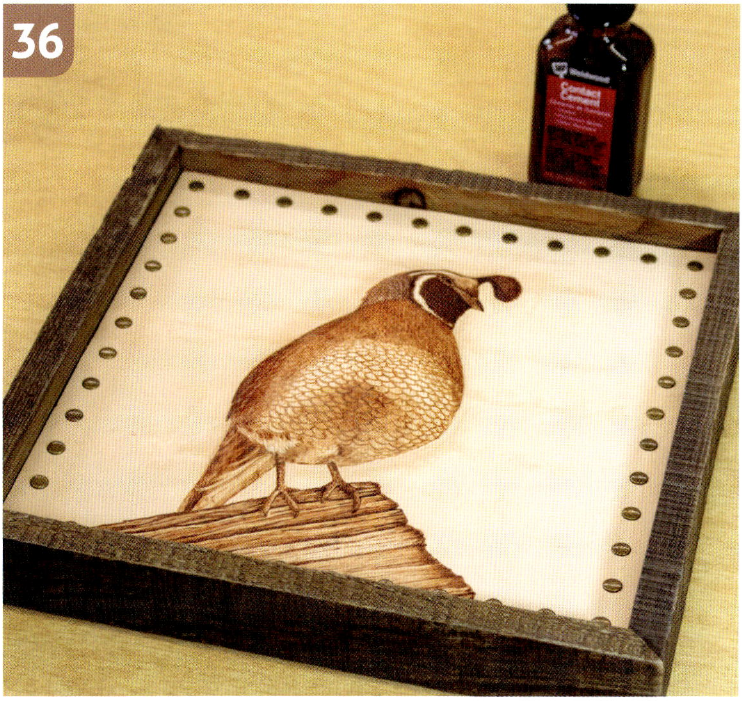

36 Rahmen hinzufügen. Positionieren Sie das dreidimensionale Bild in einem rustikalen Rahmen. Bei mir geschieht das von vorn, deshalb habe ich die Sperrholzrückseite mit Leim bestrichen und auf die Rahmenrückwand geklebt.

TIPP

Beim Nietensetzen kann es passieren, dass das Nieteisen, wenn man zu stark daraufschlägt oder es beim Schlagen nicht ganz senkrecht hält, einen Abdruck im Leder hinterlässt. Solch ein Abdruck lässt sich mit einer sauberen, nicht erwärmten Schattierspitze aus dem Leder „herausbügeln".

KAPITEL 6: MUSTERVORLAGEN

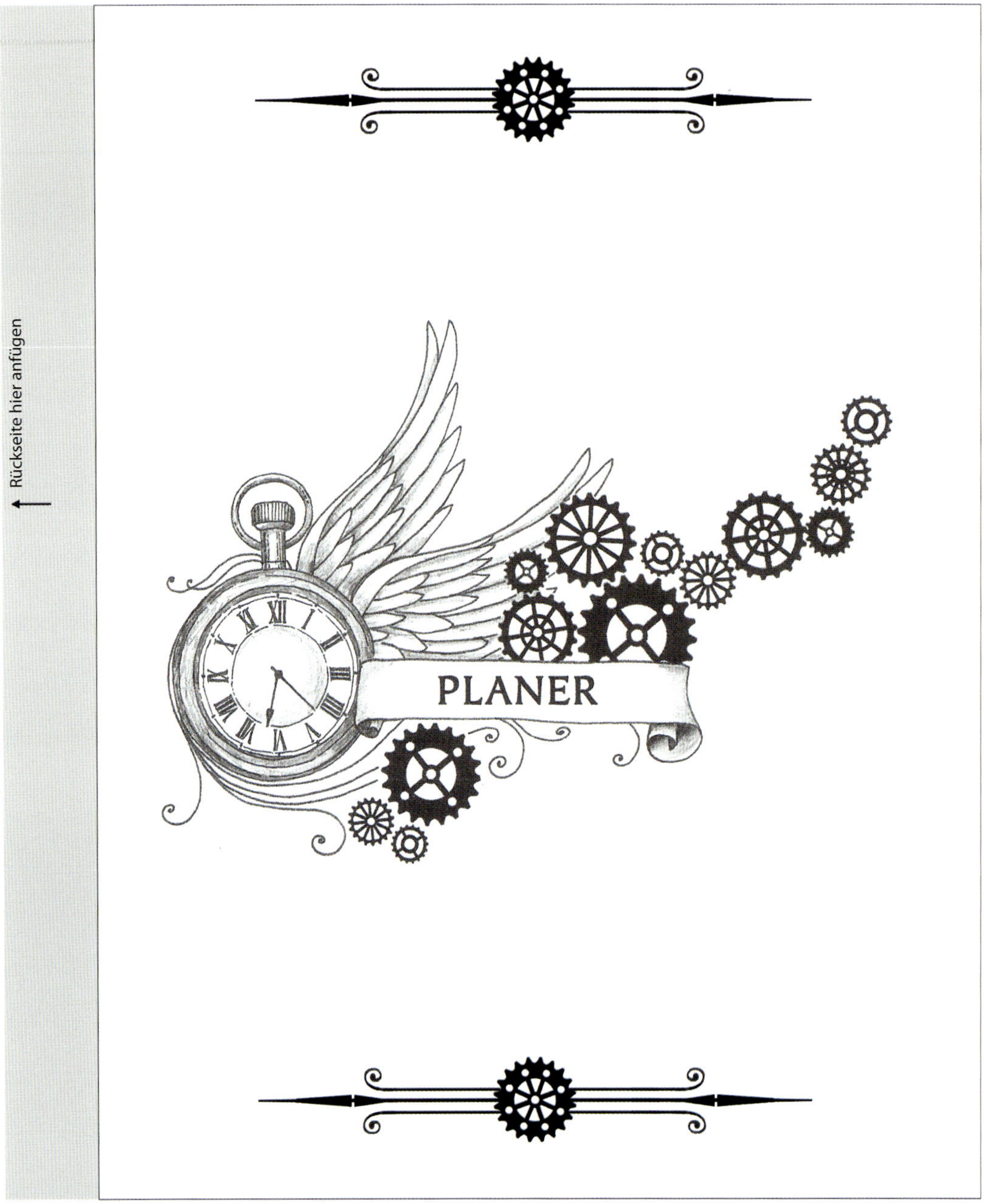

Buchhülle mit Steampunk-Motiven (Vorderseite) – Vorlage ist auf **140 %** zu **vergrößern**

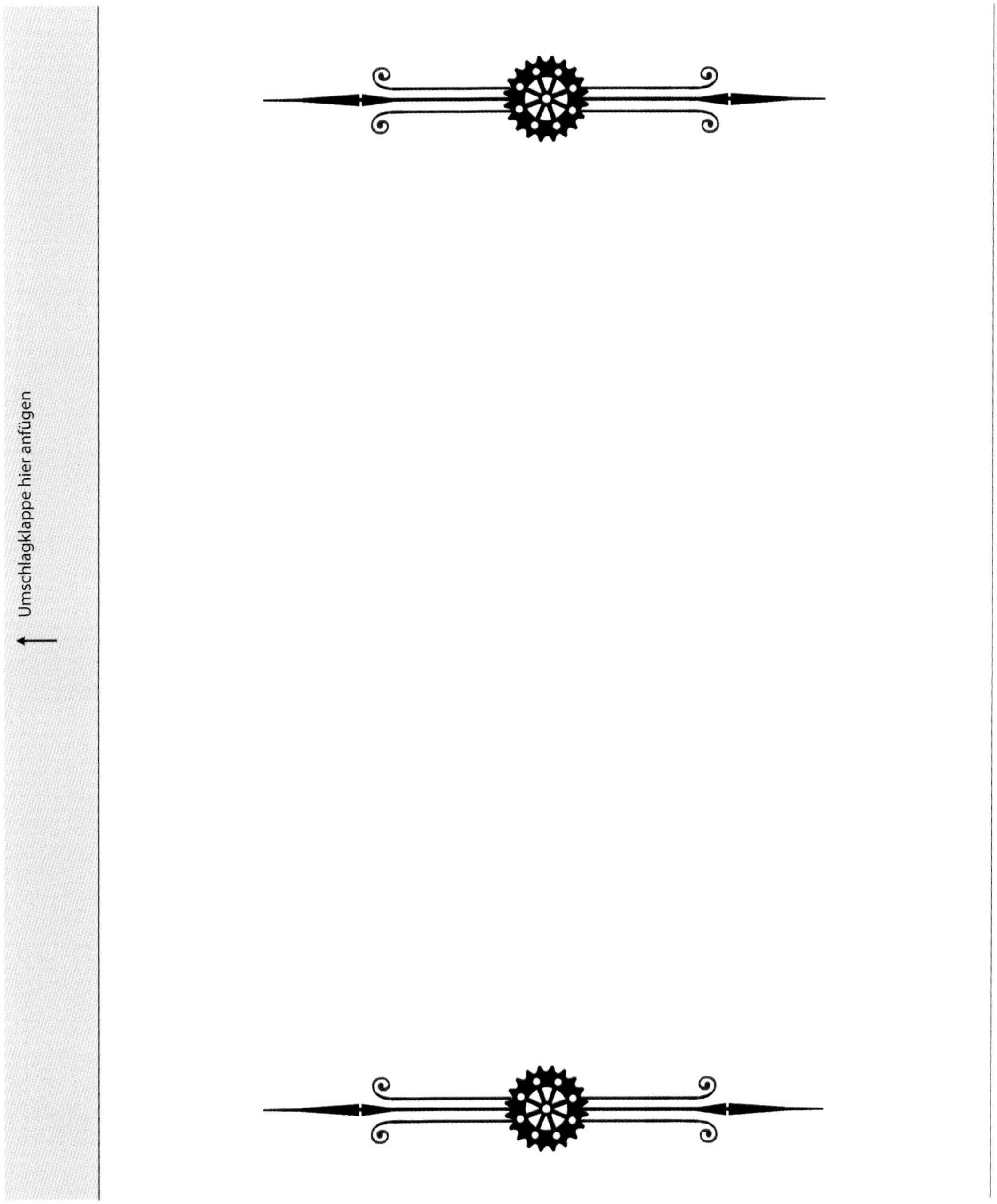

Buchhülle mit Steampunk-Motiven (Rückseite) – Vorlage ist auf 140 % zu vergrößern

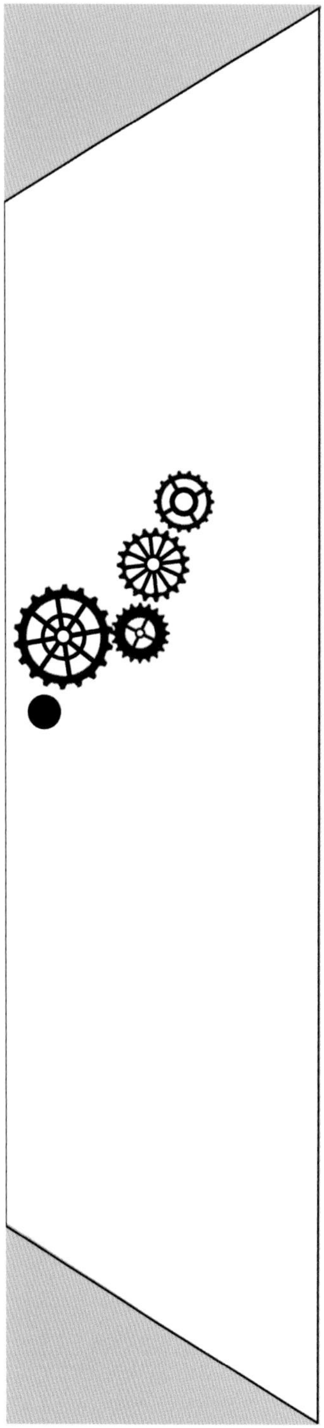

Buchhülle mit Steampunk-Motiven (Umschlagklappe) – Vorlage ist auf **125 %** zu vergrößern

Position der Nieten am Schopfwachtelbild – Vorlage ist auf **300 %** zu vergrößern

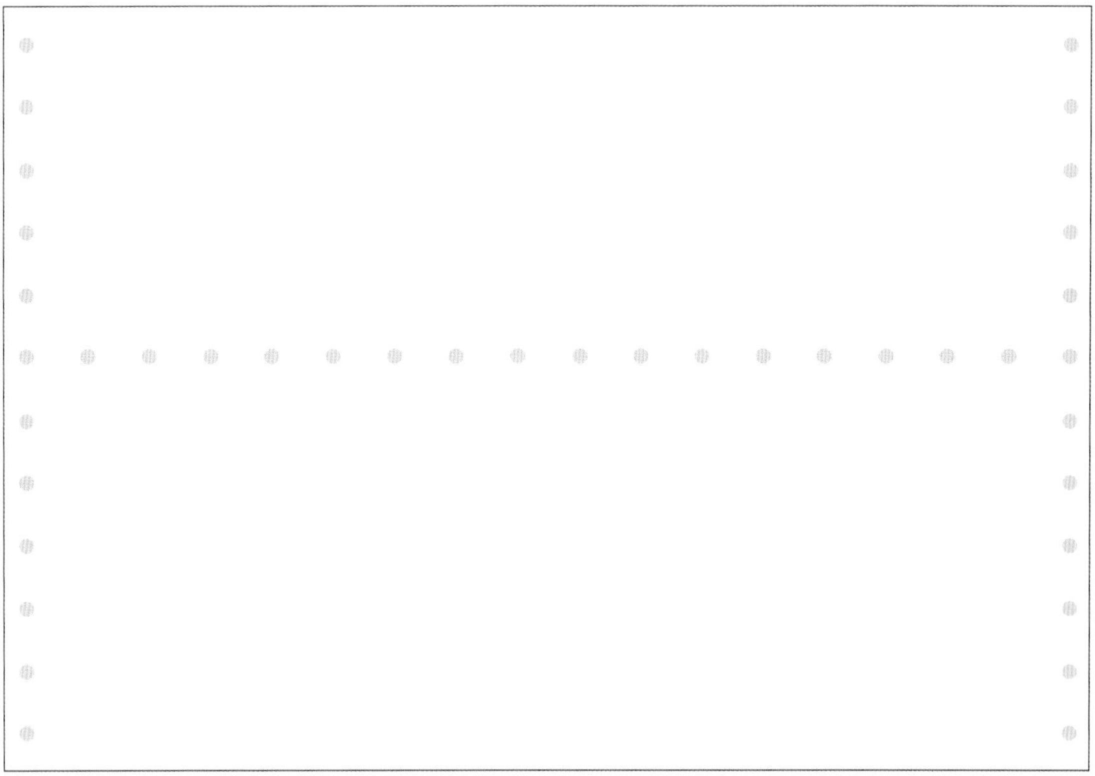

Position der Nieten am Fransenkissen – Vorlage ist auf **300 %** zu vergrößern

Schopfwachtel (Umriss- und Orientierungslinien) – **Originalgröße**

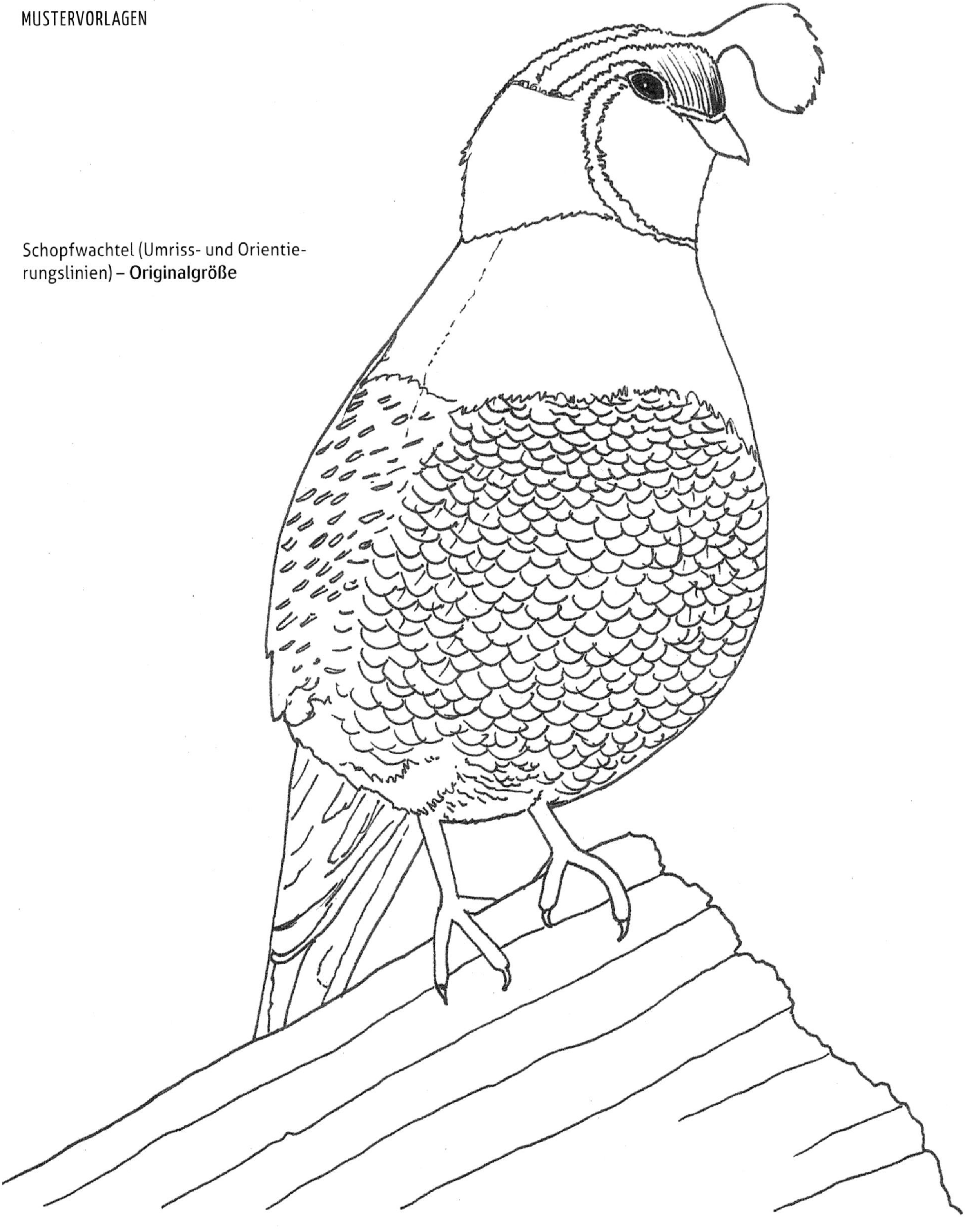

Schopfwachtel (Schattierung)
– Originalgröße

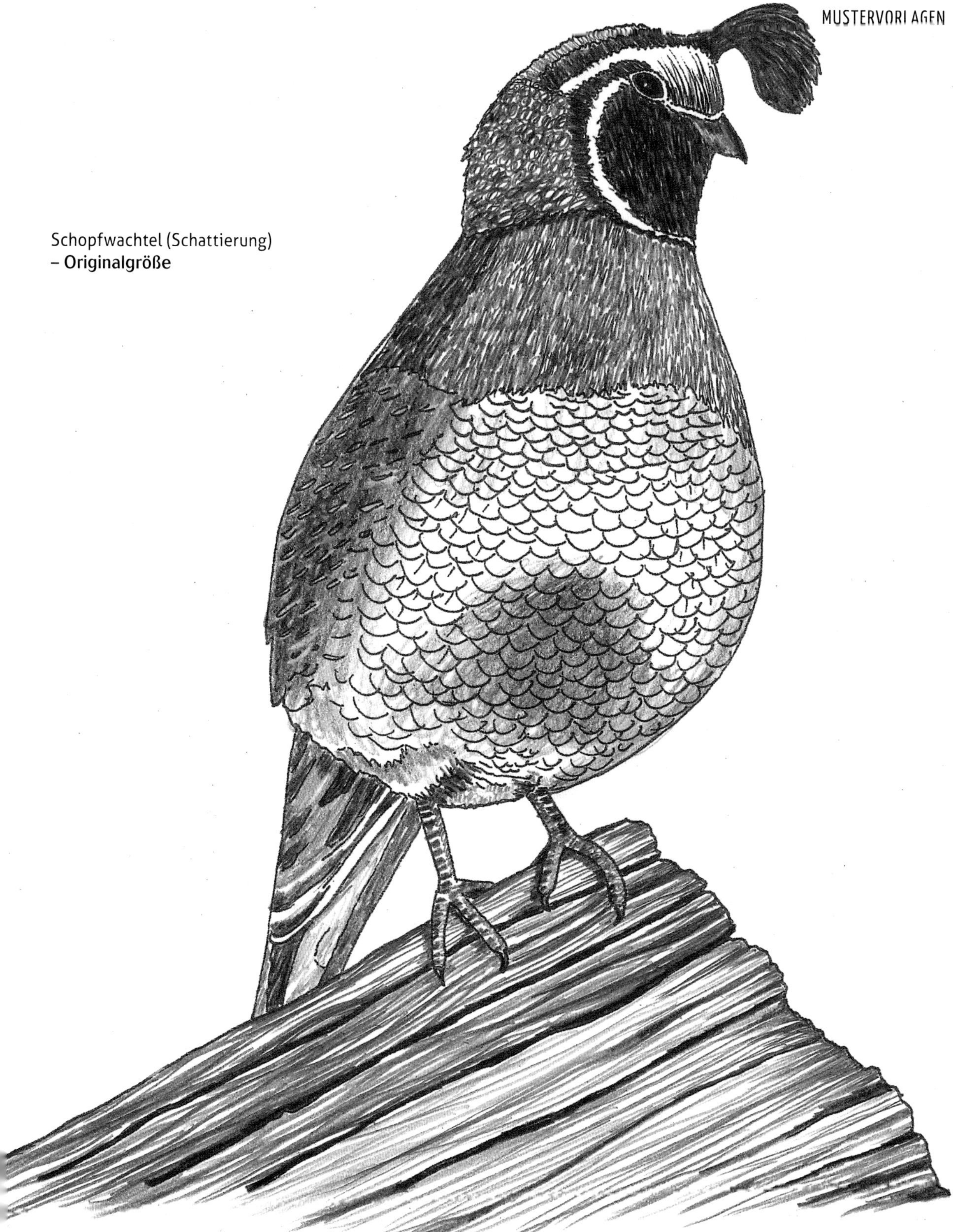

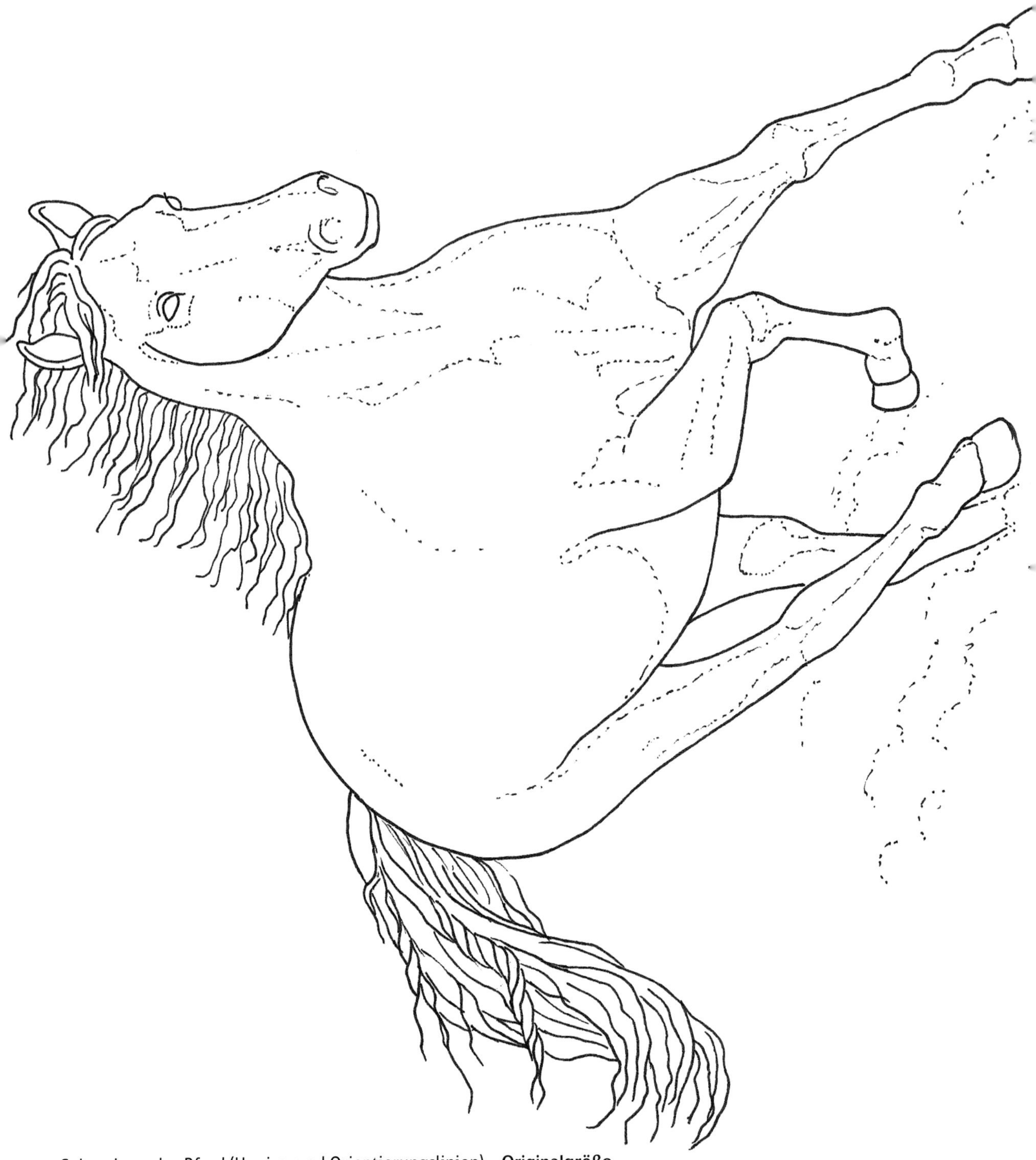

Galoppierendes Pferd (Umriss- und Orientierungslinien) – **Originalgröße**

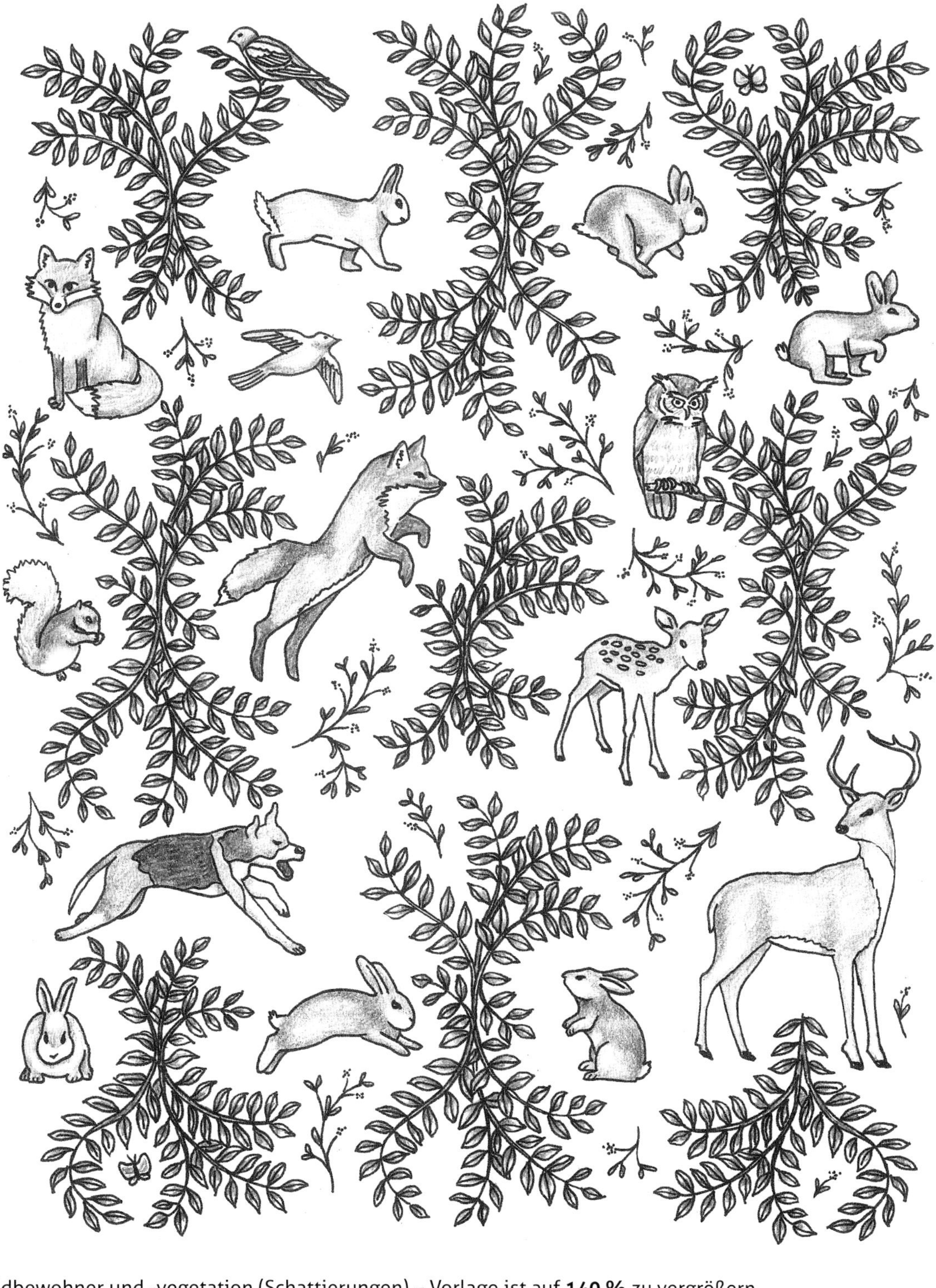

Waldbewohner und -vegetation (Schattierungen) – Vorlage ist auf **140 %** zu vergrößern

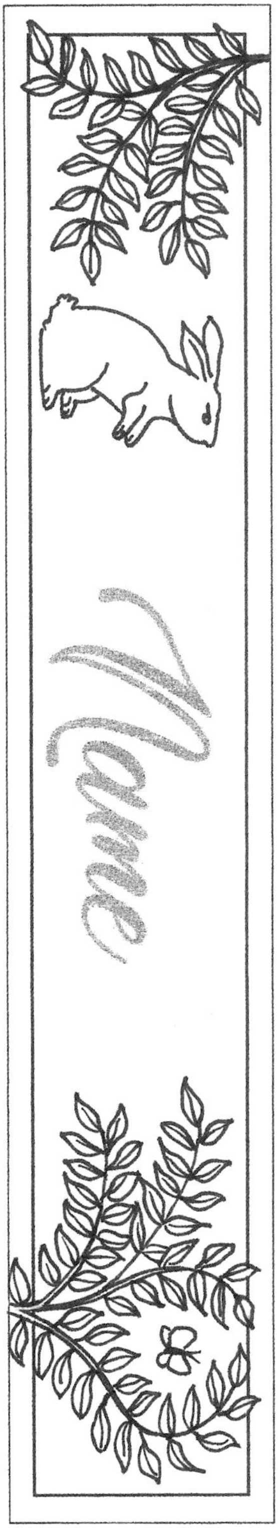

Lesezeichen, Untersetzer,
Schlüsselanhänger (Umrisse)
– Originalgröße

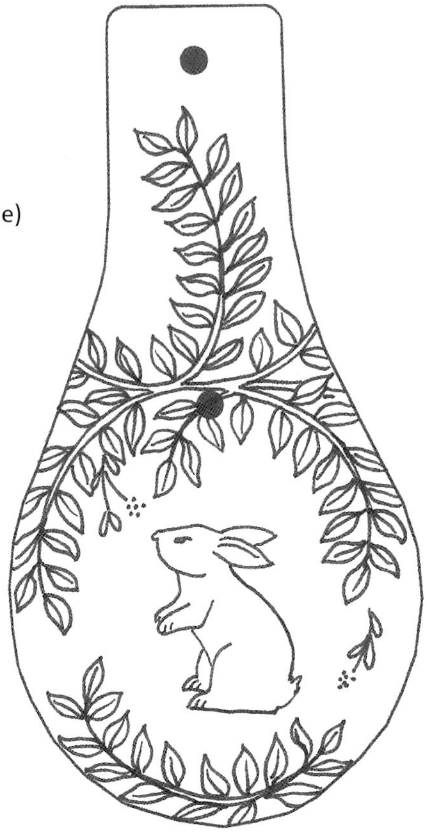

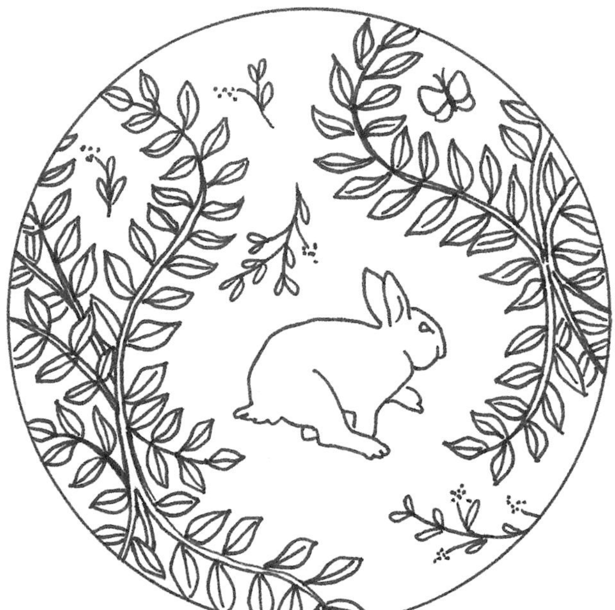

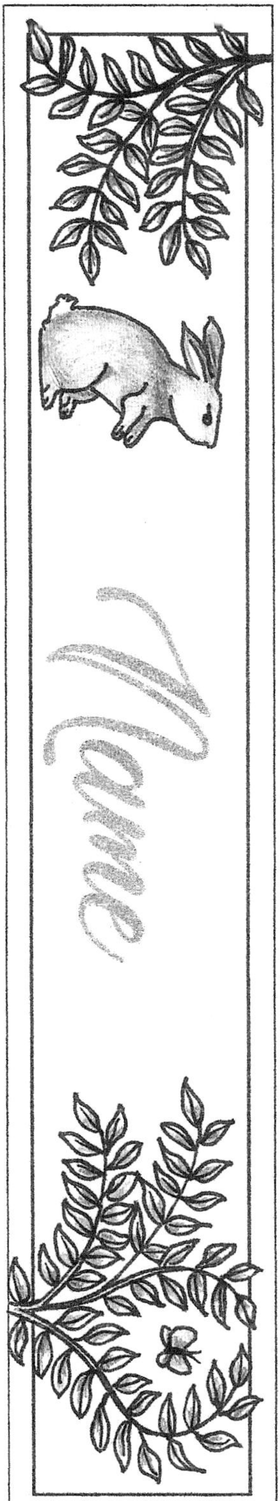

Lesezeichen, Untersetzer, Schlüsselanhänger (Schattierungen) – Originalgröße

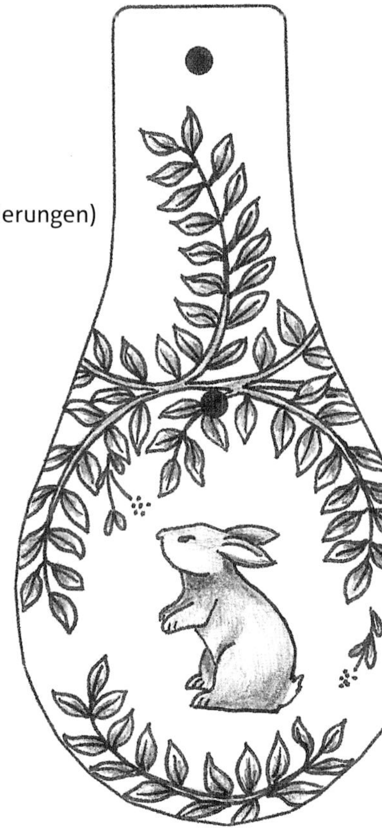

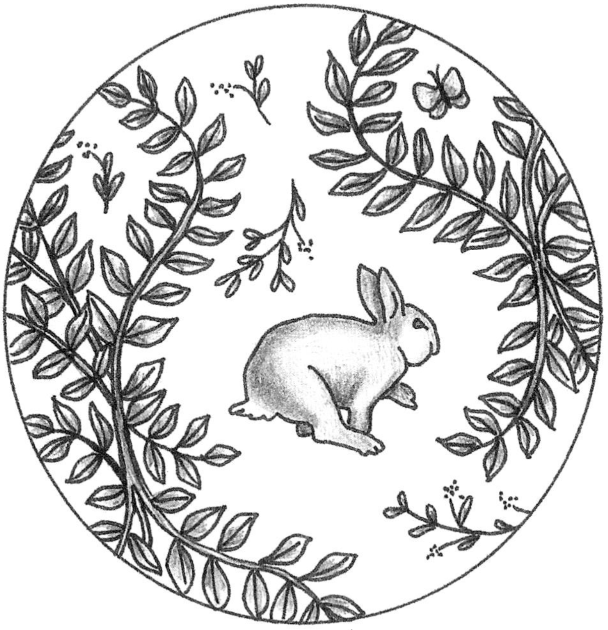

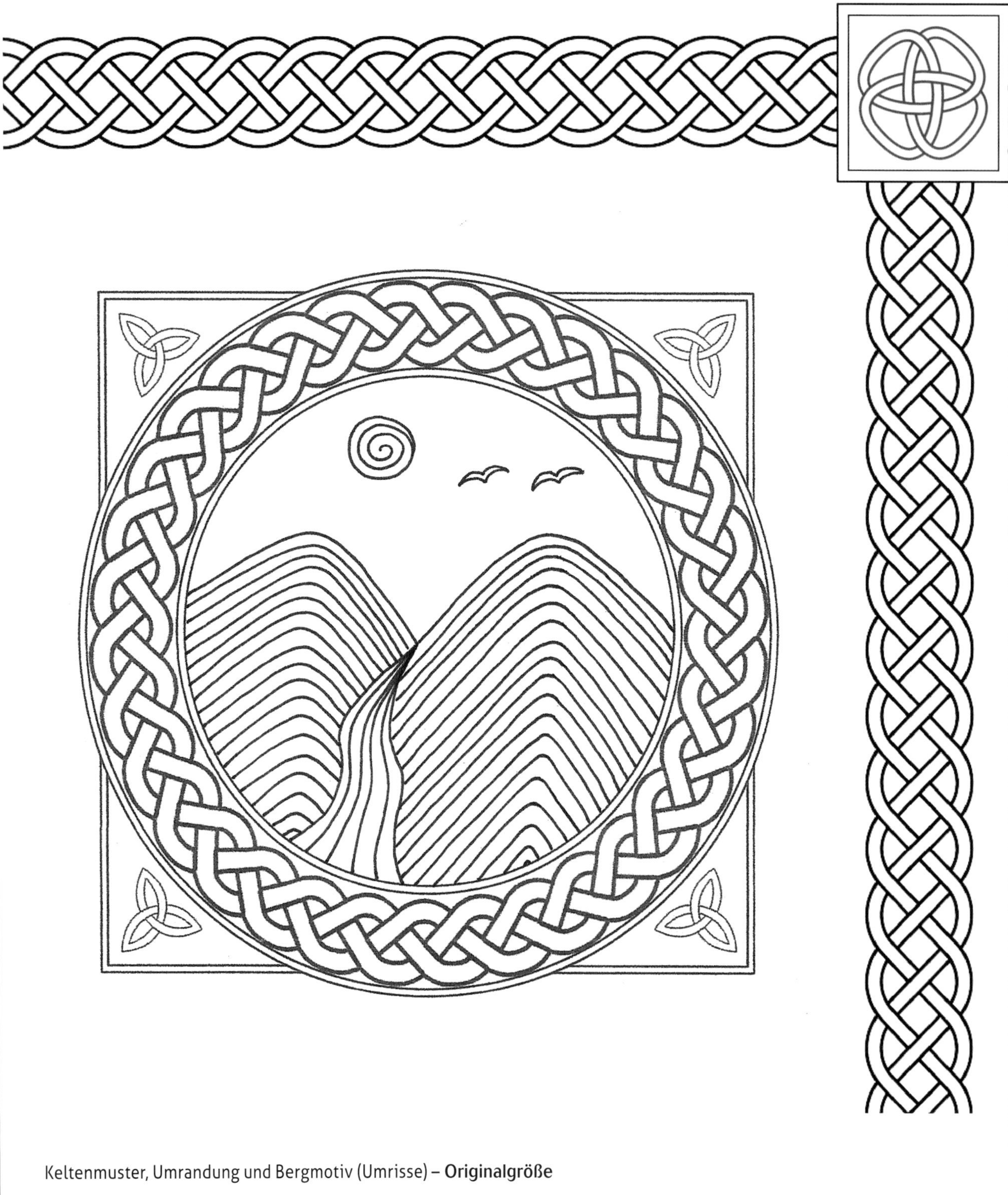

Keltenmuster, Umrandung und Bergmotiv (Umrisse) – **Originalgröße**

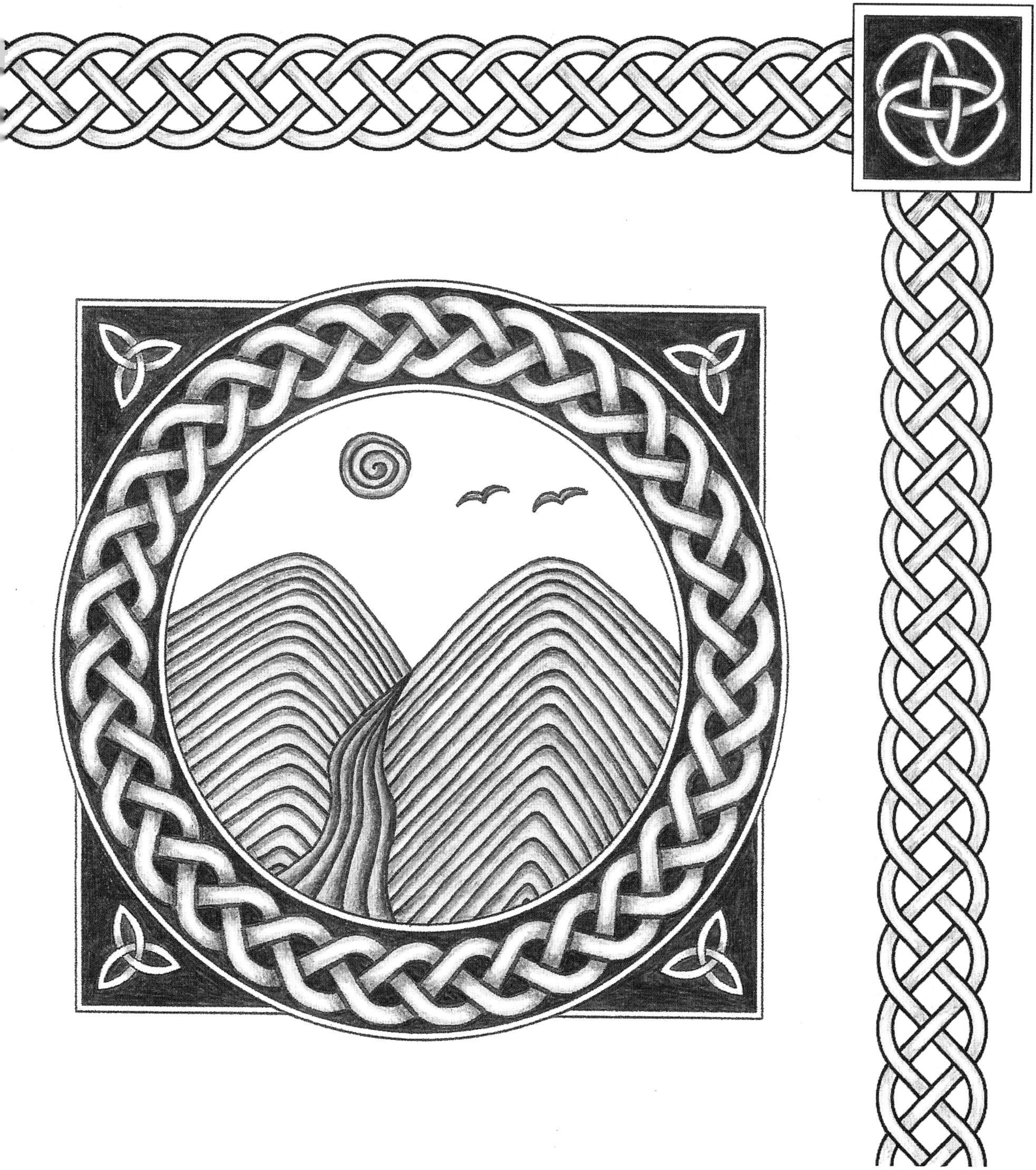

Keltenmuster, Umrandung und Bergmotiv (Schattierungen) – **Originalgröße**

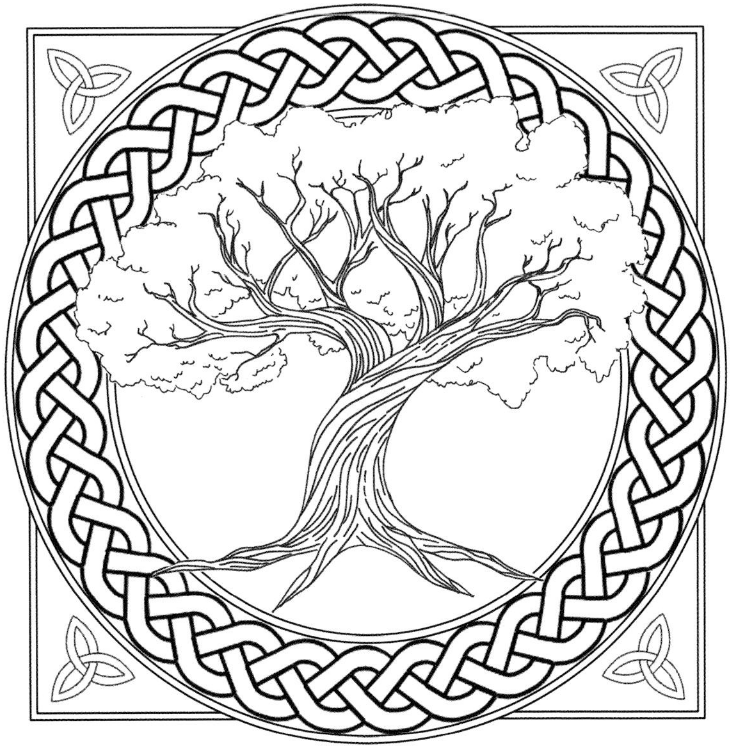

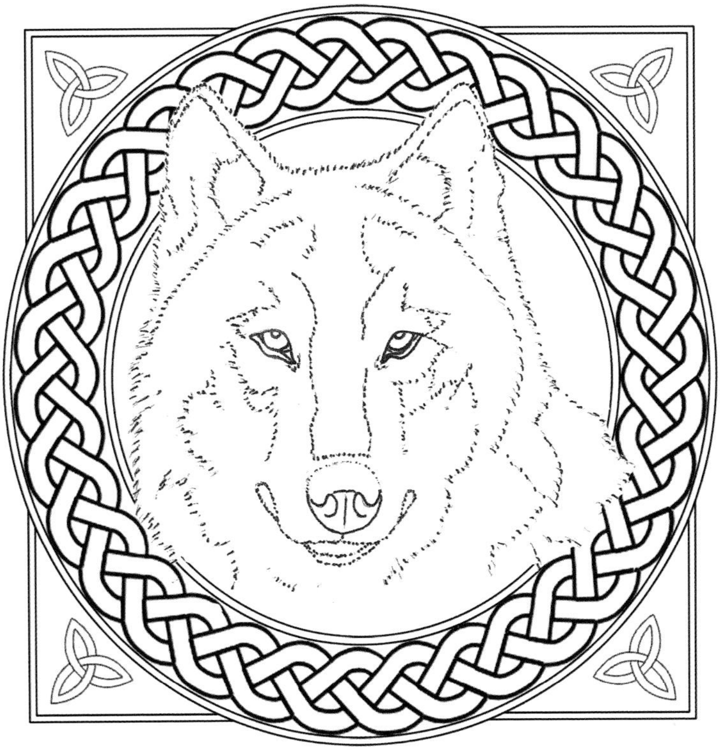

Keltenmuster mit Baum, Keltenmuster mit Wolf (Umrisse) – Vorlage ist auf **125 %** zu vergrößern

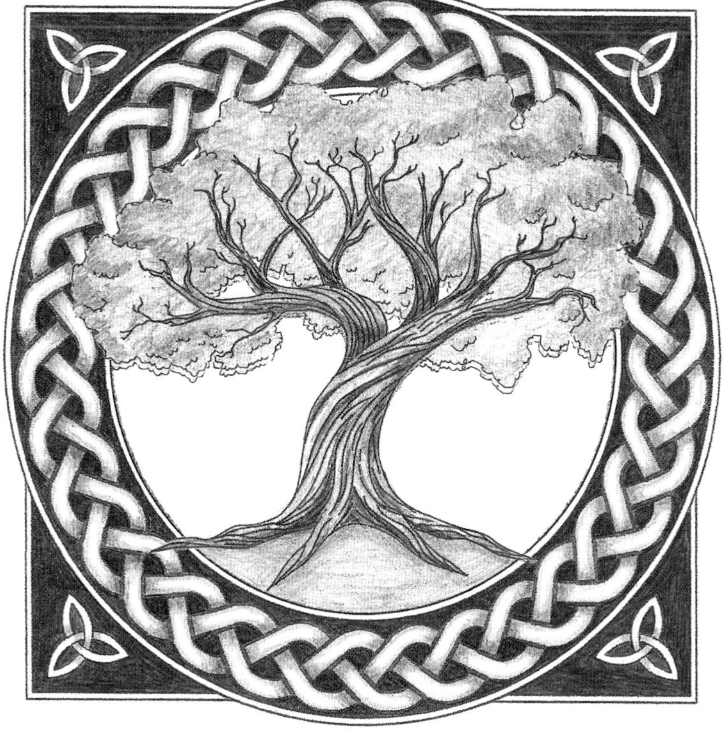

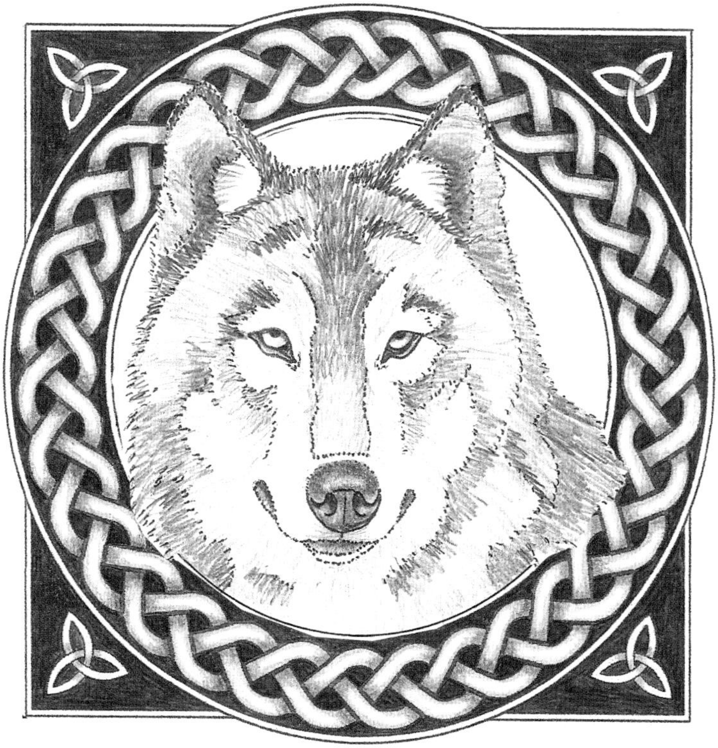

Keltenmuster mit Baum, Keltenmuster mit Wolf – (Schattierungen) – Vorlage ist auf **125 %** zu vergrößern

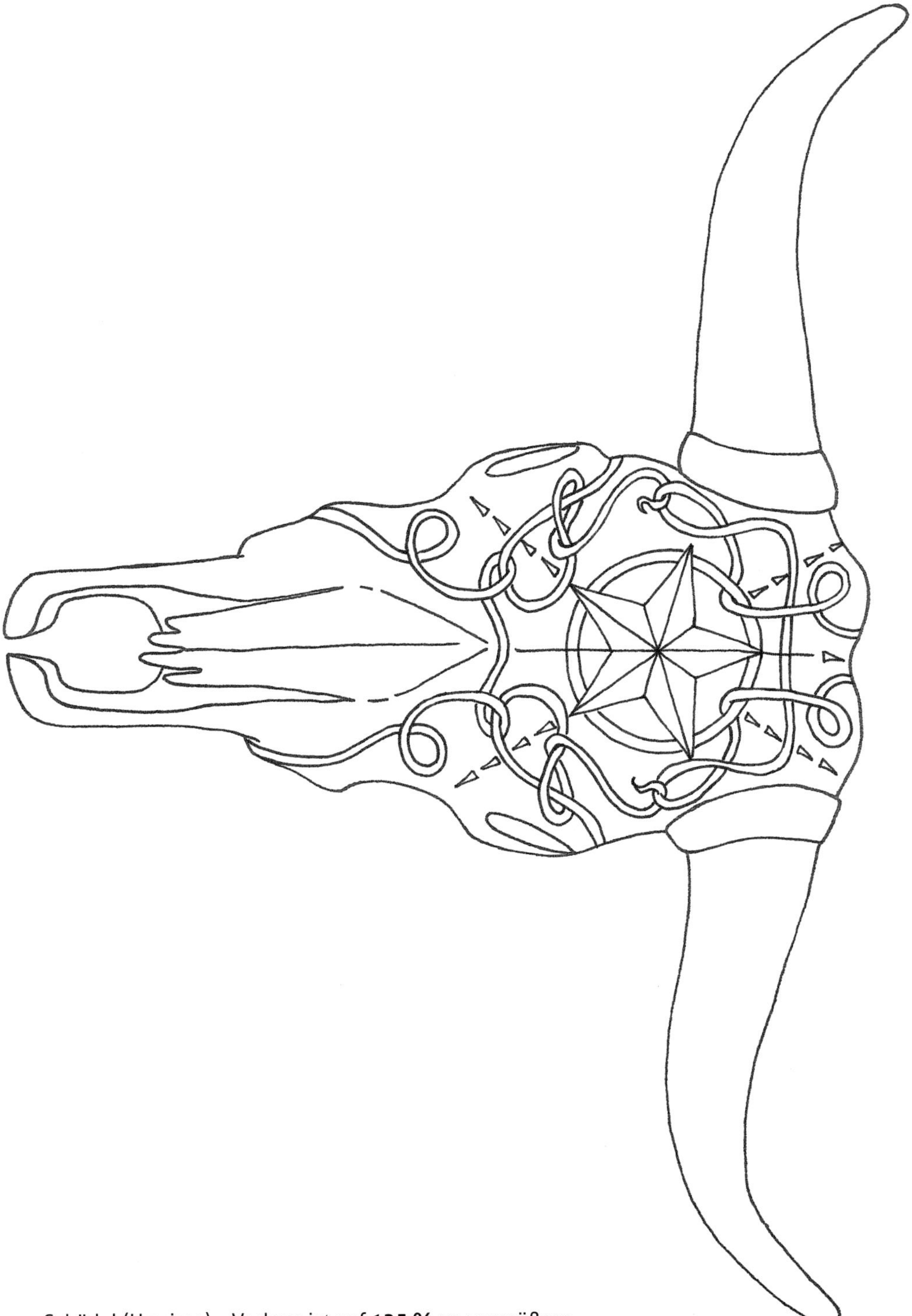

Longhorn-Schädel (Umrisse) – Vorlage ist auf **125 %** zu vergrößern

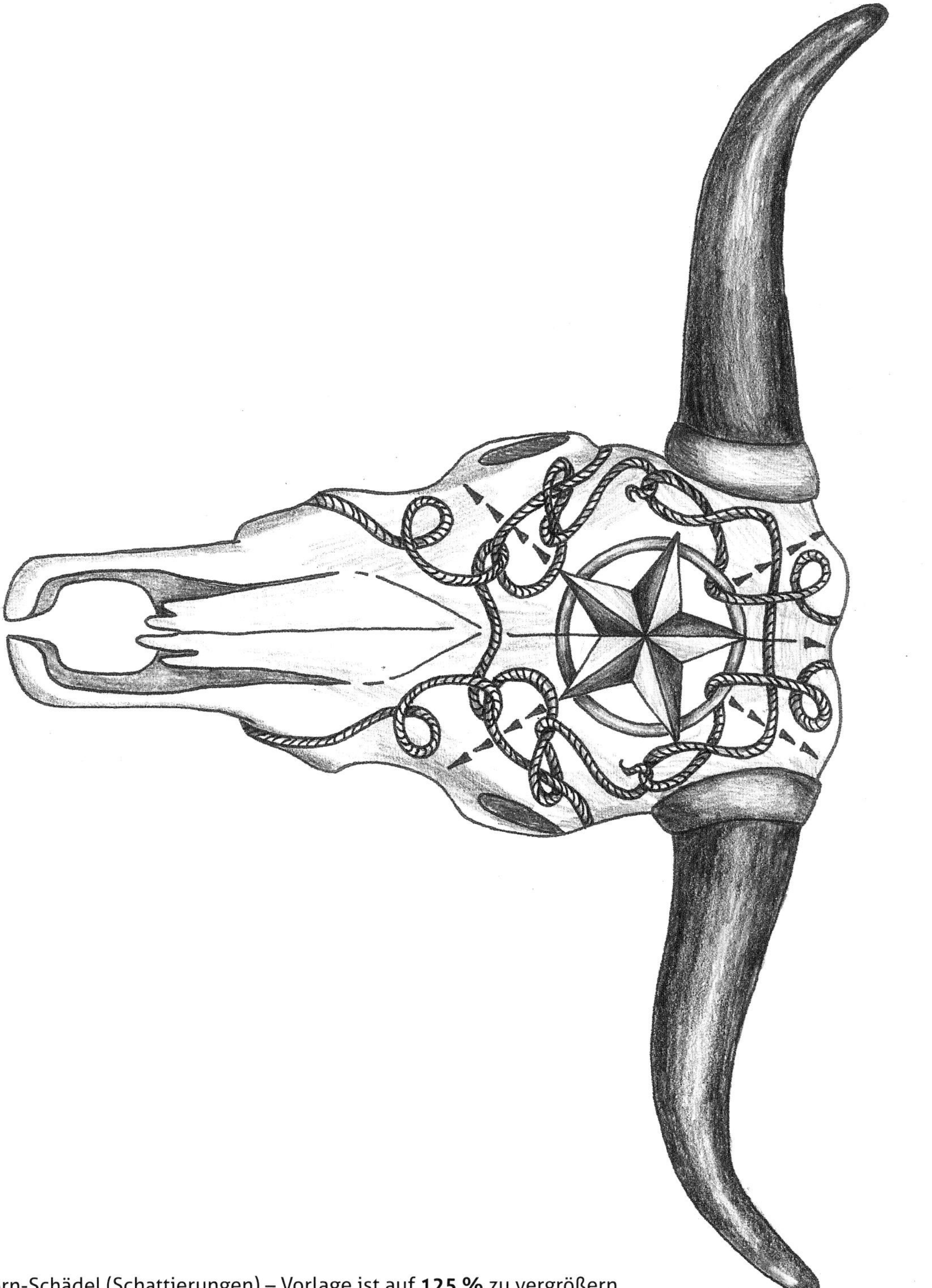

Longhorn-Schädel (Schattierungen) – Vorlage ist auf **125 %** zu vergrößern

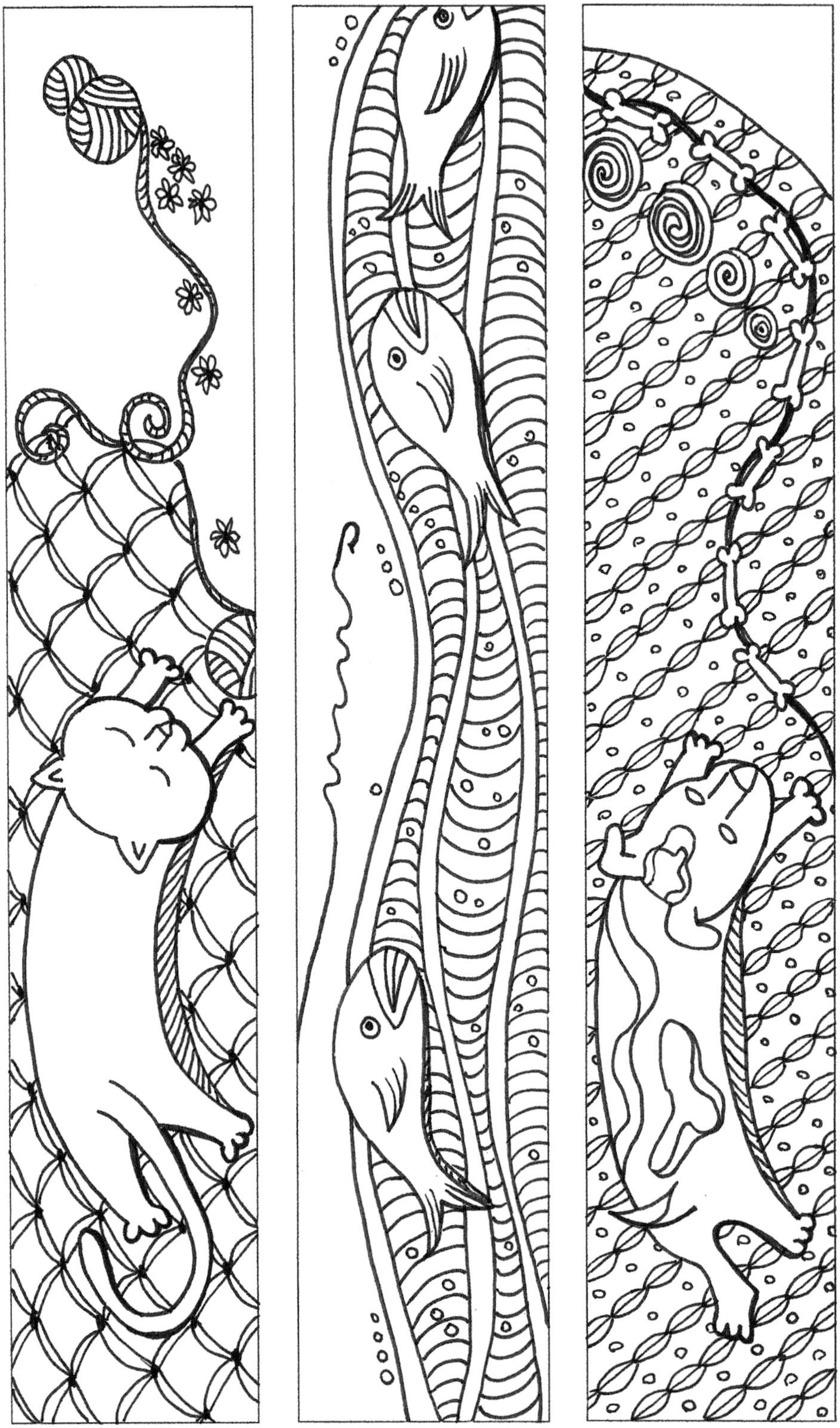

Lesezeichen **im** Zentangle®-Stil (Umrisse) **– Originalgröße**

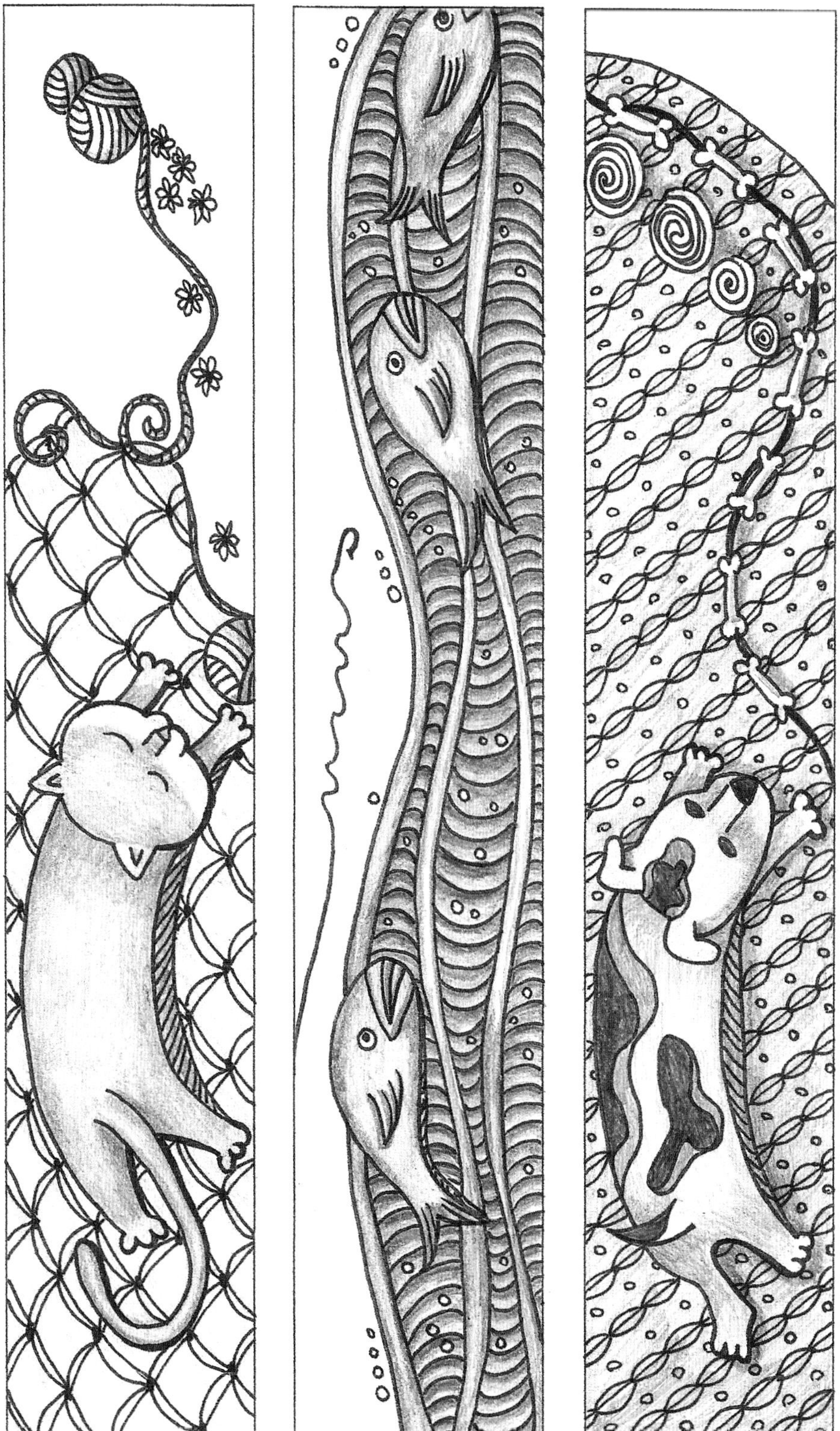

Lesezeichen **im** Zentangle®-Stil (Schattierungen) **– Originalgröße**

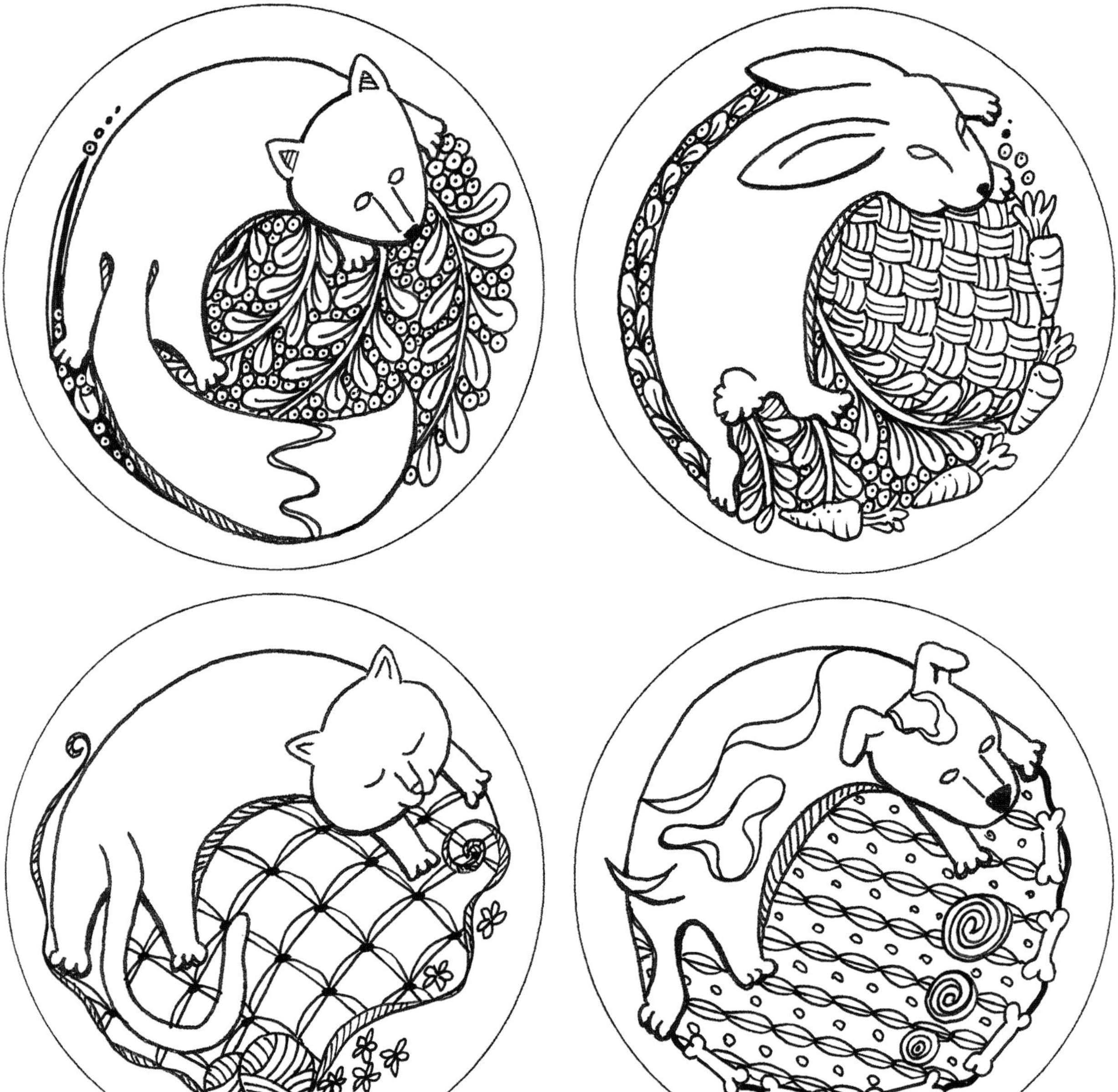

Untersetzer im Zentangle®-Stil (Umrisse) – **Originalgröße**

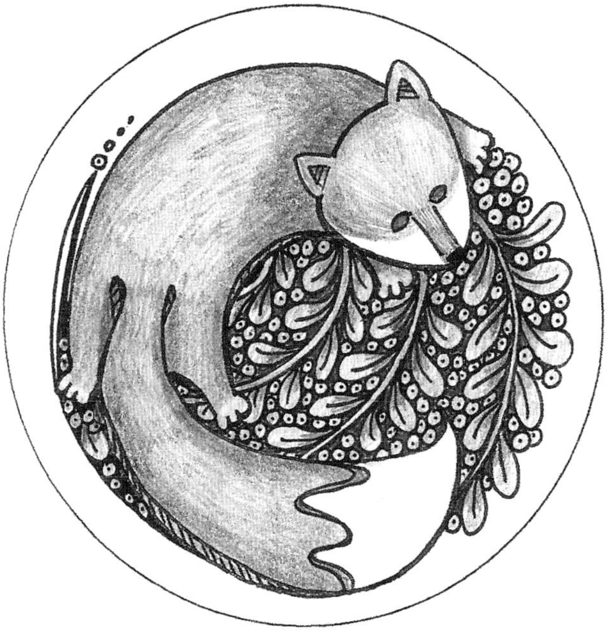

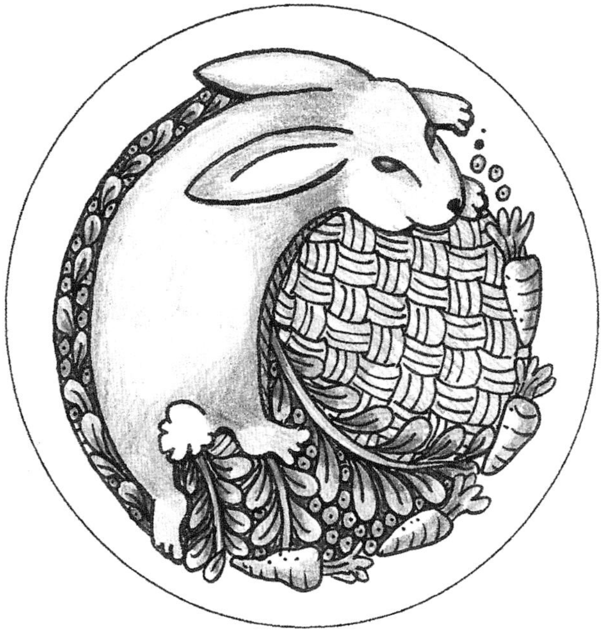

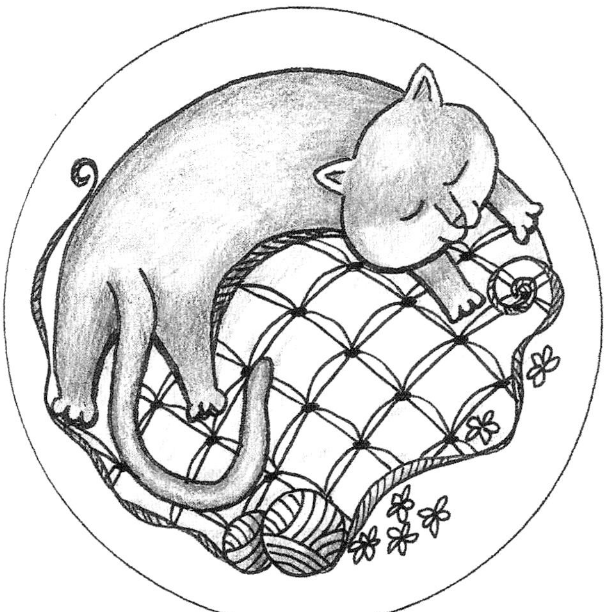

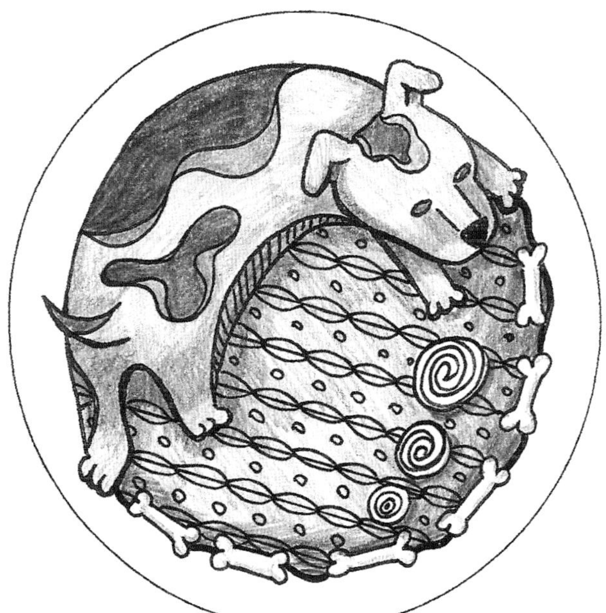

Untersetzer im Zentangle®-Stil (Umrisse oben und Schattierungen unten) – **Originalgröße**

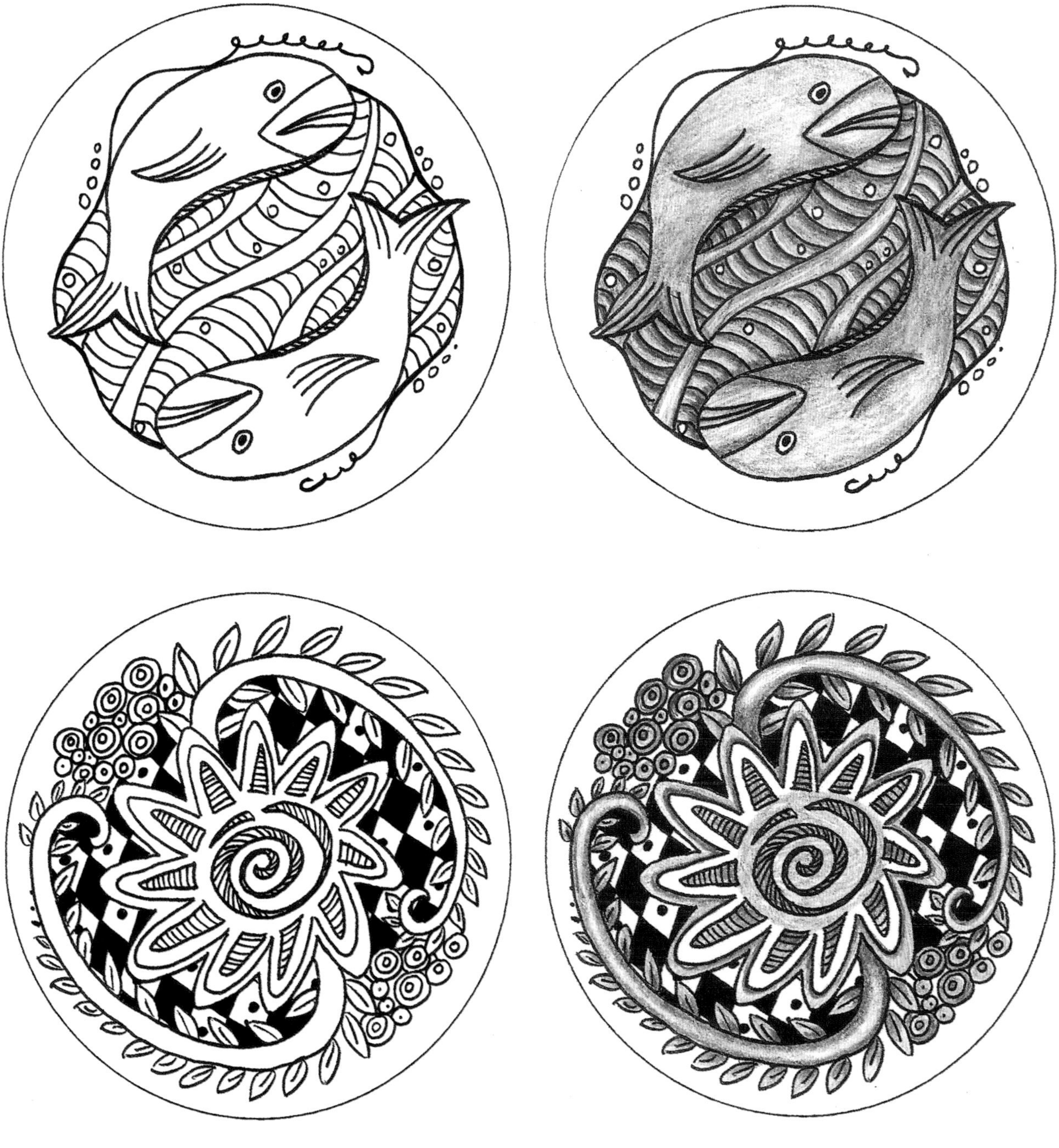

Untersetzer im Zentangle®-Stil (Schattierungen) – **Originalgröße**

WEITERFÜHRENDE INFORMATIONEN

Verbände des lederverarbeitenden Handwerks

Euroleather – Die offizielle Website der europäischen Lederindustrie
40, rue Washington, B-1050
Bruxelles, Belgium
www.euroleather.com

International Federation of Leather Guilds
Sommer: 3117 Babette Dr, Southport, IN 46227
Winter: 7318 Hwy 441 SE, Okeechobee, FL 34974
www.ifolg.net

International Internet Leathercrafters' Guild
president@iilg.net
www.iilg.org

VDL – Verband der Deutschen Lederindustrie e.V.
Mainzer Landstraße 55
60329 Frankfurt am Main
www.vdl-web.de

Verein Lederindustrie-Chemiker und -Techniker in der Schweiz
Pulverweg 13
CH 4310 Rheinfelden
www.veslic.ch

Verein Österreichischer Ledertechniker
Rosensteingasse 79
1171 Wien
www.voelt-rosensteingasse.at

Museen

DLM – Deutsches Ledermuseum
Frankfurter Str. 86
63067 Offenbach am Main
www.ledermuseum.de

Gerbereimuseum Gerberei Salzer
Trofengbachgasse 8-10
8790 Eisenerz
www.steirischemuseen.at

Leder und Gerbermuseum Mülheim an der Ruhr
Düsseldorfer Straße 269
45481 Mülheim an der Ruhr
www.leder-und-gerbermuseum.de

Lohgerber-museum Dippoldiswalde
Freiberger Straße 18
01744 Dippoldiswalde
www.lohgerbermuseum.de

The Pyrography Store
Union Mills, NC www. pyrographystore.com
Pyrographie-Brenngeräte amerikanischer Hersteller, Brennspitzen, Zubehör, englischsprachige Bücher und Anleitungen

Walnut Hollow
1409 State Road 23, Dodgeville, WI 53533, USA
www. walnuthollow.com
Pyrographie-Geräte, Leder-Brandmalkolben „Leather Branding Tool", Holzprodukte

Weltbild
www.weltbild.de
Brandmalkolben-Sets

Lederbearbeitung, Sattlereibedarf, Leder – Hersteller und Händler

Produkte der hier erwähnten Hersteller werden häufig über Fachgeschäfte für Lederbearbeitung und Sattlereibedarf und mitunter auch für Kreativ- und Bastelbedarf vertrieben – sei es im stationären Handel oder im Internet.

Bähr-Sattlerbedarf
Eckeseyer Str. 52
58089 Hagen
www.sattlerbedarf-shop.de
Leder, Nieten, Nadeln, Punziereisen, Lederpflegemittel

Der kleine Messerladen
Allensteiner Str. 45
D-56566 Neuwied
www.der-kleine-messerladen.de
Leder, Nähfaden und -sehne, Lederkleber, Lederfinish, Lederfarbe

Dictum GmbH
Donaustraße 51
94526 Metten
www.dictum.com
Lederpflege, Näh-, Schneid-, Stanz- und Stempelwerkzeug

Die-Ledermacher
Molkereistraße 8
86681 Fünfstetten
www.ledermacher.de
Leder, Lederfarbe, -finish, -pflege, Punziereisen, Bücher, Kurse

Leather Stamps Tools by
Sergey Neskromniy
Varna, Bulgarien
www.etsy.com/shop/
LeatherStampsTools
Prägestempel

Leder Baumann
Herzog-Wilhelm-Straße 27
80331 München
www.leder-baumann.de
Leder

Leder und Sattlerbedarf
www.ds-leder.de
Leder, Punzierbedarf, Lederfarben, Finishs, Zubehör, Werkzeuge, Stanzteile, Bücher, Anleitungen, Kurse

Leder-Futzi
Kleine Bahnhofstraße 8 a
16356 Ahrnesfelde / OT Blumberg
www.lederfutzi.de
Lederfarben und -pflege aus eigener Herstellung Made in Germany – Lederfarben, Lederpflege, Anleitungen

Lederhammer
Mühlstraße 64
64283 Darmstadt
www.lederhammer.de
Lederhandwerk und Lederhobby, Punzierbedarf, Lederpflege, Werkzeuge, Bücher

Lederhandlung Flach
Sternstr. 19/Hof
24103 Kiel
www.leder-flach.de
Leder, Bastelsets und Nähzubehör

Lederhaus Giese & Bruhm GmbH
Sonnenwall 69-70
47051 Duisburg
www.lederhaus.de
Leder, Nieten, Lederfarben,
Ledergarn, Zubehör

LederHobby
Seestrasse 103
13353 Berlin Wedding
www.leder-hobby.de
Leder, Punzierbedarf, Lederfarben,
Finishs, Zubehör, Werkzeuge,
Bausätze, Anleitungen, Bücher, Kurse

Ledershop-Chiemgau
Marderweg 40d
86169 Augsburg
www.lederwerkzeugladen-chiemgau.de
Prägestempel, Punziereisen,
Lederfarbe, -kleber, -finish, Bastelsets,
Vorlagen, Bücher

Lederversand Berlin
Krossener Str. 32
10245 Berlin
www.lederversand-berlin.de
Leder, Pflegemittel, Farben, Kleber

Lederkram
www.lederkram.de
Leder, Punzierbedarf, Lederfarben,
Finishs, Zubehör, Werkzeuge,
Stanzteile, Anleitungen
und Lederwissen

LEDERZENTRUM GmbH
Raiffeisenstraße 1
37124 Rosdorf
www.lederzentrum.de
Lederfarben und -pflege; Made
in Germany

Miller Custom Leather & Tool Co.
Killeen, TX, USA
www.etsy.com/shop/
LeatherToolsByClay
Werkzeuge

Rickert-Werkzeug
Neunkirchener Strasse 56
91207 Lauf an der Pegnitz
www.rickert-werkzeug.de
Leder, Punziereisen, 2D- und 3D-
Stempel, Lederfarbe, -kleber, -finish,
Werkzeug, Bausätze, Anleitungen

Tandy Leather Factory, Inc.
1900 SE Loop 820, Fort Worth, TX
76140, USA
www. tandyleather. com
Leder, Punzierbedarf, Lederfarben,
Finishs, Zubehör, Werkzeuge,
Bastelsets, Bücher, Anleitungen, Kurse

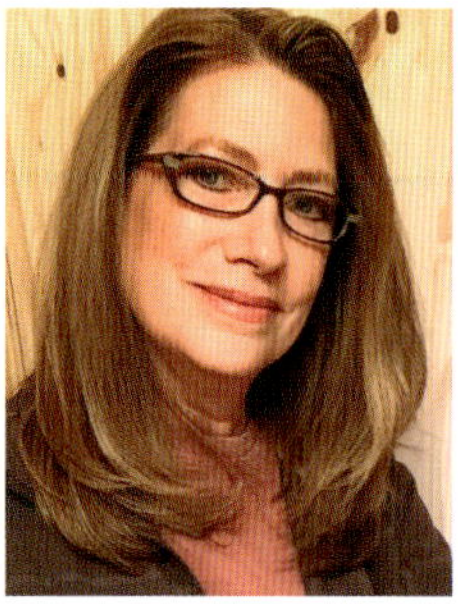

Über die Autorin

Michele Y. Parsons ist Künstlerin, Kursleiterin und Autorin. Ihr ganzes Leben lang war sie von Kunst und von Natur umgeben. Als Kind hat sie viel gezeichnet, ist durch die Wälder gelaufen und hat die Natur erkundet. Da sie diese Interessen miteinander zu verbinden suchte, fühlte sie sich mehr und mehr zur Holzkunst hingezogen – Holzbildhauerei, Schnitzerei und künstlerische Brandmalerei.

Sie studierte Kunst im Haupt- und Biologie im Nebenfach an der Western Carolina University und schloss mit einem Bachelor of Fine Arts ab. Über sechs Jahre lang ging sie bei Paul Rolfe in die Lehre, um alles über traditionelle Holzbildhauerei zu lernen, und studierte bei weltberühmten Schnitzlehrern wie Fred Cogelow, Rosalyn Daisey und Desiree Hajny.

Über 30 Jahre lang war Michele Y. Parsons für Aus- und Weiterbildungsunternehmen im Gesundheitswesen und in der IT-Branche tätig – als Grafikdesignerin, künstlerische Leiterin und Director of Content Development in Atlanta und in Raleigh. Dadurch entwickelte sie ein Gefühl und Verständnis für das, was Unterrichten wirklich bedeutet. 2010 entschloss sie sich, der Welt des Großkapitals den Rücken zu kehren und sich auf ihre Kunst zu besinnen und sich mit *Parsons Wood Artistry* selbständig zu machen.

Seitdem schafft Michele Y. Parsons Auftragswerke oder verkauft ihre Kunst über Galerien. 2011 wirkte sie an einer internationalen Ausstellung zur Brandmalkunst am Kunstmuseum der Stadt Andrews in North Carolina mit, die als die erste Museumsausstellung galt, die sich der Pyrographie widmete. USA-weit leitet sie Pyrographie-Vorführungen und -Kurse. Um Schülern in abgelegenen Gebieten der USA zu helfen, begann sie, Geräte, Werkzeuge und Zubehör zu vergünstigten Preisen zu verkaufen. Schließlich entwickelte sie daraus einen Onlinehandel mit dem Namen *The Pyrography Store* (www.pyrographystore.com).

Für den Verlag Fox Chapel Publishing schreibt Michele Y. Parsons seit 2012 – zahlreiche Artikel und Beiträge für die Zeitschriften *Pyrography* und *Woodcarving Illustrated*, für die Zeitschrift *Scroll Saw Woodworking & Crafts* und für das Buch *The Big Book of Pyrography*. Als sie gerade einmal wieder für die Zeitschrift *Pyrography* schrieb, experimentierte sie mit der Brandmalerei auf alternativen Materialien und fand die Arbeit auf Leder höchst erfüllend. Daraufhin begann sie, Kurse für Pyrographie auf Leder anzubieten, was letztendlich im Schreiben des vorliegenden Buches mündete.

Dank

Ich danke meinem besten Freund und Ehemann Tom Parsons für die Unterstützung und Ermutigung bei all meinen Bemühungen im Bereich Brandmalerei und Holzbildhauerei. Er gab mir Zeit, finanzielle Unterstützung und guten Rat beim Aufbau meines Holzkunstunternehmens. Ich danke Mindy Kinsey für die vielen tollen Jahre bei Fox Chapel Publishing und die wunderbare Zusammenarbeit bei diversen Projekten; Bob Duncan für seine Hilfe beim Hinterfragen der technischen Widerstandsfähigkeit mancher Objekte und seine Fähigkeit, Transport- und Versandschäden an den Objekten zu reparieren; sowie Colleen Dorsey, Christopher Morrison, Katie Ocasio, David Fisk und Mike Mihalo für ihren Fleiß und die hervorragende Arbeit an diesem Buch.

Land & WERKEN

Weitere Empfehlungen für Sie

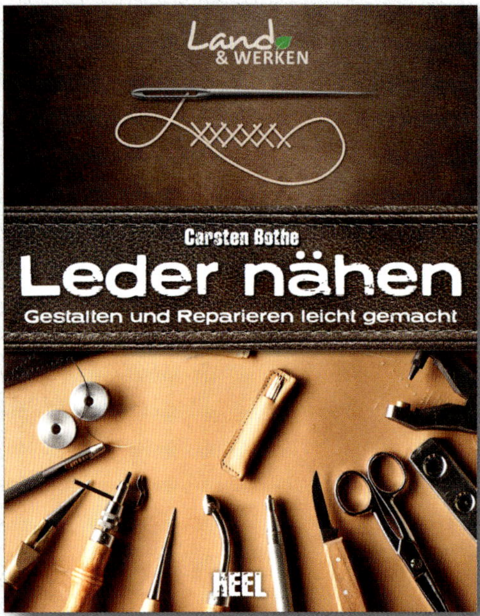

112 Seiten,
zahlreiche Farbfotos,
183 x 225 mm, Paperback,
ISBN 978-3-95843-180-5

€ 12,99

Dieser Ratgeber ist eine praktische Einführung in das Lederhandwerk. In anschaulichen Schritt-für-Schritt-Anleitungen erläutert Carsten Bothe die Techniken des Leder-Schneidens, -Nähens und -Versäuberns und alles Wissenwerte für den Einstieg und die ersten eigenen Projekte: fertigen Sie den eigenen Gürtel, eine Gürteltasche, ein stabile und robuste Hundeleine, eine Messerscheide oder ein Lederholster an.

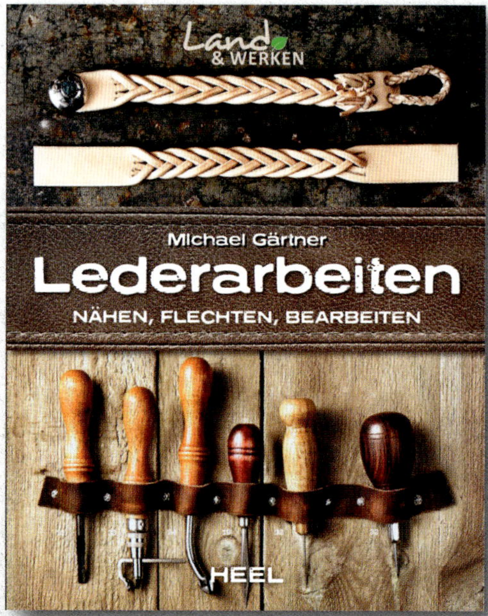

128 Seiten,
zahlreiche Farbfotos,
183 x 225 mm, Paperback,
ISBN 978-3-95843-493-6

€ 14,99

Mit wenig Aufwand tolle Armbänder, Geldbeutel, Handytaschen und andere Lederobjekte am heimischen Küchentisch herstellen. Das Buch enthält 20 Projekte – vom Schlüsselanhänger bis zur großen Umhängetasche - und mehrere verschiedene Lederflechtanleitungen und Knoten. Sie werden geeignetes Werkzeug, die grundlegenden Elemente des Klebens und Polierens, die Sattlernaht und vieles mehr kennenlernen.

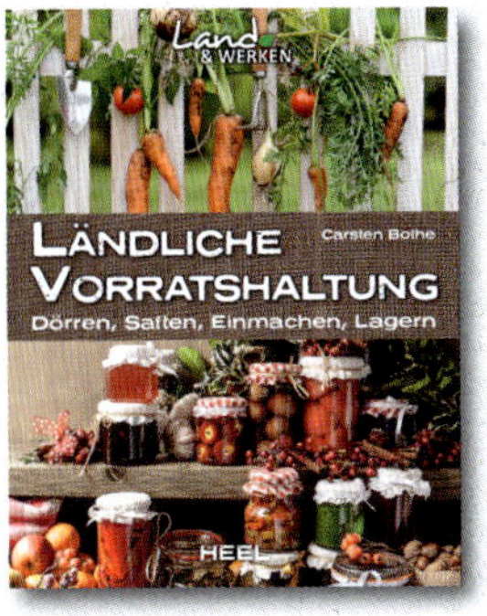

ISBN: 978-3-95843-179-9
€ (D) 9,99

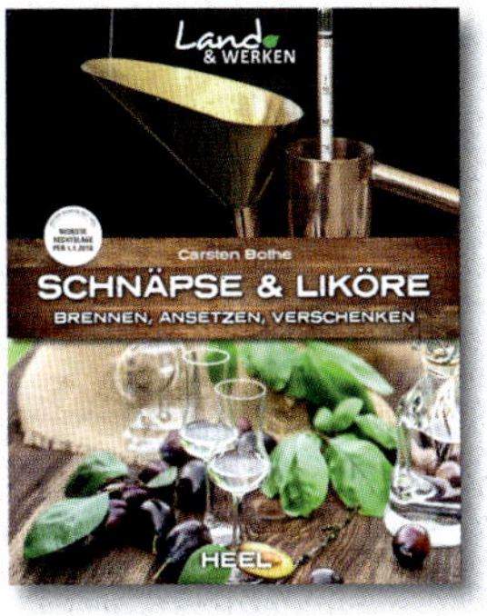

ISBN: 978-3-95843-579-7
€ (D) 14,99

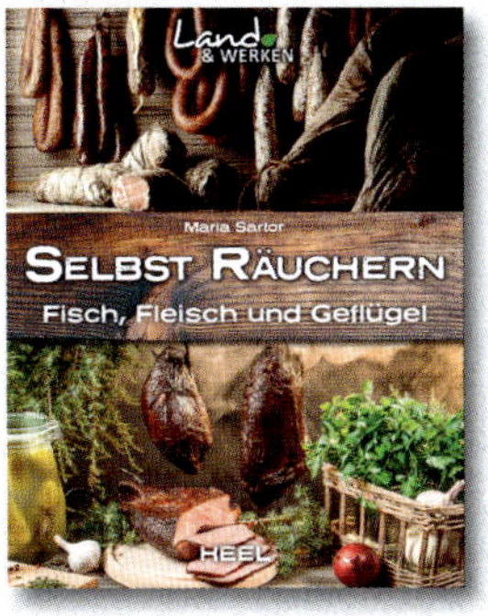

ISBN: 978-3-95843-327-4
€ (D) 14,99

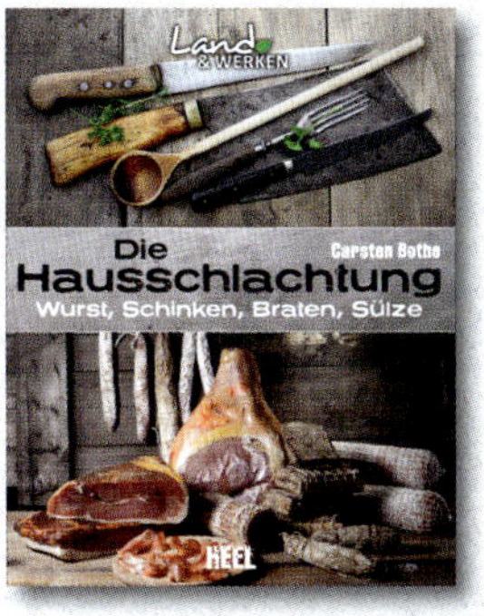

ISBN: 978-3-86852-685-1
€ (D) 19,99

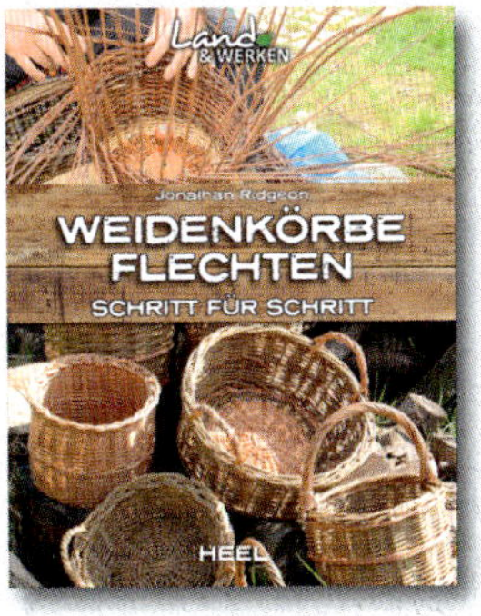

ISBN: 978-3-95843-364-9
€ (D) 16,99

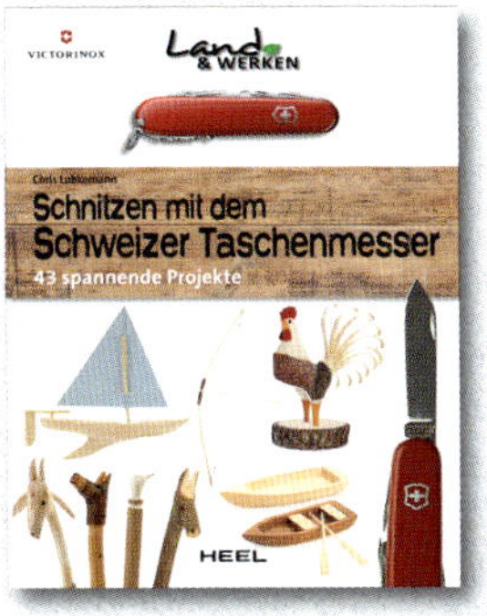

ISBN: 978-3-95843-232-1
€ (D) 14,99

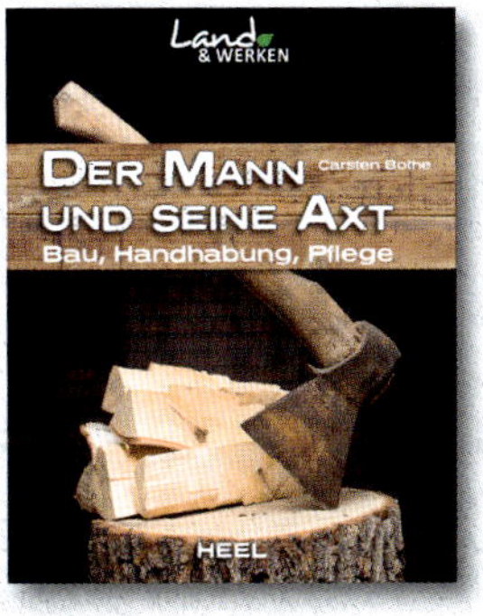

ISBN: 978-3-95843-177-5
€ (D) 9,99

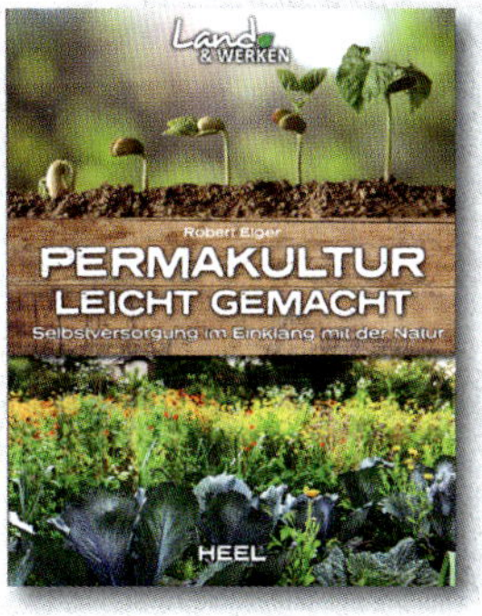

ISBN: 978-3-95843-580-3
€ (D) 9,99

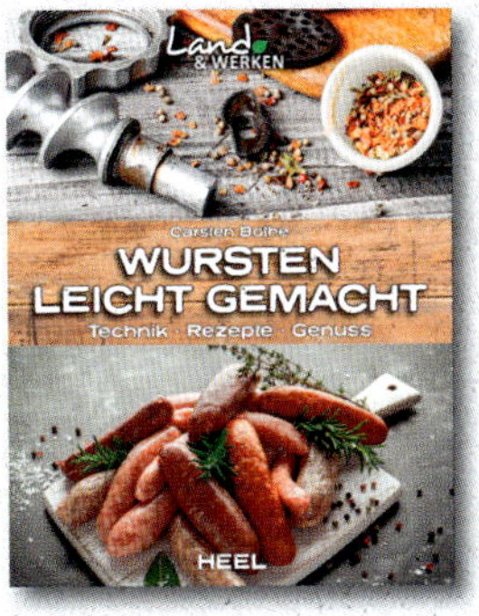

ISBN: 978-3-95843-771-5
€ (D) 16,99

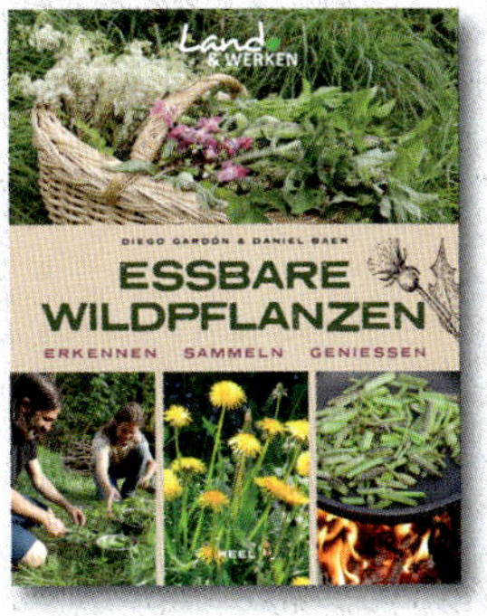

ISBN: 978-3-95843-477-6
€ (D) 14,99

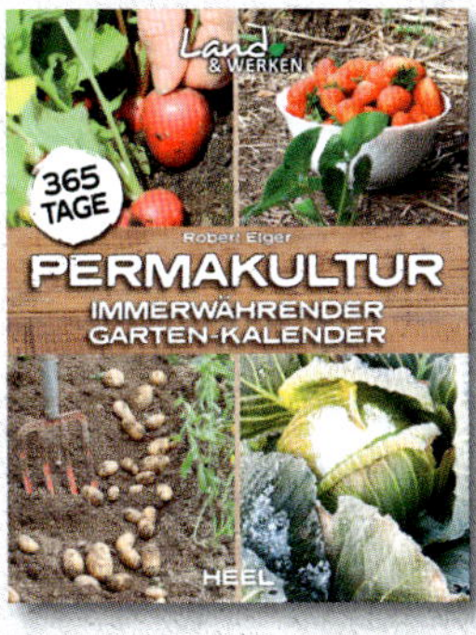

ISBN: 978-3-95843-950-4
€ (D) 12,99

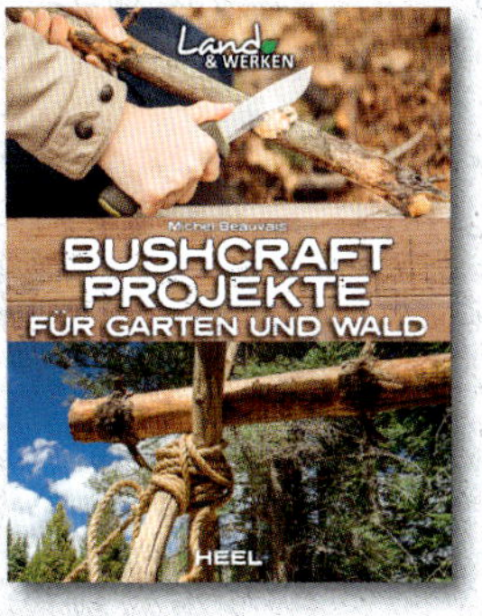

ISBN: 978-3-95843-952-8
€ (D) 12,99

Bestellen Sie bei: VSB – Verlagsservice Braunschweig
Bestelleingang: Tel.: 0531 7088560 | Fax: 0531 708601
bestellung@vsb-service.de

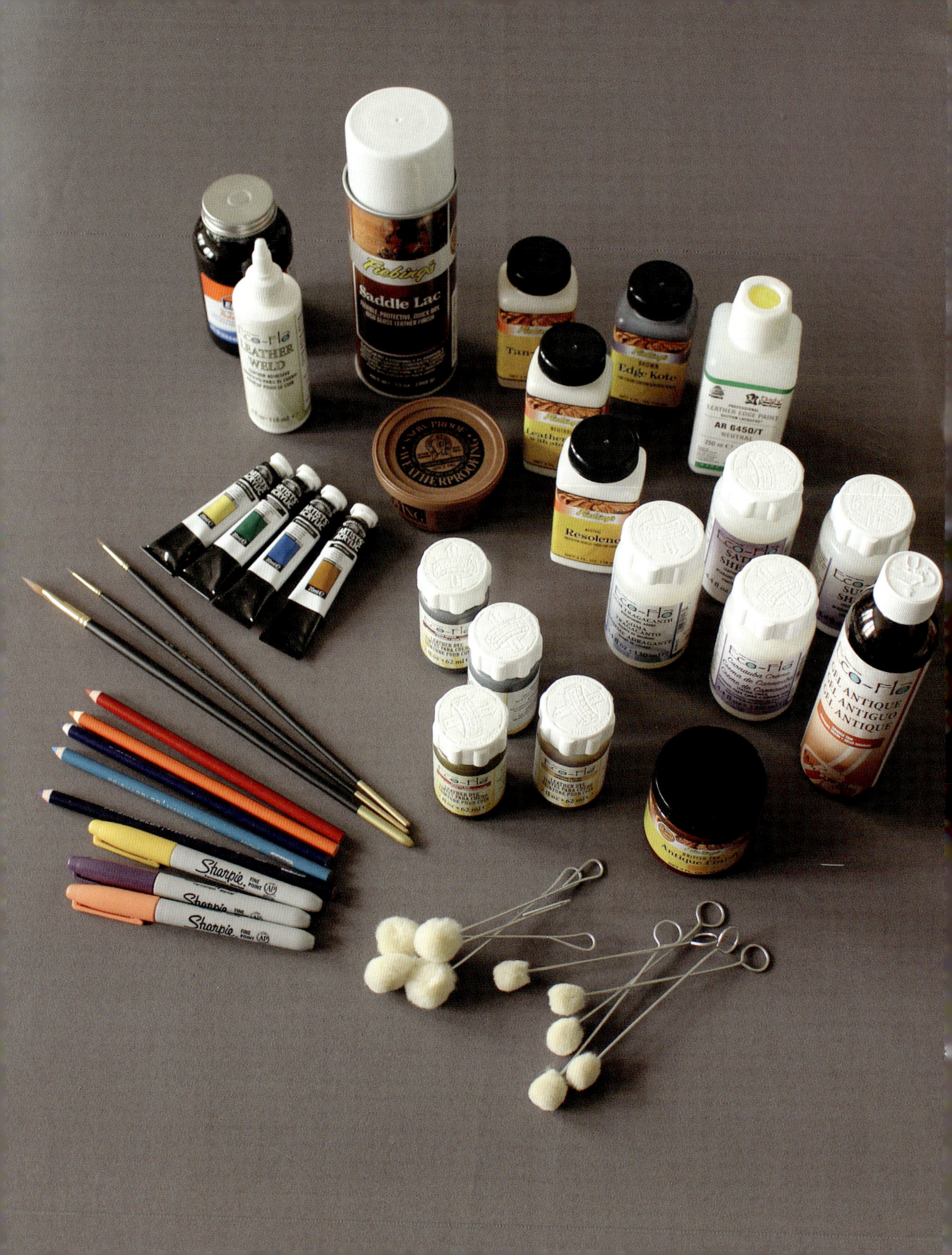
Fiebing's
Saddle Lac
Eco-Flo
LEATHER WELD
Edge Kote
Resolene
AR 6450/T
NEUTRAL
GEL ANTIQUE
Sharpie
Sharpie